本书获国家社科基金青年项目《贫困地区通婚圈变动与男性婚配困难问题研究》（项目批准号11CRK015）资助。

破解村落婚姻困境之路

农村通婚圈变动与男性婚配困难问题研究

王 磊 著

A PATHWAY TO BREAK MARRIAGE DILEMMA IN VILLAGES

A Study on Rural Marriage Circle's Change and Male's Difficulty in Getting Married

社会科学文献出版社
SOCIAL SCIENCES ACADEMIC PRESS (CHINA)

内容提要

男性婚配困难是性别失衡人口大背景和大环境下的重大社会问题，农村男性婚配困难是这一社会问题的集中体现。选取冀西北张家口市山区 C 县农村为调查地点，以 2010 年、2013 年问卷调查数据和 2010~2014 年田野调查资料为基础，以 1982~2020 年历次全国人口普查数据资料、C 县人口普查资料和其他相关抽样调查数据等为补充，主要使用描述性分析和回归模型分析方法，本研究对 C 县农村男性通婚圈变动及影响因素、婚配困难表现及影响因素和通婚圈变动与男性婚配困难问题之间的关系做了全面、系统和深入的考察。本研究还就男性婚配困难对大龄未婚男性的生活质量、养老意愿和村民对其社会影响的认知评价等进行了描述与分析。

研究发现，随着时代的变迁，C 县农村男性通婚圈在扩大，跨省婚比例增多和村内婚比例减小是两大主要表现。家庭贫困和地区贫困是 C 县农村男性在婚姻市场竞争时的明显劣势，婚姻市场竞争促成了 C 县农村男性通婚圈的扩大，跨省婚显著增加。C 县农村男性婚配困难问题主要体现在大龄未婚比例偏高、议婚机会偏少以及结婚花费增长显著、结婚经济压力增加明显等多个方面。

为了破解村落婚姻困境，C 县农村男性的应对之策及其后果主要有以下几个方面。首先，为了应对婚配困难，C 县适婚年龄男性被迫扩大了通婚圈，他们与外省女性结婚的比例增多。其次，为数不少的C县男性在与外省女性结合时没有办理法定婚姻登记手续，他们遭遇骗婚的情况在增多，承受较高的婚姻关系破裂风险。再次，外省通婚的较高失败比例进一步提高了与本地女性结婚的成本，C县农村男性结婚花费逐渐攀升。最后，与当地农村同龄已婚男性相比，C县农村大龄未婚男性的客观生活质量和主观生活质量都明显偏低，他们不仅年老前生活质量更低，而且年老后养老照料也将存在更多困难，他们的养老意愿将更加依赖社会养老保障制度和福利制度。

研究建议，首先，要进一步缩小城乡间和地区间的发展程度差异，减小城乡间和地区间的经济社会发展不平衡程度，提高欠发达农村地区的经济发展水平和人民收入水平，从而提高婚姻困难男性的收入水平、提升其克服婚配困难并通过合法途径完成婚配的可能性。同时，也要提高大龄未婚男性的经济状况满意度，这是应对农村男性婚配困难和相关社会问题的重要途径。其次，要采取更有力的措施来做好农村中已经存在的中老年未婚男性的生活保障和社会救助，基层民政部门尤其是村和乡镇一级政府需要注意加强针对生活困难中老年未婚男性的社会救助和社会保障。再次，要关注农村婚配困难男性问题诱发的派生家庭问题，不仅要关心以大龄未婚男性为典型代表的男性婚配困难群体，还要关心受到影响的老人和未成年人，从生活、学习和养老等多方面，以低保、五保、临时社会救助等多种形式给予这些困难家庭以全面和系统的支持。最后，国家和政府亟须采取系统性和前瞻性的社会政策与应对措施，防止大龄未婚男性问题逐渐积聚，最终成为对经济可持续发展、社会和谐和公共安全产生严重负面影响的重大问题。

目　录

第一章 引言

第一节 问题的提出

我国人口控制政策已经实行了近半个世纪，人口增长过快得到了有效控制。进入 20 世纪 90 年代，我国总和生育率一直保持在更替水平之下。同时，生育水平的快速下降过程中，性别结构失衡问题也逐渐凸显。20 世纪 80 年代以来，出生人口性别比开始偏高。在出生性别失衡由局部地区逐渐蔓延至全国范围的过程中，农村人口出生性别失衡更为严重。时至今日，当年最先出现出生性别结构失衡的一代人口已经进入婚育高峰年龄，婚姻市场上的男性婚姻挤压问题已经出现，农村男性尤其是农村底层男性将面临更高的大龄未婚甚至终身不婚风险。研究表明，我国自 2000 年以后存在严重的男性婚姻挤压，2013 年之后每年的男性过剩人口在 10% 以上，2015~2045 年将达到 15% 以上，平均每年大约有 120 万男性在婚姻市场上找不到初婚对象（李树茁、姜全保、伊莎贝尔·阿塔尼、费尔德曼，2006）。

婚姻是人类基本社会制度，以姻缘和亲缘为支柱的家庭是人类社会的细胞。婚姻家庭是影响个体生活状况的关键因素。在个体、

1

人口、社会、经济和制度等诸多因素共同作用下，部分男性不能适时婚配以致大龄未婚和不婚境遇的情况不能完全避免。历史上，底层男性一直是受婚姻挤压影响最严重的群体。对我国男性婚姻状况的史料研究表明，在18世纪中后期的中国社会中，25岁以上未婚者在总样本量中占15.37%，30岁以上未婚者占总样本数的10.33%，40岁以上未婚者占总数的比例为3.27%，45岁以上未婚者所占比例为1.25%（王跃生，2001）。除去受残疾等个体生理因素影响者外，大龄未婚和失婚男性更多集中在交通闭塞、经济落后的局部地区。无论是国内还是国外，规模巨大的未婚男性都被视为社会安全的负面影响因素。

国内学者认为，大量大龄未婚男性的存在一定程度上构成对正常婚姻秩序的冲击，对传统道德的维系产生了冲击和威胁作用（王跃生，2001），会给艾滋病等性病的传播提供某种可能，可能成为HIV/STD传播的桥梁人群（张群林、伊莎贝尔·阿塔尼、杨雪燕，2009）。计划生育政策实行以来，男性大龄未婚问题已经从社会局部现象发展至对全国产生影响，甚至引起了国际社会的注意。西方政治学研究者瓦莱丽·M.赫德森和安德莉亚·M.邓波尔在其2004年出版的《光棍危机：亚洲男性人口过剩的安全启示》一书中认为，人口性别失衡导致2020年中国将有3000万男人找不到妻子，他们在社会经济最底层形成了一个固定的光棍阶层，并将对国内甚至国际造成不稳定影响。

在大龄未婚男性问题日渐突出的人口社会背景下，人口通婚圈变动既是大龄未婚男性问题的重要表现，也是产生大龄男性未婚问题的关键诱因。通婚圈变动是人口婚姻流动行为的直接表现。社会制度变革促使社会环境发生变化，引发人口婚姻行为变动。乡城人口流动大潮中，婚姻流动成为人们改变社会地位和提高生活质量的有效途径，"孔雀东南飞"是改革开放后婚姻流动的形象刻画。在城乡分隔的户籍制度和男婚女嫁、"男高女低"的婚姻择偶制度等约束条件下，贫困地区农村男性很难从较发达农村及城市地区吸引到新娘，而农村女性则相对更容易地向经济更发达农村及城市地区婚姻流动。女性婚姻迁移优势一方面增加了东部发达地区婚姻市场上的新娘数量、缓解了当地人口出生性别失衡导致的男性婚姻挤压；另一方面则减少了中西部农村贫困地区婚姻市场上的新娘供给、加剧了当地的男性婚姻挤压。中西部农村贫困地区大龄未婚男性问题成为日益严峻的人口社会问题，加剧了买卖婚、骗婚、贩卖人口和畸形婚姻等社会问题，威胁到当地婚姻家庭稳定、公共安全和社会和谐发展。另外，向东部发达地区婚姻迁移的农村女性也面临着婚后家庭关系磨合和社会关系融合的问题，一般来说，婚姻迁入东部的中西部女性大部分嫁给了当地的底层男性，她们作为家庭和地区的"双重外来者"需要面对和处理比当地新娘更为复杂的问题（谭琳、苏珊·萧特、刘惠，2003）。

那么，在当前社会变迁进程中，在人口、经济和社会发展背景下，贫困地区农村的通婚圈及其历史变动状况如何？通婚圈变动的影响因素是什么？贫困地区农村的男性婚配困难问题有哪些表现？婚配困难问题的影响因素是什么？通婚圈变动与男性婚配困难之间是否存在相关关系或因果关系？男性婚配困难会对个体、家庭福利和农村社区安全产生什么影响？如何破解村落男性婚姻困境？这些都是本书试图回答的问题。

第二节　文献综述

农村大龄未婚男性和终身不婚男性是贫困地区男性婚配困难问题的主要影响群体，以下从该群体的概念界定、产生原因、生存现状与特征、对个人与家庭影响以及应对策略等方面对现有文献进行综述、总结与评论。同时，在此基础上，本节也对通婚圈变动及其对男性婚配困难产生影响的有关文献进行述评。

一 农村大龄未婚男性的概念界定

农村大龄未婚与不婚男性的概念包含三个组成部分：农村、男性、大龄未婚与不婚。其中，只有第三部分——大龄未婚与不婚的界定最不明确。到目前为止，对于农村男性的大龄未婚的年龄界定没有公认的统一标准。

从法律层面上看，《中华人民共和国婚姻法》第一章第六条规定：结婚年龄，男不得早于22周岁，女不得早于20周岁。《婚姻法》和《计划生育条例》规定的晚婚年龄为女大于23周岁、男大于25周岁。

晚婚的年龄标准也会随着时代变迁而发生变化，并且城乡对于大龄未婚的年龄界限认知也不尽相同。比如，王跃生（2001）指出："十八世纪中后期的清代社会，在女性普遍早婚和部分男性早婚的同时，还有一定数量的男性并未婚配。特别是对其中25岁以上尚未婚配者，我们视其为晚婚人口群体。"李咏华（1986）则将30岁仍处于未婚状态界定为晚婚。

从公开发表的研究文献看，西安交通大学的专家团队对大龄未婚男性的年龄标准界定主要有三种：第一种是28岁及以上（韦艳、靳小怡、李树茁，2008；李艳、李树茁、彭邺，2009）；第二种是26岁及以上（姜全保、果臻、李树茁、Marcus W. Feldman，2009）；第三种是30岁及以上（韦艳、张力，2011）。中国社会科学院人口与劳动经济研究所的研究团队对农村大龄未婚男性的年龄界定较为统一：25岁及以上（王磊，2010；王跃生，2012；伍海霞，2013）。这些差异的出现一方面与各个研究团队或各个研究人员所调查研究的农村地区情况不同有关，另一方面也与不同研究人员及同一研究人员对该问题的认知状态及认知发展不同有密切联系。当然，最新研究认为农村大龄未婚男性的年龄界定应具有动态性，农村未婚男性的成婚可能性是进行农村大龄未婚男性年龄界定的关键，终身结婚期待率能综合反映未婚男性成婚的可能性，其会随着年龄的增加而降低。根据研究需要选择终身结婚期待率标准水平，然后确定其在初婚表中对应的年龄，该年龄及以上的未婚男性可被认定为农村大龄未婚男性（果臻、杨柳清、李树茁，2022）。

学界对不婚（终身不婚）的年龄界定是怎样的情况？王跃生（2001）对18世纪后期的中国农村不婚男性群体的年龄界定是："总体上看，45岁以上再去寻求配偶的男性，其在婚姻市场上的机会已经很小了，所以这里不妨将他们视为不婚群体。"李咏华（1986）将终身不婚人口界定为："60岁以上的未婚人口。"王志刚（1991）指出："一般而言，到60岁未婚便可认为是终身不婚。"

大龄未婚和终身不婚的情况还可再做细分。比如，叶文振、林擎国（1998）指出："适婚未婚人口是指已经达到或超过法定结婚年龄的成年未婚人口，它包括两个部分，一是志愿不婚或独身，即不想嫁、不想娶；二是非志愿未婚或独身，即想嫁嫁不出去和想娶娶不进来，这些人可能在未来的生活中进入婚姻关系，变成已婚人口，也可能一直不能实现结婚的愿望，而成为终身不婚人口。所以，独身不婚人口主要是指一个社会志愿和非志愿的适婚未婚人口。"当然，我们完全可以假定"农村的大龄未婚与大龄不婚男性都是非志愿的适婚未婚人口"，这也很可能比较符合实际情况。

二 农村大龄未婚男性的产生原因

对于农村大龄未婚男性产生原因的探讨主要分为以下三类。

第一类以典型地区的田野调查为基础，这类研究对农村大龄未婚男性产生原因的解释比较全面，主要包括：婚配性别比失衡、适婚女性婚姻迁移、地区经济条件落后、男性个体文化素质低、生活观念与婚姻观念与众不同，等等。

李凤兰、杜云素（2009）认为农村大龄未婚青年择偶难问题的成因包括农村人口性别比的结构性失衡、经济条件的制约和农村青年择偶交往机会有限等。岳岭（1995）则总结了两条原因："一、人为因素——导致人口性别比差加大；二、城市诱惑——驱使农村女青年大量外流。"汪盛华、汪胜华、吴明清、郭祖铭（2008）则分析了湖北省宣恩县长潭河侗族乡陈家台村的光棍成因："一、交通条件落后；二、经济条件贫穷；三、文化素质低；四、自然条件差；五、女性外嫁多而村外女性不嫁进来。"许军、梁学敏（2007）认为："农村大龄男青年择偶难最主要的原因还是农村经济比较落后，一是城乡差距拉大，农村经济发展速度慢；二是女青年大量流出，导致农村适龄男女比例失调；三是与农村女青年的生活方式和价值观念的变化有关；四是涉外婚姻也是延边农村适龄青年性别比例失调的原因之一。"张春汉、钟涨宝（2005）认为农村大龄未婚青年形成的社会原因包括："一是经济贫困是大龄青年找不到对象的主要原因；二是男女性别比例失调是导致农村大龄男青年找不到对象的重要社会背景；三是农村文化娱乐活动有限，社会流动加快，使青年缺乏与异性交往的机会；四是传统'男高女低'择偶梯度造成结构性失婚现象。"伍海霞（2013）发现："受教育程度、个体的技能、经济状况等个体因素，家庭经济条件、兄弟数和兄弟排行等家庭因素和社会环境因素均对农村男性大龄未婚产生影响。"郭虹（1992）指出："现在农村中有不少地区已出现了成年人口性比例的严重失调，其中成年未婚人口性比例更是高得超出一般人想象。如浙江湖州市 27 岁以上未婚人口的性比例就达 100∶1087.47（女 766 人，男 8330 人）。在四川省中，15 岁以上人口性比例在 100∶180 以上的就有 14 个县。"郭虹认为，"就一般情况而言，被挤出婚姻的男性多属穷乡穷家和缺乏结婚条件者，最容易被排挤掉的是贫困地区的男性，其次是贫困家庭的男性，最后是缺乏结婚条件者。"何海宁（2007）调查了贵州省贵阳市牌坊村，"这个 2249 人、665 户的山村有 282 条光棍"。他在实地调查分析后认为光棍产生的原因除了村落地理位置偏僻和经济贫困之外，男女两性对待向外迁移的不同态度也是关键因素，比如，"20 世纪 90 年代正是现在 30 岁以上光棍的婚娶时期，他们的婚姻大事夹杂在滚滚而来的打工潮中。问题在于，牌坊村的女性更迫切地走出去。而男性，更愿意守在家中"。出现这种情况的原因在于男女两性在向外迁移后果上的差异——女性可以通过与当地男性结婚的方式最终留在迁入地，而男性则不成——"和女人相比，在打工潮开始之时，男人们不愿意离开土地"。

第二类研究强调了婚姻挤压、婚姻市场、婚姻剥夺等概念，从人口学、社会学和经济学视角对大龄未婚男性的成因做出了重点比较突出的解释。

陈友华和米勒乌尔里希（2002）界定了婚姻挤压的概念："在一夫一妻制社会中，婚龄男女人数相差较大、比例失调，导致一部分男性或女性择偶发生困难，这一现象就叫作婚姻挤压。"他同时指出了婚姻挤压形成的四个因素："一是出生性别比；二是死亡率的性别差异；三是出生人数的变化和夫妇结婚年龄差；四是人口迁移及性别年龄差异"，并断言"在中国社会最底层逐渐形成一个规模在 4000 万至 5000 万的光棍者阶层已经无法避免"。陈友华和米勒乌尔里希（2002）认为："受 70 年代以来生育率下降与 80 年代以来出生性别比持续升高的双重挤压，原本就存在的男性婚姻挤压矛盾趋于激化，预计在 2010 年后将经历几十年严重的男性婚姻挤压。社会经济发展方面所存在的巨大差异引发婚姻挤压矛盾的地区间转移将不可避免，并对社会稳定等构成严重的威胁。"石人炳（2005）根据"五普"数据对湖北省初婚市场进行分析，发现"由于婚姻挤压和婚姻梯度的共同作用，总体来说，男性在初婚市场上处于不利的地位。不同文化程度者在初婚市场上的情况差别明显，低文化程度男性和高文化程度女性相对处于劣势。婚姻梯度的存在，使'男性成婚难'的问题实际上表现为'低文化程度男性成婚难'"。郭虹（1995）认为，由于存在"富胜穷汰"的婚姻竞争，农村中"过剩"的男性将集中于贫困地区和贫困家庭，一个男子若年过 30 岁又身处穷乡或贫家，想在女性稀缺的家乡娶妻实在是万分困难。婚姻剥夺已成为他们难以摆脱的厄运。根据相似的逻辑，赵晓峰（2008）同样指出："农村青年单身有单一性别化的特点，基本上表现为适龄男子娶不到妻子。随着农民流动性的增强，农村的青年女性大多已经'逃离'村庄，当地的人口性别比严重失衡，青年男性难以娶到媳妇。"李艳、李卫东和李树茁（2014）利用 2012 年在西北和东部两县的质性调查数据，以家庭重大事件——分家为线索，分析了这一事件对农村家庭中较晚结婚的儿子的影响，验证了分家制度造成农村多子家庭中排行靠后的儿子在婚姻机会以及发展方面持续地被剥夺，并且发现习俗文化使各阶段的剥夺均被合法化。

第三类研究从社会变迁和制度变化等更加宏大的视角来分析大龄未婚男性产生的原因。

刘廷华（2010）认为大龄未婚男性的产生有其制度原因："剩男剩女与我国先后制定和实施的市场经济、计划生育、男女平等、一夫一妻和婚姻自由等制度有一定的关系。第一，市场经济体制的影响：市场目的的利益性引起择偶时更关注经济利益；市场运行的开放性改变了择偶的社会关系网和择偶机会；市场活动的竞争性导致择偶过程的优胜劣汰；市场关系的平等性决定了择偶过程的交换性。第二，男女平等基本国策的影响：男女平等基本国策提高了女性的教育和就业水平；妇女获得性自主权后婚前性行为迅速增加。第三，计划生育政策的影响：严格的计划生育政策导致人口性别比失衡，诱发婚姻挤压，进而导致部分男性被迫晚婚；严格的计划生育政策导致人口的逆向淘汰，使得农村晚婚人口多为男性。第四，婚姻制度的影响：一夫一妻的婚姻制度下再婚的风险和婚姻中沉没成本的存在，使许多当事人不愿意离婚；预期到离婚困难，青年男女在结婚前搜寻和考察最佳配偶的时间就会延长。婚龄提高以及晚婚政策的执行，对初婚年龄的提高作用明显；婚姻自由使得青年男女自主决定婚姻时，由于比父母更了解自己对未来配偶的要求，择偶过程更加仔细，结婚的年龄也开始后移。"杨华（2008）则关注社会变迁所导致宗族力量瓦解及通婚圈消退与农村光棍群体出现的关系："人口急剧流动的时候，水村的这两个结构性因素（'场域'——'通婚圈'与惯习——宗族力量主导婚姻）迅速瓦解。一方面，宗族势力在'通婚圈'内找不到适龄女孩，同时也不能寻找到其他的'通婚圈'，因而宗族在村落里退出对婚姻的涉入。另一方面，'通婚圈'内没有了宗族'配对'、玩游戏的可能性，其传统的功能迅即消失，也就没有存在的必要了。当这些传统的结构性因素都瓦解之后，又没有别的因素和力量补充进来，村落内也不可能在短时期内重新构建起自我的结构性力量以弥补因传统结构缺失带来的功能失调。"

综上，农村大龄未婚与晚婚男性群体出现的原因可以归结为以下两大方面：一是农村大龄未婚与晚婚男性自身条件不占优势：有生理心理的劣势，包括年龄、健康、身高、外貌和性格等方面；社会经济条件的劣势，主要指包括职业和收入在内的社会经济条件；二是外部环境的影响：人口学因素——出生性别比和死亡率的性别差异所导致的性别结构失衡和婚姻市场挤压；地理经济因素——所在农村的地理环境及生活富裕程度；社会经济文化等制度层面因素——宏观社会变迁导致农村地区女性向更好农村地区或城市婚姻迁移具有优势，婚姻迁移性别差异加剧了婚姻市场的男性挤压。

另外，韦艳和张力（2011）对已有的众多解释进行了回顾与反思，从婚姻市场上的性别不平等视角来研究农村大龄男性的婚姻困境。他们的研究发现，用性别结构失衡来解释农村大龄男性的"婚姻剥夺"显得原发性因果关系不强和实证性不足，而简单地以贫困概括农村大龄男性婚姻困境的主因并没有充分考虑婚姻的本质和功能。他们认为，婚姻市场上性别不平等对贫困男性婚姻困境的影响远比人口性别结构失衡的影响更为直接和重要，农村大龄男性的婚姻困境具有独立于个体内因的社会经济结构性的成因。笔者认为，这一反思也属于从社会制度层面进行解释的范畴。

三　大龄未婚男性群体的现状与特征

以西安交通大学人口与发展研究所团队为研究主体的大量成果集中关注了农村大龄未婚与不婚男性群体的个体与家庭困难、压力及压力应对策略，农村大龄未婚男性与非大龄未婚男性群体的比较，性行为特征、性福利、心理压力及应对和此类家庭的生命周期特征。

（一）生活压力和心理状况

李艳和李树茁（2008）基于压力认知交互作用模型对河南 YC 区农村大龄未婚男青年的质性调查资料进行了分析总结，发现他们面临着社区、家庭和个人三个层次的压力，他们对压力的认知有着年龄差异，并且随认知的不同其应对方式有积极和消极两种，最终导致生理、心理和行为等方面的压力反应。韦艳、靳小怡和李树茁（2008）利用家庭压力理论，通过访谈数据对 YC 县大龄未婚男性家庭压力和应对策略进行了质性分析后认为：首先，从压力现状来看，中国农村大龄未婚男性的失婚对家庭在经济、家庭关系和成员的心理压力上都造成负面影响；其次，从压力源分析来看，该地区婚姻挤压和婚姻迁移所构成的外部因素对这些家庭中大龄男性失婚造成一定的影响；再次，这些大龄未婚男性家庭无论对于内部资源还是外部资源的整合能力都较差，家庭成员就失婚压力缺乏有效的沟通和交流，大龄未婚男性的经济能力有限、受教育程度低和社会交往范围狭窄，使得大龄未婚男性的家庭压力加重；最后，面对种种压力，这些家庭挖掘内外部资源和寻求社会支持，大龄未婚个体通过提高经济能力和降低择偶标准来缓解家庭压力。

李艳、李树茁和彭邕（2009）利用在安徽省 HX 农村的抽样调查数据，比较了大龄未婚男性与已婚男性的社会经济地位、社会支持和心理福利状况，分析了婚姻状况对农村男性心理福利的影响并比较了影响大龄未婚男性和已婚男性心理福利的因素，发现，大龄未婚男性的社会经济地位、社会支持和心理福利程度远远弱于已婚男性，婚姻状况对农村男性的心理福利有显著影响，而影响两个群体心理福利的因素也存在差异。李树茁和李卫东（2012）以紧张—应对理论为基础，讨论了应对资源对面临婚姻挤压的未婚男性农民工心理失范的影响及其内在机制。他们发现：应对资源可以独立于成婚困难对未婚男性农民工心理失范具有直接的增益效应；部分应对资源对未婚男性农民工心理失范的影响具有中介效应，应对资源会通过影响对成婚困难的感知而影响未婚男性农民工的心理失范；参与同乡会可能会增加成婚困难感知的概率从而对未婚男性农民工心理失范产生负面影响。李卫东和胡莹（2012）以紧张—失范理论为基础，使用 2009 年福建省 X 市农民工调查数据，在我国因性别失衡而导致的宏观性婚姻挤压背景下，研究个体层面成婚期望和感知的婚姻挤压如何影响未婚男性农民工的心理失范。他们的研究表明，婚姻挤压并不直接作用于未婚男性农民工的心理失范，只有当其成婚期望高且感受到婚姻挤压时，才会带来较为严重的心理失范。

（二）生命周期、生活状况、代际关系与社会支持

姜全保、果臻、李树茁和 Marcus W. Feldman（2009）分析了农村大龄未婚男性家庭生命周期的问题，他们通过生命表技术和概率理论，测算了大龄未婚男性家庭生命周期各阶段的长度，研究发现大龄未婚男性在 60 岁时，丧父的累积概率达到 0.8，丧母的概率达到 0.6；丧父丧母之后大龄未婚男性单独生活 16 年。不同的年龄参数对

测度的各阶段长度有影响。

靳小怡和郭秋菊（2011）认为农村大龄男性不能结婚有可能对家庭养老功能产生重要影响，基于代际支持的投资回报理论，她们对2008年安徽乙县农村调查数据进行了定量分析，发现：儿子的婚姻状态与父母经济支持的获得有密切关系，投资回报理论能较好地解释农村大龄未婚男性对父母经济支持较弱的现象；儿子的经济状况、父母的需求和父母对儿子的经济投资都会显著影响父母所获得的经济支持。李艳、李树茁和刘鑫财（2015）利用2010年2月在全国范围做的"性别失衡与社会稳定"调查的数据，从个人、家庭和地域三个层面分析了影响农村大龄未婚男性社会支持的因素，发现受教育程度、收入等社会经济地位变量，母亲健在以及表现家族势力的一些家庭因素，地域因素对农村大龄未婚男性的社会支持规模和构成均有显著影响，对实际支持网的影响更明显。

王磊（2012）发现，与已婚男性相比，农村大龄未婚男性的客观生活质量和主观生活质量均明显偏低；居住方式和父母在世情况显著影响大龄未婚男性所获得的生活支持，工作、收入和社会保障显著影响他们的经济满意度；年龄、生理、心理和收入是影响未婚男性生活总体满意度的重要因素。王跃生（2012）发现，大龄未婚男性对老年后生活费用供养和照料方式的期盼具有被动特征，他们在青年和中年阶段缺少养老安排规划和明确的养老打算，老年失婚者对于社会养老保障制度和福利制度的依赖已形成刚性。着眼于农村男性婚姻剥夺导致的独身者社会保障问题，郭虹（1995）指出："因为农村女性短缺量大以及'富胜穷汰'等，男性婚姻剥夺已成为当前我国贫困地区农村较为常见的社会现象。"

（三）性关系、性行为、性心理、性福利与公共安全

西安交通大学研究团队基于2008年安徽省CH市JC区的调查数据对农村大龄未婚男性的性关系、性行为、性心理和性福利做了大量研究。

张群林、伊莎贝尔·阿塔尼和杨雪燕（2009）发现：第一，农村地区贫穷和未婚之间存在关系；第二，农村大龄未婚男性的性福利受到损害；第三，农村大龄未婚男性存在潜在的性风险；第四，自慰是弥补大龄未婚男性性福利损害的一种重要方式。杨雪燕、伊莎贝尔·阿塔尼、李树茁和袁晓天（2011）对中国性别失衡背景下的农村大龄未婚男性的自慰行为进行了深入研究，发现：大龄未婚男性的自慰频度显著高于已婚男性，但性交频度和自慰性高潮均显著低于已婚男性；对于大龄未婚男性而言，自慰频度并不能替代性交频度，却可能是正常或稳定性活动的有效替代；同时自慰频度能有效提高自慰性高潮，因而从一定程度上可以帮助大龄未婚男性释放性压抑，改善性福利。杨雪燕、伊莎贝拉·阿塔尼和李树茁（2012）发现，与同年龄段已婚男性相比，从中国农村大龄未婚男性的商业性行为、安全套使用情况上看，男性婚姻挤压导致大龄未婚男性难以获取正常、稳定的性行为，商业性行为作为一种有效的替代和弥补方式，其发生率在农村地区的大龄未婚男性当中存在显著升高的可能性；相对于较高的商业性行为发生率而言，大龄未婚男性的安全套使用率处于较低的水平，使得大龄未婚男性的商业性行为具有高风险特征。杨雪燕、伊莎贝拉·阿塔尼和李树茁（2012）通过与同年龄段已婚男性的对比，对性别失衡背景下中国农村大龄未婚男性的男男性行为发生率及其影响因素进行了分析，发现中国的性别失衡确实会使得农村地区的男男性行为发生率增加；而发生男男性行为的人群中，其无保护性行为也达到了一个较高的比例；同时与已婚男性相比，未婚男性在艾滋病和性病知识方面的掌握情况较差，从而给公共卫生安全带来潜在威胁。

张群林和杨博（2014）从性心理特征、性实践现状、性影响三个方面系统描述了农村大龄未婚男性的性存在。他们研究发现，大部分农村大龄未婚男性渴望结婚却难以结婚，他们承受着巨大的家庭压力和孤独感，婚姻状况和年龄是性实践的两个重要影响因素，贫穷则既把农村大龄未婚男性排除在婚姻之外，又把最贫困的人排除在性实践之外。张群林和孟阳（2015）对农村大龄未婚男性多伴侣性行为及其影响因素进行了实证研究，发现：农村大龄未婚男性总体中的多性伴侣发生率不高，然而有过性经历的农村大龄未婚男性多伴侣性行为发生率较高，他们的性伴侣类型多样；性态度和观看黄色录像行为是影响农村大龄未婚男性多伴侣性行为的显著因素，教育和年龄的影响均不显著。杨博、阿塔尼·伊莎贝尔和张群林（2012）以西安市 28 岁以上的大龄未婚男性流动人口为研究对象，通过电子问卷调查收集农村大龄未婚男性进入城市后可能产生的风险性行为信息。他们通过分析明确了大龄未婚男性流动人口的风险性行为概况和人群特征，发现：大龄未婚男性流动人口在多个性伴侣与商业性行为上表现出明显倾向；大龄未婚男性流动人口的经济条件、年龄以及受教育程度对其风险性行为产生了影响；周围人群的风险性行为参与对大龄未婚男性流动人口的风险性行为参与产生带动作用；无保护性行为在这一人群中的比例已经显著降低。

（四）社会资本、社会融合与婚姻策略

吴彩霞、李艳和靳小怡（2012）从借贷网络视角来考察大龄未婚男性的社会资本状况，以发现婚姻状况和地域差异是否会影响农村大龄未婚男性的社会资本。结果表明，不同婚姻状况的农村男性和不同地域的农村大龄未婚男性的社会资本数量和来源有显著差异，婚姻状况对农村男性社会资本不存在影响，地域因素对大龄未婚男性社会资本也不存在影响。

李艳、帅玉良和李树茁（2012）认为社会融合对缓解大龄未婚男性面临的各种压力极其重要。他们分析了 2010 年覆盖全国范围的"百村调查"数据，发现社会融合的强弱存在婚姻状况差异和地域差

异：大龄未婚男性社会融合程度弱于已婚男性，东中部地区大龄未婚男性社会融合程度弱于西部地区，但即使如此，西部地区大龄未婚男性仍更倾向于离开村庄进行更广义的社会融合。他们认为，促进大龄未婚男性的社会融合不应仅限于通过给他们提供各种参与、联系的途径，更应该通过促进他们的产业转移来融入城镇以得到更广泛的社会融合。

刘利鸽和靳小怡（2012）采用2010年"百村个人调查"数据，分析了农村未婚男性对娶有婚史女性的态度，发现：未婚男性对娶有婚史的女性因其在上次婚姻中生育状况的不同而有显著差异；接受有婚史的女性，正成为经济状况差、在初婚市场上处于劣势的男性的婚姻应对策略。王磊（2012）发现，未婚男性严重缺乏包括自主谈对象和被介绍对象在内的议婚机会，议婚经历少，议婚持续时间短；未婚男性认为个体和家庭的经济条件劣势是自身议婚失败的最主要原因；未婚男性的议婚计划与议婚准备之间存在差距。

也有研究中提及不同年龄段光棍的婚姻观念差异。何海宁（2007）的研究比较了贵州牌坊村光棍的年龄差异——"村里现在有1/3的人在外打工，包括89名光棍。光棍们清晰地勾勒了一个思想变迁史。最早的一批压根就不出门；随后的一批出了门又回来了，他们多是80年代以前出生的汉子，觉得还是应该回乡娶妻。最近的一批，80年代以后出生的年轻男孩彻底没有了父辈的思想束缚，他们喜欢城市的生活，很多把婚事办在了外地。"年龄区别还表现在"是否愿意当上门女婿"。社会变迁和婚姻挤压的现实条件下，一部分较为年轻的光棍已经能够接受"当上门女婿"，当然这是他们无奈的选择。

四 大龄未婚男性群体对家庭与社会的影响

中国传统社会中，个体未能在适当的年龄完成婚配被视为非正常情况，在农村尤其如此。总体而言，农村大龄未婚与不婚男性群体的存在无论对其自身还是周围人群及社会都是负面影响居多。这个群体的存在和人口贩卖、婚姻买卖等社会现象有关系，也深刻影响着婚姻、家庭、村落社区及社会的稳定。

王跃生（2001）针对18世纪后期我国晚婚和不婚男性的研究指出："男性晚婚者的大量存在在一定程度构成对正常婚姻秩序的冲击。他们设法通过违规行为来打破禁区，弥补未婚生活的缺失。既然因此酿成的命案如此之多，想必其他未引发冲突、命案的奸情不在少数，由此使男女在婚姻之外的两性关系禁闭难以形成，至少使严厉的'大防'松弛下来。它无疑对传统道德的维系产生了冲击和威胁作用。"刘中一（2005）就"大龄未婚男性将肯定会成为我国社会稳定的隐患，成为国家长治久安的巨大破坏性力量吗？"这一问题做出了回答，他认为："总起来说，从我们的调查结果和纯粹的客观可能性来说，大龄未婚男性群体中出现有组织的犯罪团伙可能性正在逐步增大。但是从我们目前的研究结果来看，尚没有发现其中任何一种危害社会稳定的行为有在大龄未婚男性群体之间扩散的迹象。另外，由于我国人口基数很大，大龄未婚男性只占所有婚龄成年男性中的很小的比例。总体上，我们认为在短时期内，他们对我国社会稳定并不能构成实质性的影响。"陈慧（2010）对"剩男"社会影响的研究认为："一是剩男严重威胁了女性的生存权和发展权；二是导致未来男性婚姻拥挤，若干年后，解决不了婚姻问题的男子可能会出现急躁、失控行为，极可能会出现性犯罪率升高、同性恋增多、性行为错乱等现象；三是影响人口生态安全，'剩男'寻觅不到配偶，没有长期稳定的性伴侣，由于生理需要，他们可能'寻花问柳'，这在一定程度上将会产生社会危害，导致艾滋病等传染疾病的传播，危害到社会安全。"

五　大龄未婚男性问题的解决办法

所谓的解决办法有两个含义：一是在晚婚与不婚状态下缓解或解决农村此群体的生活问题和精神压力等，减少该群体导致的各种负面影响；二是从源头上解决农村大龄未婚与不婚男性的婚姻问题，促进农村社会稳定与发展。这和农村男性所面临的婚姻挤压有密切关系。

如何应对婚姻挤压？郑维东和任强（1997）发表的文章写道："一是合理有效地引导婚姻市场的发展，还需借助社会的、经济的手段（如建立和培育婚姻媒介市场），发挥社会经济机制的制衡作用；二是对未来我国婚姻挤压的调整需要依赖来自婚姻市场外部的力量，婚姻政策法规的调整是可行而且很必要的、缓和未来我国高水平婚姻挤压之手段；三是相关的政策法规的调整也是可行而且必要的、调控婚姻市场挤压的手段，采取行政法规措施严厉杜绝因选择性人工流产甚至溺婴等造成的出生性别比异常升高将有助于缓解出生性别挤压带来的婚姻挤压后果。人口政策对城乡人口流动、区域间人口流动方面所作出的规定可以产生对婚姻地域子市场内婚姻挤压的影响。总之，依赖社会经济的力量特别是可以对婚姻本身直接发生作用的婚姻政策、相关人口政策的力量对未来婚姻市场进行调控是缓解未来高水平婚姻挤压的一条可行之路。"

韦艳、靳小怡和李树茁（2008）则从家庭层面研究大龄未婚男性家庭压力特征及对个人的影响，探讨解决大龄未婚男性家庭的生活、心理和生理问题，从而寻求大龄未婚男性和家庭与社会融合的途径。他们认为，伴随着男性择偶拥挤现象，大龄未婚男性的婚姻及家庭的稳定性问题都将会影响到我国和谐社会建设，研究理解大龄未婚男性家庭的社会行为和应对策略变化的深层次原因，能为缓解婚姻挤压带来的社会冲突、促进社会和谐发展提供理论依据。

笔者认为，目前看来，人口政策和婚姻政策的调整对于婚姻挤压问题的解决都会有一定程度的作用，尤其是如果人口政策调整后出生性别比失衡得到缓解，那么未来的婚姻挤压也会有较大的缓解。但是，当前的婚姻挤压以及农村大龄未婚和不婚男性人口所面临的窘境更多受到农村村落经济环境和个体综合条件的绝对制约。

六 对农村大龄未婚男性问题研究的初步总结

针对上述研究回顾，以下从研究内容、研究数据、研究理论、研究方法和对策建议等五方面做出进一步总结。

（一）研究内容

2000 年前的研究主要集中在农村大龄未婚与不婚男性人口形成的原因、该群体的存在对社会的影响以及应对之策。2000 年尤其是2005 年之后，关注这部分人群所面临的困难、所承受的各种压力以及所采取的应对策略的研究日益增多。2010 年以后，对于该群体的性行为、性关系、性心理和性福利的研究比较多。与该群体产生原因密切联系的是人口出生性别比的研究，与该群体的社会影响研究有紧密关系的是农村养老社会保障、农村婚姻家庭及社会稳定方面的研究。总体看来，对农村大龄未婚男性的研究逐渐在拓展和加深。

（二）研究数据

研究数据包括定量数据和定性资料。其中，定量数据主要来自普查数据和 2000 年以来的专项社会调查，主要包括但不限于以下几个方面。

（1）生命表数据和部分年龄数据：2000 年普查（姜全保、果臻、李树苗、Marcus W. Feldman，2009）。

（2）安徽省 JC 区农村大龄男性的生殖健康和家庭生活调查数据（张群林、伊莎贝尔·阿塔尼、杨雪燕，2009）。2008 年 8~9 月，西安交通大学人口与发展研究所在安徽省 JC 区针对年龄在 28 岁及以上的已婚和未婚农村男性开展了"农村大龄男性生殖健康和家庭生活"的调查。最终有 665 人参加正式调查，实际获得的有效样本为 621 个。

（3）安徽省 H 县农村的抽样调查数据（李艳、李树茁、彭邕，2009）。西安交通大学人口与发展研究所于 2008 年 8 月在安徽省 H 县所做的"性别失衡与农村人口生活福利"调查。调查共回收各类人群有效问卷 1701 份，大龄未婚男性与已婚男性两个群体的问卷份数共 587 份，其中大龄未婚男性 323 份、已婚男性 264 份，其比例分别为 55.0% 和 45.0%。

（4）河北省 C 县农村的抽样调查数据（王跃生，2012）。中国社会科学院人口与劳动经济研究所于 2010 年 8 月在河北省 C 县所做的"性别结构失衡下的婚姻、家庭与养老研究"调查。调查回收大龄未婚男性有效问卷 322 份。

定性材料包括：安徽省 JC 区农村大龄男性的生殖健康和家庭生活调查数据（张群林、伊莎贝尔·阿塔尼、杨雪燕，2009）；河南省 LH 市 YC 区的质性研究材料，包括个访和组访形式（韦艳、靳小怡、李树茁，2008）；吉林省延边州农村大龄未婚男青年情况调查报告（许军、梁学敏，2007）。

总体看来，针对农村大龄未婚男性问题研究的数据主要来自非全国范围内的抽样调查或典型调查，基于这些调查的研究结果为将来进行全国性调查研究奠定了比较坚实的基础。

（三）研究理论

研究这类问题所运用的理论工具明显分为两个时期。2000 年以前，主要从出生性别比失衡或适婚人口性别比失衡出发，以婚姻市场、婚姻挤压理论（或假说）来预测和描述农村大龄未婚与不婚男性产生的原因。2000 年之后，一些新的理论被运用，以期达到描述、解释和分析农村大龄未婚与不婚男性的困难、压力与应对策略。比如，运用家庭压力理论来解释大龄未婚男性家庭的压力以及可采取的应对策略（韦艳、靳小怡、李树茁，2008），运用压力认知交互作用模型来分析总结农村大龄未婚男青年所面临的压力及应对（李艳、李树茁，2008）。

（四）研究方法

很多时候方法和理论是紧密关联的。这里的方法指的是较为具体的、使用理论的直接方法：①质性访谈，扎根理论的三级登录方法（韦艳、靳小怡、李树茁，2008），还有"以'压力'理论为框架从调查资料中提取、归纳信息，以编码的个案资料"（李艳、李树茁，2008）；②简单描述统计分析，对比研究（差异的显著性分析：卡方检验，t检验）（张群林、伊莎贝尔·阿塔尼、杨雪燕，2009）。

（五）对策建议

针对农村大龄未婚与不婚群体产生的原因及现状问题，不同时期存在很多与时俱进的对策与建议。实际上，这些对策和建议针对的是两件事情。2000年以前的研究所主要关注的是该群体产生的原因，所以给出的对策和建议是如何减少这个群体产生，比如，调整人口政策、促进出生性别比正常，或者发展经济、提高男性个体素质，或者提供婚姻信息和促进男女交往的机会，等等。2000年之后，很多研究似乎不再关注如何能够解决"农村适婚男性无法成婚"问题，而是关注在既定现实条件下，分析此群体的困难与压力，并如何采取措施帮助该群体应对困难与缓解压力。

七　通婚圈变动及其与男性婚配困难的关系

婚姻圈也称通婚圈，它包含地理层次和社会层次两方面含义，其中地理层次可视为地理通婚圈。人类学主要采用个案研究并强调文化制度对婚姻圈的决定作用（刘传江，1991；满永，2005）。社会学通常使用社会调查研究并关注社会结构及社会变迁对婚姻圈的影响

（新山，2000；陆益龙，2001；黄润柏，2010）。民族学则分析民族通婚圈以考察民族融合程度（黄兴球，2003；韦浩明，2007；房若愚，2007；祁进玉等，2012）。历史学通常考察历史上名门望族的通婚圈（马斗成、马纳，2002；定宜庄、胡鸿保，2005）。经济学色彩浓厚的婚姻市场概念被用来研究婚姻行为或婚姻对象的潜在范围（于学军，1993；郭志刚、邓国胜，1995）。人口学则主要通过分析人口性别结构、人口流动和婚姻迁移来研究婚姻圈（黄佩芳，2004；周皓、李丁，2009）。有关婚姻圈的研究并不是学科分隔的，诸多文献是多学科视角的交叉研究，比如，村落范围的民族通婚圈研究呈现了人类学、民族学和社会学的复合色彩，而更多地使用婚姻市场概念来研究婚姻行为的不是经济学者而是人口学者。人类学和社会学偏重于农村婚姻圈研究，从微观和中观层次的性别和村落维度来考察婚姻圈的变动及原因。

社会变迁进程中的农村婚姻圈变动趋势是一个研究热点，目前，研究结论主要有三种：缩小、基本不变和扩大。"缩小"观点认为，由于婚媒形式的改变、劳动力需求和父母养老需求等实际需求，农村通婚圈在缩小和内卷（邱泽奇、丁浩，1991；新山，2000；王跃生，2006）。"扩大"观点认为，劳动力转移大潮中，农村通婚圈逐渐由传统的地缘、血缘关系向业缘关系转变，突破了原有的地域限制，与县外乃至省外间的通婚逐年递增（崔燕珍，2007）。然而，只有"基本不变"观点（雷洁琼，1994）是以较大范围内的随机抽样调查分析为基础。人口学则充分利用数据优势从宏观层面研究婚姻圈状态及其变动趋势，比如有学者使用第五次全国人口普查数据分析了各个省份的婚姻圈的变动状况，并得出"多数地区的异地婚姻比例近几年都在增加，婚姻圈在扩大"的结论（周皓、李丁，2009）。

以上文献主要将婚姻圈视作因变量，婚姻圈也可以被视为自变量，研究婚姻圈的变迁对于个体、婚姻和家庭的影响。一般来说，地理通婚圈变动直接影响到人们婚后的家庭与社会融合、家庭社会关系网的扩展和维持、居住模式与代际关系。国外研究认为，我国东部沿海发达地区将出生性别失衡的后果与压力转嫁到了西南地区，以西南地区底层男性的婚姻挤压加剧为代价缓解了东部地区男性的婚姻挤压。总体而言，已有人类学、社会学和人口学的通婚圈及相关研究呈现以下一些特点：一是偏重农村地理通婚圈研究，强调人口结构因素和经济因素导致男性婚姻挤压，突出婚姻观念和婚姻制度决定的女性婚姻迁移优势对于婚姻圈变动的影响；二是除少量使用普查数据分析外，实证研究以村落质性个案调查和小规模村落抽样调查为主；三是质性研究更多而量化研究相对较少；四是地理通婚圈变动的性别差异比较研究不多，婚姻迁移或婚姻流动基本以女性为主，涉及男性较少。

农村通婚圈研究和男性婚配困难问题研究都有积淀，通婚圈研究中的影响分析提及了农村男性婚配困难问题，农村男性婚配困难问题研究中的原因分析也涉及了通婚圈变动，但都简单提及，并不深入系统，二者之间的联系还很薄弱。人口变迁和社会转型过程中，农村男性的婚配困难问题已经引起社会各界和政府的注意。农村贫困地区男性的婚配困难问题深受农村通婚圈变动的影响。农村劳动力转移过程中，女性更有可能外嫁到更为富裕的农村和城市。大部分农村贫困地区男性受户籍、就业、住房和社会保障等城乡二元体制的限制，他们不仅很难娶到更为富裕城乡地区的适婚女性，也面临乡村传统婚姻资源日渐减少的困境。

第三节　研究设计

一　研究问题

本书主要分析和考察贫困地区农村通婚圈变动与男性婚配困难之

间的关系，这个问题可以分为三个子问题：一是贫困地区农村通婚圈的变动和原因；二是贫困地区农村男性婚配困难的现状、变动和原因；三是贫困地区农村通婚圈变动与男性婚配困难之间的关系。第一个子问题和第二个子问题是解决整个问题的必要基础，而第三个子问题则是核心问题。

本书的具体研究内容包括：一是贫困地区农村通婚圈变动的基本表现和因素分析；二是贫困地区农村男性婚配困难的基本表现和因素分析；三是贫困地区农村通婚圈变动与男性婚配困难之间的关系；四是贫困地区农村男性婚配困难的若干影响。

二 研究假设

20 世纪 80 年代农村改革之前，二元户籍壁垒森严，人口流动较少，农民内部同质性较高，农村通婚圈较稳定，通婚区域固定在村落内部及附近农村。80 年代后，农村剩余劳动力获得了向城市转移的机会，人口流动的增加促进了农村通婚圈的扩大，由于女性更具婚姻迁移优势，女性通婚圈扩大趋势也更为明显。而男性受城市户籍、住房、就业和社会保障等条件制约更大，农村贫困地区男性很难将婚姻圈扩大到城市。本书据此假设如下。

（1）贫困地区农村女性外嫁增多，特别是婚姻梯度转移现象突出，通婚圈扩大，而男性与本地女性缔结婚姻的机会减少，导致男性婚配困难。

（2）贫困地区农村女性适时婚配，通婚圈扩大，本地适婚女性短缺，而男性被迫扩大择偶空间范围，晚婚下的通婚圈扩大，出现一些非常规婚姻形式，比如招赘婚、买卖婚、娶丧偶或离婚女性、夫妻婚龄差较大的婚姻等。

（3）贫困地区农村两性通婚圈的差异变动加剧了男性婚配困难，不同素质男性的通婚圈和婚姻结果有不同变动：素质较高男性的通婚圈基本不变，不存在婚姻困难问题；素质一般男性的通婚圈被迫扩大，他们在更大范围内寻找婚姻机会，存在一定的婚姻困难；素质最低男性的婚姻困难最严重，大龄未婚、晚婚和不婚情形较多。

三　研究数据

研究数据主要分为质性资料和量化数据两大类。量化数据主要包括全国普查数据和全国及被研究县的抽样调查数据。其中，普查数据包括1982年第三次全国人口普查长表1%抽样数据库、1990年第四次全国人口普查长表1%抽样数据库、2000年第五次全国人口普查长表1%抽样数据库、《中国2010年人口普查资料》、C县历次全国人口普查资料和C县年鉴等；抽样调查数据包括"城乡家庭结构与代际关系研究"全国7省（区）调查数据、2010年和2013年C县农村调查数据。质性访谈资料主要包括2010年、2012年、2013年和2014年多次C县田野调查的访谈记录等资料。

（一）量化数据

普查数据主要用来描述全国农村男性大龄未婚比例及其历史变化、C县普查资料则描绘了该县的大龄未婚男性的比例及历史变化、全国7省（区）抽样调查数据主要分析了农村通婚圈的现状、变动和原因，2010年和2013年C县村庄抽样调查数据主要描述了当地通婚圈现状、变动和男性婚配困难问题现状。各种调查数据中，以2010年、2013年C县农村抽样调查问卷数据为主，以全国7省（区）抽样调查数据和普查数据为补充。

1. 2013年C县农村抽样调查

C县概况。C县毗邻北京市西北部的延庆县，境内多为山区，交通相对闭塞，为国家级贫困县。由于距离北京较近，劳动力向北京流动情况明显，当地女性向北京郊县及市区的婚姻迁移明显。因此，村落中男性大龄未婚情况突出。

抽样方法。综合考虑区位、人口规模、大龄未婚男性数量等因素，研究人员首先从 18 个乡镇中抽取了 DSK、DWK 和 DE 三个乡镇，然后从每个乡镇随机抽取一个村，对调查时点居住在村落中的全部家庭进行问卷调查。

调查实施。2013 年 8 月 10~19 日，研究人员招募 8 名河北农业大学本科大学生进行入户问卷调查，8 名大学生调查员全部为 C 县及周边县的"当地人"，与被调查对象的沟通质量很高，有效保证了调查的准确和高效。

被调查对象。调查收集被调查村落中每个能够调查到的家庭的信息，由入户抽样表抽取被调查家庭户里回答问卷的家庭成员。

有效问卷。调查共发放问卷 622 份，其中回收有效问卷 587 份，问卷有效回收率 94.37%。

样本概况。587 个有效样本中，男性被访者为 322 人、女性被访者为 265 人，分别占全部样本的 54.86% 和 45.14%（见表 1-1）。与 2010 年 C 县调查类似，年龄构成偏老，这也再次反映了农村劳动力大量离乡进城务工的现实。

表 1-1　2013 年 C 县农村被调查对象概况

性别	年龄占比（%）							合计（%）
	20~29 岁	30~39 岁	40~49 岁	50~59 岁	60~69 岁	70~79 岁	80 岁及以上	
男	5.90	10.56	20.81	24.22	21.12	10.87	6.52	100
女	10.94	13.96	21.13	25.28	18.13	6.79	3.77	100
合计	8.18	12.10	20.95	24.70	19.76	9.03	5.28	100
样本数（人）	48	71	123	145	116	53	31	587

资料来源：2013 年 C 县农村调查。

2. 2010 年 C 县农村调查

2010 年 C 县农村调查数据来自当年 9 月对河北省西北部 C 县的调查。调查采用被调查者回答、调查员填写问卷的方式，随机抽取

3个乡的15个村，调查了村落中全部居家的农村大龄未婚男性。为便于比较研究，每个村调查了相近数量的已婚男性。剔除不合格样本，最终得到有效样本大龄未婚男性322人、已婚男性样本285人。

无论已婚还是未婚，被调查男性中，超过85%的年龄大于39岁，接近50%的男性年龄超过49岁，年龄结构较老。调查时，40岁以下男性外出打工者占大多数，因此所占比例相对较少。受年龄结构限制，被调查男性的受教育程度比较低，与已婚男性相比，大龄未婚男性的受教育程度更低，没上过学的比例接近40%（见表1-2）。

表1-2　2010年C县农村被调查对象概况

年龄	男性群体占比(%)		受教育程度	男性群体占比(%)	
	大龄未婚	已婚		大龄未婚	已婚
25~39岁	14.60	13.68	未上学	38.82	23.86
40~49岁	36.64	40.00	小学	44.10	38.25
50~59岁	32.30	28.42	初中及以上	17.08	37.89
60岁及以上	16.46	17.90	样本数	322	285
样本数(人)	322	285			

资料来源：2010年C县农村调查。

调查问卷不仅包含了被调查男性的人口、社会、经济和婚姻家庭信息，也调查了被调查男性的父母和兄弟姐妹的人口、婚姻和家庭行为信息。

3. 2010年全国7省（区）抽样调查

2010年全国7省（区）抽样调查采用分层随机抽样方法，纳入多项经济社会发展指标，入选省份为吉林、河北、陕西、安徽、浙江、广东和广西。在7个省（区）共调查3个以农村人口为主的县和3个以城市人口为主的区。每个县抽5个村庄，每个村庄抽21户（每户一份问卷，下同）；每个区抽5个居民小区，每个居民小区抽21户。每个省级单位的家庭户调查问卷总数不低于630份。本项调查于2010年

10~12 月实施，为保证数据质量，现场调查和数据录入采取多种质量保证措施，包括调查前培训调查员、调查过程中跟访、问卷回收时进行问卷审核及复访、录入时进行双工录入检验以及严格的逻辑检验，最终获得有效问卷 4425 份，其中农村有效问卷 2251 份（见表 1-3）。

表 1-3 2010 年全国 7 省（区）抽样调查农村被调查对象的性别年龄构成

年龄	性别占比（%）		合计（%）
	男	女	
20~24 岁	7.25	11.92	9.60
25~29 岁	22.09	22.07	22.08
30~34 岁	22.18	21.27	21.72
35~39 岁	21.82	18.71	20.26
40~44 岁	16.10	13.59	14.84
45~49 岁	6.80	9.44	8.13
≥50 岁	3.76	3.00	3.37
合计	100.00	100.00	100.00
样本数（人）	1118	1133	2251

资料来源：2010 年全国 7 省（区）抽样调查。

（二）质性资料

质性资料的主体是对被调查村落中大龄未婚男性的访谈记录。这些个案访谈记录有助于加深理解由量化数据库模型统计分析所得出的发现，有助于得到更加符合事实、更具说服力的研究结论。质性访谈资料以 2014 年田野调查资料为主，以 2010 年、2012 年田野调查资料为补充。详细访谈提纲与访谈记录见文末附录二。

1. 2014 年 C 县村庄田野调查

2014 年 8 月，笔者对 2013 年在 C 县进行问卷调查的村落做了跟踪田野调查，对村落中的光棍和普通村民进行了个案访谈，收集到被访谈对象的访谈记录 60 份，其中，光棍 21 人，男性普通村民 13 人，女性普通村民 26 人。因为 25~39 岁年纪较轻的光棍大部分离村外出

27

务工，所以被访谈的光棍年龄结构较老，其中，年龄为25~29岁的1人，30~34岁的0人，35~39岁的1人，40~44岁的2人，45~49岁的1人，50~54岁的2人，55~59岁的8人，60~64岁的2人，65~69岁的2人，70岁及以上的2人。

田野调查通过访谈光棍的父母或了解情况的亲属来弥补年纪较轻光棍信息不足的情况，间接了解情况的光棍中，25~29岁的2人，30~34岁的5人，35~39岁的5人，40~44岁的1人，45~49岁的3人，50~54岁的4人，55~59岁的1人，60~64岁的1人。最终收集到的光棍共43人，年龄构成为：25~29岁的3人，30~34岁的5人，35~39岁的6人，40~44岁的3人，45~49岁的4人，50~54岁的6人，55~59岁的9人，60~64岁的3人，65~69岁的2人，70岁及以上的2人。除了被访谈对象的个人和家庭基本信息，质性访谈材料还详细记录了他们对光棍的社会影响认知与评价。

2. 2012年C县村庄质性访谈

2012年9月下旬和10月中旬，笔者在C县进行了两次田野调查，与县、乡镇及村干部、不同年龄男女村民进行了多次访谈。第一次调查时，笔者在靠近BJ市YQ县的HC镇和DE镇各选择了两个村。第二次调查时，笔者选择了位于C县中部的YZ乡和最北部的DSK镇，从每个乡镇中各选取两个村进行田野调查。

四 研究理论

择偶梯度、婚姻匹配、婚姻市场、婚姻挤压和婚姻剥夺等理论或概念可以被用来分析农村通婚圈变动、女性婚姻迁移和男性婚配困难等婚姻行为与婚姻现象。

（一）择偶梯度与婚姻匹配

择偶梯度理论是西方家庭社会学的主要理论之一，择偶梯度指的是男女两性在择偶的时候，男性更倾向于向"低"处找，即他们会挑选社会地位比自己低的女性，为的是能够依据自身的优势掌控家庭内部的领导权；而女性则往往倾向于向"高"处找，她们大多要求男方的受教育水平、社会阶层及经济收入高过自己，为的是能有个依靠，以消除自身不安全感。这种"男往下、女往上"的两性择偶标准的差异，必然在择偶互动博弈中形成社会学中常提及的"错位配对法则"（王蕾，2012）。另外，择偶梯度还体现在婚配年龄上，有研究指出，不论国外还是国内，夫妻在年龄方面的匹配一般都是以"男大女小"的梯度模式进行的（刘爽、梁海艳，2014）。

婚姻匹配是一种普遍的社会现象，它体现的是婚姻双方在个人、家庭社会经济特征等方面的对应关系（齐亚强、牛建林，2012）。传统社会中，婚姻匹配关系更多地表现为夫妇双方家庭社会经济地位的对等，也就是所谓的"门当户对"。现代社会中，随着大众教育、城市化、现代交通和通信技术等元素的发展，家庭社会背景对子女婚姻选择的决定性作用开始削弱，婚配主体的自主性显著提升（徐安琪，2000；孙秀艳，2002；张翼，2003）。大量社会科学研究表明，无论是采用种族、宗教、社会阶层、职业声望、教育程度还是其他指标来测度，绝大多数社会中婚配对象之间具有很强的相似性（Mare，1991；Kalmijn，1994；Xu et al.，2000；张翼，2003；李煜、陆新超，2008）。

农村大龄未婚男性作为婚配困难群体，他们的婚姻行为也同样受到择偶梯度和婚姻匹配等社会规律的影响，他们的未婚现状也与这两大规律有直接和密切的关系。因此，择偶梯度和婚姻匹配对研究农村大龄未婚男性群体的婚配困难问题具有很好的借鉴作用。

（二）婚姻市场与婚姻挤压或婚姻剥夺

郭志刚、邓国胜（1995）指出，婚姻市场（Marriage Market）定义、婚姻挤压（Marriage Squeeze，也有人译为婚姻剥夺、婚姻排挤）的测度、著名的"两性问题（two sex problem）"都尚无定论。婚姻市场研究的技术与方法主要围绕如何科学地测度婚姻挤压，以及影响婚姻挤压的各因素各自作用的大小。他们的研究发现，我国生育率迅速而持续的下降，不可避免地带来了一些问题，婚姻市场压力骤增就是其中最为严重的后遗症之一，当 1969~1981 年出生的人口陆续进入婚龄时，性别结构与年龄结构双重因素将使男性人口处于极为严重的婚姻挤压之中。姜全保、李晓敏、Marcus W. Feldman（2013）研究结果强调了年龄结构因素的影响，他们认为虽然性别结构可能是中国婚姻挤压中的主要因素，但年龄结构因素也值得关注。

可以说，尽管随着社会经济发展和人们观念的改变，我国传统的择偶梯度与婚姻匹配也在发生着变化，但是，在农村地区，尤其是贫困农村地区，"男高女低、男强女弱"的择偶梯度与婚姻匹配规律仍然在很大程度上影响着或支配着人们的婚姻行为。在传统的择偶梯度与婚姻匹配规律的规制下，贫困地区农村女性向外婚姻迁移、当地婚姻市场女性资源短缺与男性婚姻挤压的发生将不可避免，受到婚姻挤压的男性中必然有一部分将面临婚姻剥夺的窘境。

五 研究思路

本研究的总体框架：第一步，回顾和评述有关农村通婚圈变动、男性婚配困难问题以及二者之间关系的研究文献；第二步，通过多种数据和资料来考察农村通婚圈，尤其是贫困地区农村通婚圈的现状、变动和原因；第三步，针对被调查贫困地区的多种数据资料来考察当地男性婚配困难情况的表现、变动和原因；第四步，将被调查地区通婚圈变动与男性婚配困难情况结合起来考察，分析二者的关系，确定二者之间的关系是简单相关关系还是存在因果关系；第五步，考察贫困地区农村大龄未婚男性群体的生活、养老及养老意愿；第六步，考察被调查贫困地区农村男性婚配困难对当地村落社会公共安全的影响；第七步，总结发现、进行讨论并提出针对性的对策建议。

六　研究方法

概括而言，本书采用基本描述分析、因果关系的回归模型来分析量化数据，采用内容分析方法分析质性访谈资料。

本书使用的其他研究方法还包括社会学的阶层分析方法、人口学的统计分析方法、人类学的田野调查方法、历史学的文献分析方法和纵向分析方法。

（1）使用文献分析和社会学阶层分析方法分析通婚圈变动和男性婚配困难之间的关系。

（2）通过农村贫困地区家庭和个体调查问卷数据，采用回归统计分析方法分析通婚圈变动的影响因素和男性婚配困难的影响因素。

（3）通过田野调查获得一定数量的质性访谈个案，深入认识通婚圈变动和农村贫困地区男性婚配困难之间的关系。

（4）从纵向时间维度，将贫困地区通婚圈变动和农村男性婚配困难问题的变化与制度变迁、社会转型结合起来分析。

第二章　农村通婚圈的变动

第一节　全国农村通婚圈的变动与原因

一　问题的提出

婚姻是个体的重大生命历程事件，不同的婚姻状态意味着不同的人生阶段。婚姻是家庭的重大事件，家庭成员婚姻状态的变动通常会带来家庭生命周期和代际关系的变化。婚姻也是"结两姓之好"的手段，它为原先没有直接联系的家庭甚至家族提供了连接的纽带，促进了社会交往。婚姻行为受社会制度和社会结构的制约。改革开放转变了中国社会的发展方向，城乡社会经济结构、人们生产生活方式和思想文化观念也随之变动，婚姻变革是其中的重要一环，而农村通婚圈也是研究农村和农民问题的重要窗口。

改革开放40多年来，社会制度的变革带来了人们生活社会环境的改变。市场经济制度的确立和完善极大提高了人们的物质条件和生活水平，同时也拉大了贫富差距，人们提高收入水平、改善经济状况的意识显著提升，择偶和婚姻观念随之发生变化。经济的繁荣发展带动了技术进步，改善了交通和通信条件，扩大了人们的社会交往范围，降低了社会交往的空间障碍和时间限制，为择偶和婚姻行为的变动奠定了物质基础。人口流动限制的放松提高了人口的流动。2010年全国流动人口数量达到了2.6亿，占到总人口（未包括港澳台人口）的19.4%[①]。控制人口增长政策的实行是人口改变的重要制度因素。在全国范围内施行的计划生育虽然有效完成了控制人口总量过快增长的目标，但也引发了出生人口性别结构失衡的副作用，而且自20世纪80年代至今这个副作用一直未能有效解决，长期的性别失衡已经与目前的婚配性别结构失衡和男性婚姻挤压问题交织在一起。当然，改革开放以来，部分社会制度并未发生质变。比如，户籍制度背后的利益分隔仍未消除，农村剩余劳动力并不能真正扎根并融入城市，他们长期往返于城乡，成为根（家）在农村而业在城市的兼跨二元世界的农民工。还有，男婚女嫁和从夫居的传统婚姻制度和"男高女低"的婚姻梯度仍为我国民众所普遍遵循。

社会制度变革在促使社会环境变化的基础上，进一步引发人口婚姻行为的变动。在城乡二元隔离下的乡城人口流动大潮中，婚姻流动成为人们改变社会地位和提高生活质量的有效手段，"孔雀东南飞"是改革开放后婚姻流动的形象概括。在城乡分隔的户籍制度和男婚女嫁、"男高女低"的婚姻制度等约束条件下，贫困地区农村男性很难从较发达农村及城市地区吸引到新娘，而农村女性则相对较容易向经济更发达农村及城市地区婚姻流动。女性婚姻迁移优势一方面提高了东部发达地区婚姻市场上的新娘供给、缓解了当地人口出生性别失衡导致的男性婚姻挤压，另一方面也减少了中西部贫困农村地区婚姻市场上的新娘供给、加剧了当地的男性婚姻挤压。

---

① 2010年第六次全国人口普查公报显示："大陆31个省、自治区、直辖市的人口中，居住地与户口登记地所在的乡镇街道不一致且离开户口登记地半年以上的人口为261386075人，其中市辖区内人户分离的人口为39959423人，不包括市辖区内人户分离的人口为221426652人。同2000年第五次全国人口普查相比，居住地与户口登记地所在的乡镇街道不一致且离开户口登记地半年以上的人口增加116995327人，增长81.03%。"

中西部贫困农村地区大龄未婚男性问题成为日益严峻的人口社会问题，加剧买婚、骗婚、贩卖人口和畸形婚姻等社会问题，威胁到当地的公共安全、婚姻家庭稳定和社会和谐发展。中西部贫困农村地区的女性向东部沿海地区的婚姻迁移也带来了婚后家庭关系融洽和当地社会关系融合的问题，一般来说，婚姻迁入东部的中西部女性大部分嫁给了当地的底层男性，她们作为家庭和地区的"双重外来者"需要面对和处理比当地新娘更为复杂的问题（谭琳、苏珊·萧特、刘惠，2003）。

在经济发展、流动加大、交通便捷、通信发达的社会变迁进程中，当前农村适婚人口所处的社会环境已经不同于传统。在婚恋年龄阶段，他们更多地远离村落进城务工，更可能与务工地所接触到的异性交往、恋爱和结婚。那么，社会变革和制度变迁时代大环境下，当前农村适婚人口的通婚圈现状是什么，发生了怎样的变动？

二 研究设计

（一）数据

研究数据来自2010年全国7省（区）抽样调查（见表1-3）。本节使用调查数据的第三部分，这部分数据含有被调查对象子女的人口社会与婚姻等信息，在将婚姻状态限定为初婚、户籍限定为农业户口之后，得到有效样本2251个，其中男性占49.7%，96%以上的被调查对象年龄低于50岁。

（二）分析思路

本节利用具有全国代表性的抽样调查数据考察以下几个问题：当前农村通婚圈是什么样的状态，呈现什么样的特征？改革开放以来农村男女两性的通婚圈的变化趋势如何，是否存在性别差异？农村通婚圈变动的影响因素有哪些？

研究参照社会学范畴的实践、场域和惯习理论构建了农村通婚圈变动研究的框架：社会变迁导致了婚姻实践的场域变化，持续的场域变动在打破传统婚姻惯习的基础上形成新的惯习并将之不断巩固和强化。本书的婚姻实践主要指通婚圈，即配偶来源的地理范围；场域是社会经济文化环境和生产生活条件，它随社会变迁与制度变革而改变，使用初婚年代来区分场域；惯习主要指婚姻的风俗习惯，它与农村人口的婚姻行为所使用的资本（包括人力资本和社会资本）有密切关系，用教育经历和务工距离来代表。

场域的变化主要包括社会环境、交往空间和交往方式的变化。随着城市化和工业化不断快速推进，社会经济发展、收入水平提高、交通通信便捷和城市现代婚恋文化共同决定和影响着人们的择偶观念、择偶标准和婚恋行为，进一步影响了人们的通婚圈。改革开放以来，农村和农业经济发展提高了农业劳动生产效率，剩余劳动力不断从农村和农业向城市和非农产业转移，2014 年农民工总量已超过 2.73 亿，外出农民工超过 1.68 亿（见表 2-1）。

表 2-1　农民工数量

单位：万人

分类	2010 年	2011 年	2012 年	2013 年	2014 年
农民工总量	24223	25278	26261	26894	27395
1. 外出农民工	15335	15863	16336	16610	16821
（1）住户中外出农民工	12264	12584	12961	13085	13243
（2）举家外出农民工	3071	3279	3375	3525	3578
2. 本地农民工	8888	9415	9925	10284	10574

资料来源：国家统计局，2014 年我国农民工调查监测报告。

农村适婚年龄段的未婚人口进城务工日趋普遍，生产生活方式和收入来源的转变，改变了青年农民的生活环境和婚恋场所，原有村落环境中基于地缘和血缘关系的青年男女社会交往环境氛围变弱，原有婚姻关系资源（婚媒）数量减少且有效性降低。农村未婚青年长期在城市务工，基于业缘的异性社会交往增多，提高了在务工城市选择配偶并完成婚配的可能性。长期且持续的民工潮使得越来越多的青年在务工城市寻找配偶，改变着青年农民婚恋行为的惯习，村落文化环境中逐渐形成这种新风俗，农村青年男女外出务工以增加收入为主要目标的同时也多了一些婚姻因素的考虑，在一些农村欠发达地区，外出务工成为很大一部分青年完成婚配的必经之路。

高等教育经历是农村青年通婚圈扩大的另一原因。由于绝大部分高等院校位于城市，特别是集中于规模较大的大城市，高等教育经历直接改变了部分农村生源的婚恋场域。我国高等教育扩张始于20世纪末。1999年，全国普通高校招生160万人，比1998年增加了52万人，增幅高达48%①。2010年，仅包括研究生和普通本专科的全国高等教育毕业生就已经超过了600万。教育部统计信息显示，1998年开始的高等教育扩张带来了受高等教育人口规模的快速增长，1997～2010年，高中升高等教育的升学率由48.6%增加到83.3%，在校大学生总数从300多万增加到近2400万（见图2-1）。教育扩张增加了农村青年接受高等教育的机会，有利于他们提升自身人力资本和社会竞争力，同时，由于高等教育资源绝大部分集中在城市，农村大学生毕业后大部分也在城市工作和生活，从而客观上提高了他们通婚圈扩大的可能性。

（三）研究假设

基于上述文献回顾和研究思路，本书提出以下三个假设。

假设1：女性婚姻流动具有制度性优势，她们扩大地理通婚圈的可能性要高于男性。在农村人口流动过程中，农村男性更多地受到户籍、就业、住房和社会保障等城乡二元体制的限制，他们扩大地理通婚圈的可能性比农村女性低。

假设2：外出务工经历与农村人口地理通婚圈呈正相关关系，有

---

① 资料来源：教育部网站历年教育统计数据——高等教育学校（机构）学生数，http://www.moe.edu.cn/publicfiles/business/htmlfiles/moe/s6200/201201/129518.html。

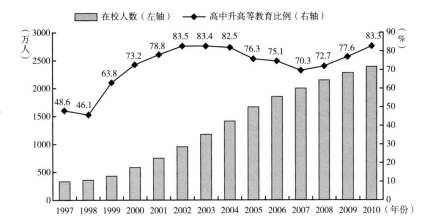

图 2-1 1997～2010 年我国高等教育学校和机构的在校生人数和高中升高等教育比例

说明：高等教育人数包括研究生教育和普通本专科教育，未包括成人本专科和其他各类高等教育。

外出务工经历、去更远地区务工的农村青年，其地理通婚圈更大的可能性更高。目前，农村青年离乡进城打工已经成为普遍现象，坚守在农村全职务农的情况已经比较少见，他们的择偶婚恋大部分发生在城市。城市中的青年农民工群体来自全国各地，客观上提高了他们扩展地理通婚圈的可能性。

假设 3：受教育程度与农村人口地理通婚圈呈正相关关系，有高等教育经历的农村青年，其地理通婚圈更大的可能性更高。中国高等院校绝大部分位于城市，尤其是集中在大中城市，在学生来自五湖四海的大学校园中，农村生源大学生与更远地区异性婚恋的可能性提高。大学毕业后，部分农村生源大学生留在城市工作、择偶和结婚，他们扩大农村人口地理通婚圈的可能性在提高。

（四）研究方法

使用 stata11.0 软件对数据进行处理，采取简单描述分析和回归分析，使用 Ordinary Probit 回归模型来分析影响通婚圈变动的因素。含有多个自变量的总体 Probit 模型是：

$$P_r(y = y_i \mid x_1, x_2, x_3, \cdots, x_k) = \Phi(\beta_0 + \beta_1 x_1 + \beta_2 x_2 + \beta_3 x_3 + \cdots + \beta_k x_k)$$

其中，y 是被解释变量，Φ 是累积标准正态分布函数，x_1，x_2，x_3，$\cdots$，x_k 是解释变量，β_1，β_2，β_3，$\cdots$，β_k 是解释变量的系数。

三　结果与分析

（一）通婚圈现状与变动的描述性分析

1. 通婚圈概况

通婚圈分为本村、本乡、本县、本市、本省和外省六个圈层，每一圈层既不包含更靠内的所有圈层也不包括更外的所有圈层，比如，"本乡"代表"不包括本村的本乡其他村"，"本县"代表"不包括本乡的本县其他乡"。

目前农村通婚圈的总体状况是，配偶来自本村的比例接近 20%，配偶来源未超出本乡的比例达到 40%，配偶来源未超出本县的比例略超过 70%，配偶来源未超出本市的比例超过 80%，配偶来源未超出本省的比例超过 90%，配偶来自外省的比例不到 10%（见表 2-2）。

男性通婚圈和女性通婚圈与通婚圈的总体模式一致，男性配偶来自本村或本乡的比例均高于女性，女性配偶来自本县、本市、本省或外省的比例均高于男性。如果将被调查对象居住地视为圆心，男性通婚圈更加内敛，女性通婚圈更加发散。

表 2-2　农村通婚圈概况

配偶来自	性别占比（%）		合计（%）
	男性	女性	
本村	21.11	17.39	19.24
本乡	22.99	20.30	21.63
本县	29.87	31.69	30.79
本市	10.82	14.21	12.53
本省	6.53	7.41	6.97

配偶来自	性别占比（%）		合计（%）
	男性	女性	
外省	8.68	9.00	8.84
合计	100.00	100.00	100.00
观测数（人）	1118	1133	2251

资料来源：2010 年城乡家庭结构与代际关系调查。

按照国家关于东部、中部和西部的界定，被调查的 7 个省（区）被分为东部、中部和西部三类，其中，东部包括广东、浙江和河北，中部包括安徽和吉林，西部包括广西和陕西。表 2-3 说明：一是东中西部农村的通婚圈均是 2/3 未超出本县范围；二是从村内婚的比例看，中部最高而西部最低，且总体、男性和女性的特征一致；三是从跨省婚的比例看，同样中部比例最高，中部男性跨省婚的比例大于东部、东部又大于西部，中部女性跨省婚的比例大于西部、西部又大于东部（见表 2-3）。

表 2-3　分地区的农村通婚圈占比

单位：%

性别	地区	配偶来自						合计
		本村	本乡	本县	本市	本省	外省	
男性	东部	22.25	18.90	30.62	12.92	5.98	9.33	100
	中部	27.74	23.78	23.18	8.84	5.79	10.67	100
	西部	13.97	26.88	34.95	10.22	7.80	6.18	100
女性	东部	17.75	18.75	33.25	15.25	7.50	7.50	100
	中部	25.41	16.94	28.01	13.36	6.19	10.10	100
	西部	11.27	24.18	32.86	13.85	8.22	9.62	100

资料来源：2010 年城乡家庭结构与代际关系调查。

分地区通婚圈说明了中、西部农村女性的通婚范围要远于东部农村女性，而东、中部农村男性的通婚范围要远于西部农村男性，中部地区农村男性和女性的通婚圈均最长。这个结果一定程度上印证了地区和性别的综合作用，即发达地区和女性在远距离婚姻方面存在相对优势。

2. 分出生队列的通婚圈

我们将年龄分为 20～24 岁、25～29 岁、30～34 岁、35～39 岁、40～44 岁和 45 岁及以上共六组，结果发现，无论是总体、男性还是女性，随着年龄的减小，通婚圈均表现出扩大的趋势。

随着年龄的减小，男性的通婚圈为本村的比例在逐渐减少，通婚圈为本省的比例明显逐渐增加，通婚圈为外省的比例也总体呈现明显增加的态势（除 20～24 岁）；女性的通婚圈为本省或外省的比例总体呈明显的逐渐增加趋势（见表 2-4）。

总的看来，随着年龄的减小，农村男女的通婚圈都表现出了扩大趋势，这种趋势以配偶来自本省和外省的比例明显增加为显著特征。

表 2-4　分年龄队列的通婚圈占比

单位：%

性别	年龄	配偶来自						合计
		本村	本乡	本县	本市	本省	外省	
男性	20～24	14.81	24.69	25.93	13.58	13.58	7.41	100
	25～29	17.82	21.86	34.82	6.88	6.88	11.74	100
	30～34	20.16	22.98	28.64	9.27	7.66	11.29	100
	35～39	24.18	25.00	31.97	7.79	6.96	4.10	100
	40～44	26.67	18.33	23.33	18.89	4.44	8.34	100
	≥45	19.48	27.12	30.51	14.41	0.85	7.63	100
女性	20～24	14.81	20.74	31.11	11.85	11.11	10.38	100
	25～29	20.00	16.80	30.00	13.20	9.20	10.80	100
	30～34	17.43	15.35	32.37	15.35	7.05	12.45	100
	35～39	16.51	24.06	29.25	14.62	8.96	6.60	100
	40～44	19.48	21.43	36.36	12.34	3.90	6.49	100
	≥45	14.18	27.66	32.62	17.73	2.84	4.97	100

资料来源：2010 年城乡家庭结构与代际关系调查。

3. 分初婚年代的通婚圈

比较不同初婚年代的情况能够直观体现出通婚圈的变动趋势,我们按照不同的初婚年代将初婚队列分为 1979~1989 年、1990~1999 年、2000~2005 年和 2006~2010 年四组。

结果发现,随着初婚队列的增加,农村通婚圈变动具有比较明显的扩张趋势:配偶来自本村和本乡的比例在明显减小,配偶来自本省和外省的比例在显著增大。男女两性的通婚圈都呈现扩大之势,尤其是配偶来自本省或外省的比例变化最为明显,男性的配偶来自本省的比例由 1979~1989 年的 2.07% 增加至 2006~2010 年的 8.5%,来自外省的比例则由 6.21% 增至 14.08%;女性相应分别为 2.86%、10.68% 和 4.00%、10.98%(见表 2-5)。

表 2-5 分初婚年代的通婚圈占比

单位:%

性别	初婚年代	配偶来自						合计
		本村	本乡	本县	本市	本省	外省	
男性	1979~1989 年	22.07	28.28	30.34	11.03	2.07	6.21	100
	1990~1999 年	25.90	23.69	27.55	12.12	5.23	5.51	100
	2000~2005 年	21.93	24.54	29.37	8.55	8.18	7.43	100
	2006~2010 年	14.96	18.77	32.55	11.14	8.50	14.08	100
女性	1979~1989 年	14.86	28.00	36.00	14.28	2.86	4.00	100
	1990~1999 年	18.59	21.97	33.24	12.96	5.63	7.61	100
	2000~2005 年	20.30	16.54	29.70	13.16	8.65	11.65	100
	2006~2010 年	15.13	17.51	29.38	16.32	10.68	10.98	100

资料来源:2010 年城乡家庭结构与代际关系调查。

通过对不同初婚年代农村通婚圈的比较,我们也发现农村通婚圈出现扩大趋势,这种扩大主要来自两方面,一是配偶来自本村或本乡的比例在减小,二是配偶来自本省或外省的比例在显著增加。农村通婚圈扩大主要是本省婚姻和跨省婚姻增加所致。

4. 分务工范围的通婚圈

我们将务工范围分为未外出、本县、本市、本省和外省，随着外出务工范围的扩展，通婚圈为本村、本乡的比例整体逐渐减小，通婚圈为本省、外省的比例大致逐渐增大。分性别看，随着外出务工范围的扩展，女性通婚圈为本省、外省的比例呈现更为明显的增大趋势。简而言之，务工范围越广通婚范围越大，随着务工范围的扩展，女性通婚圈扩大的趋势更明显（见表2-6）。

表2-6　分务工范围的通婚圈

单位：%

性别	务工范围	配偶来自						合计
		本村	本乡	本县	本市	本省	外省	
男性	未外出	25.43	24.78	28.45	10.14	5.60	5.60	100
	本县	25.81	19.76	37.90	6.05	4.44	6.04	100
	本市	8.42	15.79	21.05	42.10	6.32	6.32	100
	本省	9.09	14.14	30.30	6.06	21.22	19.19	100
	外省	17.77	29.95	26.90	5.08	4.57	15.74	100
女性	未外出	20.97	22.40	31.18	14.16	5.20	6.09	100
	本县	18.88	24.46	41.63	7.30	5.15	2.58	100
	本市	12.90	9.68	16.13	44.09	7.52	9.68	100
	本省	5.43	11.96	32.61	18.48	20.65	10.87	100
	外省	13.38	17.61	23.94	3.52	11.27	30.28	100

资料来源：2010年城乡家庭结构与代际关系调查。

5. 分受教育程度的通婚圈

总体看，随着教育程度的提高，通婚圈为本村、本乡的比例逐渐降低，通婚圈为本市、本省和外省的比例逐渐提高。两性分教育程度的通婚圈模式与总体基本一致，不同之处在于，随着教育程度的提高，男性通婚圈为本村的比例减小的趋势更明显、为外省的比例增大的趋势更明显（见表2-7）。

简而言之，受教育程度越高通婚圈越大，随着受教育程度的提高，男性通婚圈扩大的趋势更明显。

表 2-7　分受教育程度的通婚圈占比

单位：%

性别	受教育程度	配偶来自						合计
		本村	本乡	本县	本市	本省	外省	
男性	未上过学	30.00	30.00	10.00	10.00	20.00	0.00	100
	小学	25.68	18.02	32.88	10.80	5.86	6.76	100
	初中或中专	22.12	25.50	27.96	9.52	6.30	8.60	100
	高中	15.63	21.88	37.50	10.00	6.88	8.11	100
	大学专科	12.24	18.37	26.53	20.42	10.20	12.24	100
	大学本科及以上	3.85	15.38	19.23	30.77	3.85	26.92	100
女性	未上过学	18.60	20.93	44.19	9.30	4.65	2.33	100
	小学	15.29	25.16	37.90	8.92	7.96	4.77	100
	初中或中专	20.67	20.00	27.07	15.46	5.88	10.92	100
	高中	11.50	15.04	36.28	17.70	8.85	10.63	100
	大学专科	5.41	8.11	35.14	29.72	13.51	8.11	100
	大学本科及以上	10.00	10.00	20.00	2.00	23.33	16.67	100

资料来源：2010 年城乡家庭结构与代际关系调查。

（二）通婚圈变动的回归分析

以上部分对农村通婚圈的现状和变动做了多方面的比较和描述，下文主要对通婚圈变动的因素进行回归分析。

因为被解释变量通婚圈是定序变量，因此使用 Ordinary Probit 模型来估计性别、务工范围和教育经历对农村通婚圈的影响，模型采用稳健标准差来控制异方差。年龄和初婚年份高度相关（相关系数为 0.932），由于本研究意在发现通婚圈随时间变化的趋势，故保留初婚队列作为解释变量纳入模型。另外，将地区作为控制变量纳入模型（见表 2-8）。

表 2-8　主要变量的描述性统计

单位：%

变量名称	变量含义及赋值	均值	标准差	最小值	最大值
配偶来自	本村=1,本乡=2,本县=3,本市=4,本省=5,外省=6	2.93	1.48	1	6
性别	男性=1,女性=2	1.50	0.50	1	2
务工地点	未外出=0,本县=1,本市=2,本省=3,外省=4	1.25	1.48	0	4
受教育程度	未上过学=0,小学=1,初中=2,高中或中专=3,大专=4,本科及以上=5	2.99	0.91	0	5
初婚年代	1979~1989 年=0,1990~1999 年=1,2000~2005 年=2,2006~2010 年=3	1.70	1.05	0	3
控制变量					
地区	吉林=0,陕西=1,河北=2,安徽=3,浙江=4,广东=5,广西=6	4.17	2.00	0	6

资料来源：2010 年城乡家庭结构与代际关系调查。

　　模型估计结果（见表 2-9）表明：与男性相比，农村女性扩大通婚圈的可能性更高；2006~2010 年初婚年代显著且系数为正，说明 2006 年以后农村通婚圈的扩大尤为明显；本市务工、本省务工和外省务工对农村通婚圈的影响为正，说明具有远距离外出务工经历的农村通婚圈更远的可能性更大；大专和本科及以上受教育程度对农村通婚圈的影响为正。

表 2-9　影响通婚圈变动的 Ordinary Probit 模型估计结果

变量名称	系数	稳健标准误	显著性
性别(男性)			
女性	0.161	0.046	0.000
务工地点(未外出)			
本县	-0.068	0.056	0.221
本市	0.490	0.077	0.000
本省	0.677	0.083	0.000

续表

变量名称	系数	稳健标准误	显著性
外省	0.374	0.077	0.000
受教育程度(未上过学)			
小学	0.084	0.128	0.510
初中	0.054	0.127	0.672
高中或中专	0.256	0.137	0.062
大专	0.421	0.162	0.009
本科及以上	0.677	0.189	0.000
初婚年代(1979~1989 年)			
1990~1999 年	-0.021	0.067	0.752
2000~2005 年	0.063	0.073	0.389
2006~2010 年	0.200	0.072	0.005
省份	-0.012	0.011	0.285
/cut1	-0.551	0.141	
/cut2	0.108	0.141	
/cut3	0.952	0.142	
/cut4	1.408	0.143	
/cut5	1.777	0.144	
样本数量	2220		
Wald $\chi^2(24)$	209.950		
Prob>χ^2	0.000		
Pseudo R^2	0.027		
Log pseudo likelihood	-3615.072		

资料来源：2010 年城乡家庭结构与代际关系调查。

2006 年之后农村通婚圈扩大的趋势最为明显，这一事实可能与两个因素有更多的关联。一是 20 世纪 80 年代以后出生人口逐渐成为婚姻市场上的主力，决定了农村通婚圈扩大的趋势。二是高校扩大招生规模之后毕业工作的农村生源大学生逐渐迈入婚姻。归结起来，农村通婚圈的扩大与 20 世纪 80 年代之后出生的青年人口的流动、求学、务工和工作有着更直接的关系。上文中分年龄和分初婚年代的农村通婚圈状况表明，农村男性和女性的通婚圈都在扩大。模型估计结果表明，农村女性通婚圈扩大的可能性更明显，婚姻制度、户籍制度所决定的女性婚姻迁移优势是其决定因素，农村女性婚姻迁移受到户籍等社会制度的限制相对更小，因而她们更容易外嫁到更远的地区。模型估计结果基本验证了三点研究假说：农村女性扩大通婚圈的可能性要明显高于农村男性，外出务工（尤其是远距离务工）增加了农村通婚圈扩大的可能性，受教育程度（尤其是高等教育经历）是影响农村通婚圈扩大可能性的重要因素。

尽管务工地点、受教育程度、性别和初婚年代对农村通婚圈具有显著影响，但对农村通婚圈的解释依然有限，农村通婚圈是多种因素共同作用结果，它受到婚姻关系双方的个体、家庭、地区、经济、文化和观念等因素全方位和多层级的综合影响。

四 结语

通过对 2010 年城乡家庭结构与代际关系调查数据的描述和分析，我们发现：横向看，当前农村通婚圈主要集中在本县之内，农村人口的初婚配偶 70% 来自本县以内；纵向看，改革开放以来，农村通婚圈在扩大，本省婚和跨省婚的比例显著增加。农村男性和女性的通婚圈都在扩大，主要表现都在于外省通婚圈所占比例的显著增加，但相比较男性而言，女性通婚圈扩大的可能性更大。离乡进城务工和接受高等教育是促进农村通婚圈扩大的重要因素，相对而言，高等教育经历对农村男性通婚圈扩展的作用更明显，而外出务工对农村女性通婚圈扩展的作用更明显。

农村通婚圈扩大是人口、经济、社会和文化等诸多方面因素综合作用的结果，社会交往范围扩大是农村通婚圈扩大的直接原因，而远距离外出务工和接受高等教育则是社会交往范围扩大和婚恋场域变更的直接推手。农村人口常年持续的离乡务工状态不仅改变了适婚人口的婚恋场域，也改变了农村婚恋行为的惯习，主要基于地缘和血缘的村落传统婚媒资源数量在减少、有效性在衰弱，而城市务工场所中的主要基于业缘的新兴婚媒资源和自主婚恋的惯习在日益加强。总之，进城务工和接受高等教育是农村适婚人口在更广阔婚姻市场上赢得婚配竞争的经济资本和社会资本的有效手段。

场域、惯习和资本是连接社会变迁和农村通婚圈变动的媒介，它们受到社会制度变动的影响。首先，宏观社会制度变迁改变了婚恋行为的场域，改革开放确立了市场经济制度，为了更好地就业和获得更高的收入，农村人口向城市流动的规模不断扩大，在这一过程中，经济因素在婚姻恋爱行为中的重要性在提升。其次，人口政策、婚姻法律和户籍制度等中观社会制度的变动直接影响着人口的婚恋观念与行为。农村女性婚姻迁移增加、男性婚姻挤压加剧，农村婚姻市场中的女性地位相对提升，婚恋行为的惯习随之改变，男方及其家庭负担的结婚费用攀升，由此进一步加大底层男性的婚配困难。高等教育扩张政策也客观上扩大了农村大学毕业生的通婚圈。这些政策及其变动为农村人口的婚姻行为和通婚圈选择提供了可以依赖的制度资源。最后，微观层面，农村人口的择偶与婚恋行为更加重视经济因素，人们不仅选择经济实力或经济潜力更好的配偶或配偶所在家庭，也选择经济社会更发达的地区。

受研究数据结构的限制，本节仅以婚姻关系中的夫妻一方为主进行分析，未能考察以夫妻双方及其父母家庭特征对于通婚圈的影响机制，因此研究结果更多强调了个体社会经济特征对于通婚圈的影响。

第二节 C县农村通婚圈的变动与原因

一 通婚圈的现状与变动

（一）2010年前C县农村分性别通婚圈的现状与变动

由表2-10可以发现，从现状上看，2010年前C县男性通婚圈以近距离为主，男性的配偶来自本县、本乡和本村的比例合计达到83.88%，男性的配偶来自外省、本省的比例则分别只有5.20%和2.50%。将初婚年代分为1980年之前、1980~1989年、1990~1999年和2000~2010年四组，发现，随着初婚年代的后移，C县男性通婚圈的变动情况表现出以下几个特征：一是男性的配偶来自本村、本乡和本县的比例在明显减小；二是男性的配偶来自本市的比例先下降后增加；三是男性的配偶来自本省和外省的比例明显增加。

表2-10直观地说明了C县被调查农村男性通婚圈的扩大趋势。这个扩大趋势主要表现在两个方面：一是本乡以内的近距离通婚比例的减小——1980年之前的比例为57.96%、2000~2010年的比例为43.14%；二是本省和外省的远距离通婚比例的增加——1980年之前的比例为2.27%、2000~2010年的比例为25.49%。

表2-10　2010年前C县分初婚年代农村男性通婚圈变动

单位：%，人

男性配偶来自	初婚年代				合计
	1980年之前	1980~1989年	1990~1999年	2000~2010年	
本村	29.55	33.33	31.58	19.61	30.47
本乡	28.41	31.31	23.30	23.53	27.78
本县	30.68	21.72	27.82	17.65	25.63
本市	9.09	7.58	6.77	13.72	8.42
本省	2.27	2.52	0	9.80	2.50
外省	0	3.54	10.53	15.69	5.20
合计	100	100	100	100	100
样本数	176	198	133	51	558

资料来源：2010年C县农村调查。

由表2-11可以发现，从现状上看，2010年前C县女性通婚圈以近距离为主，女性的配偶来自本乡和本村的比例合计达到53.41%，女性的配偶来自外省和本省的比例则只有6.25%。随着初婚年代的后移，C县农村被调查女性通婚圈的变动情况表现出以下几个特征：一是女性的配偶来自本村和本乡的比例在明显减小；二是女性的配偶来自本县和本市的比例在平缓增加；三是女性的配偶来自本省和外省的比例明显增加。

表2-11也比较直观地说明了C县被调查农村女性通婚圈的扩大趋势。这个扩大趋势主要表现在三个方面：一是本乡以内的近距离通婚比例的减小——1980年之前的比例为59.84%、2000~2010年的比例为34.28%；二是本县和本市的中距离通婚比例的增加——1980年之前的比例为36.62%、2000~2010年的比例为54.30%；三是本省和外省的远距离通婚比例的增加——1980年之前的比例为3.54%、2000~2010年的比例为11.42%。

表2-11 2010年前C县分初婚年代农村女性通婚圈变动

单位：%，人

女性配偶来自	初婚年代				合计
	1980年之前	1980~1989年	1990~1999年	2000~2010年	
本村	23.62	23.73	33.33	17.14	25.00
本乡	36.22	26.10	20.83	17.14	28.41
本县	19.69	23.05	16.67	34.30	21.31
本市	16.93	20.68	19.17	20.00	19.03
本省	1.18	2.03	3.33	5.71	2.13
外省	2.36	4.41	6.67	5.71	4.12
合计	100	100	100	100	100
样本数	254	295	120	35	704

资料来源：2010年C县农村调查。

比较2010年前C县被调查男性和女性的通婚圈现状和变动，我们可以发现：一是女性通婚范围大于男性这一特征主要体现在中、近距离通婚范围上，女性的配偶来自本县范围内的比例为74.72%，而男性的比例为83.88%，女性的配偶来自本市范围内的比例为19.03%，而男性的比例为8.42%；二是男性通婚范围比女性略广的仅体现在配偶来自本省和外省的比例上，男性的比例为2.50%和5.20%、女性的比例为2.13%和4.12%；三是随着初婚年代的后移，男性远距离通婚圈的比例增加幅度显著大于女性，到初婚年代为2000~2010年时，男性的配偶来自本省和外省的比例分别达到了9.80%和15.69%，而女性的配偶来自本省和外省的比例则分别只有5.71%和5.71%。

2010年前C县通婚圈现状和变动的性别差异表明了当地男性扩展通婚圈的行为指向了本省和外省，而当地女性扩展通婚圈的行为更多地指向本县和本市。在配偶来自本村和本乡的比例都减小的情况下，这一性别差异暗示着本地（县级层面）婚姻市场上的男性婚姻挤压更为严重，当地农村女性向县城婚姻流动增多，导致当地男性被迫从本省或外省寻找婚姻资源。

（二）2013年前C县农村分性别的通婚圈现状与变动

1. 被调查对象的通婚圈现状与变动

总体现状看，2013年前C县被调查男性的通婚圈88.81%在本县以内，本省和外省的比例合计仅为6.35%，男性的通婚圈较小。分初婚年代看，随着初婚年代的后移，当地男性的配偶来自本村和本乡的比例在逐渐减小，分别由1980年之前的45.39%和24.82%减小到2010~2013年的18.75%和12.50%，减小幅度超过或接近50%；当地男性的配偶来自本县、本市和外省的比例都在增大，其中，男性的配偶来自本市和外省的比例增加幅度更大，分别由1980年之前的2.13%和2.84%增加到2010~2013年的12.50%和18.75%（见表2-12）。概言之，随着初婚年代的后移，当地男性的近距离通婚的比例在明显减小，中远距离通婚的比例在增大，以远距离通婚的比例增大更为明显。

表 2-12　2013 年前 C 县分初婚年代农村男性通婚圈变动

单位：%，人

男性 配偶来自	初婚年代					合计
	1980 年之前	1980~1989 年	1990~1999 年	2000~2009 年	2010~2013 年	
本村	45.39	41.67	27.27	25.82	18.75	38.06
本乡	24.82	22.22	22.73	19.35	12.50	22.76
本县	24.82	36.11	27.27	29.03	37.50	27.99
本市	2.13	0.00	9.09	12.90	12.50	4.84
本省	0.00	0.00	4.55	0.00	0.00	0.75
外省	2.84	0.00	9.09	12.90	18.75	5.60
合计	100	100	100	100	100	100
样本数	141	36	44	31	16	268

资料来源：2013 年 C 县农村调查。

总体现状看，2013 年前 C 县被调查女性的通婚圈 90.81% 在本县以内，本省和外省的比例合计仅为 6.89%，女性的通婚圈较小。分初婚年代看，随着初婚年代的后移，当地女性的配偶来自本村和本乡的比例在逐渐减小，分别由 1980 年之前的 56.03% 和 20.69% 减小到 2010~2013 年的 25.00% 和 16.67%，本村的减小幅度超过 50%；当地女性的配偶来自本县和外省的比例都在增大，分别由 1980 年之前的 19.83% 和 2.59% 增加到 2010~2013 年的 33.33% 和 16.67%（见表 2-13）。概言之，随着初婚年代的后移，当地女性的近距离通婚的比例在明显减小，中远距离通婚的比例在增大，以远距离通婚的比例增大更为明显。

表 2-13　2013 年前 C 县分初婚年代农村女性通婚圈变动

单位：%，人

女性 配偶来自	初婚年代					合计
	1980 年之前	1980~1989 年	1990~1999 年	2000~2009 年	2010~2013 年	
本村	56.03	67.35	42.50	56.82	25.00	54.79
本乡	20.69	6.12	22.50	11.36	16.67	16.48
本县	19.83	22.45	17.50	13.64	33.33	19.54

续表

女性配偶来自	初婚年代					合计
	1980 年之前	1980~1989 年	1990~1999 年	2000~2009 年	2010~2013 年	
本市	0.86	2.04	2.50	6.82	0.00	2.30
本省	0.00	0.00	0.00	0.00	8.33	0.38
外省	2.59	2.04	15.00	11.36	16.67	6.51
合计	100	100	100	100	100	100
样本数	116	49	40	44	12	261

资料来源：2013 年 C 县农村调查。

比较 2013 年前 C 县的男性通婚圈和女性通婚圈，可以发现：一是男女两性的通婚范围现状都以本县以内为绝对主要比例，外省通婚的比例都不超过 7%；二是从通婚圈的时期变动看，男女两性的近距离（配偶来自本村和本乡）通婚比例都在减小，中距离（配偶来自本县和本市）通婚比例都在增加，远距离（配偶来自本省和外省）通婚比例增加幅度更大。

这些发现都表明了 C 县农村近距离婚姻资源的萎缩，在女性外嫁的传统婚姻格局下，村落男性不得不拓展择偶范围，伴随着离乡进城务工的时代大潮，他们将在更大的婚姻市场上参与更加激烈的婚姻资源争夺。

2. 被调查对象子女的通婚圈现状与变动

2013 年调查问卷同样包含了被调查对象的子女的通婚圈状况。由于实地问卷调查时，被调查对象年龄构成总体较大，所收集到的通婚圈信息对于村落年轻人口的代表性有所欠缺，因此，直接针对被调查对象子女的通婚圈情况的调查数据能够更有效地反映更年轻人口的婚姻行为。

综合比较表 2-12、表 2-13、表 2-14 和表 2-15，可以发现，从现状看，2013 年前 C 县被调查对象子女的通婚圈与被调查对象的通婚圈差别明显：一是子女的配偶来自本省和外省的远距离通婚比例显著高于他们的父母，比如，儿子的配偶来自本省和外省的比例合计达到了29.75%，其中来自外省的比例更是达到了21.84%（见表2-14），女儿的配偶来自本省和外省的比例合计达到11.51%（见表2-15）；二是子女的配偶来自本村和本乡的近距离通婚比例显著低于他们的父母，子女近距离通婚的比例都没有超过50%，其中儿子的配偶来自本村的比例仅为20.89%（见表2-14）。

表2-14　2013年前C县分初婚年代农村被调查对象儿子的通婚圈变动

单位：%，人

儿子的配偶来自	初婚年代					合计
	1980年之前	1980~1989年	1990~1999年	2000~2009年	2010~2013年	
本村	23.08	36.96	26.60	16.82	5.36	20.89
本乡	46.15	28.26	11.70	8.41	10.71	14.24
本县	23.08	23.91	23.40	25.23	30.36	25.32
本市	7.69	6.52	11.70	12.15	5.35	9.81
本省	0.00	0.00	7.45	9.35	14.29	7.91
外省	0.00	4.35	19.15	28.04	33.93	21.84
合计	100	100	100	100	100	100
样本数	13	46	94	107	56	316

资料来源：2013年C县农村调查。

从时期变化的总体状况看，随着初婚年代的后移，子女的配偶来自本村和本乡的比例在明显减小、来自本省和外省的比例在明显增加，通婚圈扩大趋势已经十分明显。从配偶来自外省的远距离通婚比例来看，随着初婚年代的后移，儿子的配偶来自外省的比例增加非常明显，由1980年之前的0%增加到2010~2013年的33.93%（见表2-14）。虽然女儿的远距离通婚比例增加也很明显，但比例就小很多，2010~2013年女儿的配偶来自外省的比例为13.89%，女儿通婚圈扩大主要体现在配偶来自本市层面上，其中，初婚年代为1980年之前的比例为 6.67%、2010~2013 年的比例则迅速增加到 19.44%（见表 2-15）。

表 2-15　2013 年前 C 县分初婚年代农村被调查对象女儿的通婚圈变动

单位：%，人

女儿的配偶来自	初婚年代					合计
	1980 年之前	1980~1989 年	1990~1999 年	2000~2009 年	2010~2013 年	
本村	40.00	43.10	22.22	18.42	13.89	24.67
本乡	26.67	12.07	23.46	28.07	16.67	22.37
本县	26.67	12.07	27.16	27.19	27.78	24.34
本市	6.67	18.97	17.28	16.67	19.44	17.11
本省	0.00	13.79	2.47	6.14	8.33	6.58
外省	0.00	0.00	7.41	3.51	13.89	4.93
合计	100	100	100	100	100	100
样本数	15	58	81	114	36	304

资料来源：2013 年 C 县农村调查。

（三）C 县与全国农村通婚圈变动的比较

综合分析 2010 年、2013 年两次 C 县调查的通婚圈，我们发现当地农村男性通婚圈的主体仍集中在本县以内，比例都超过了 80%，但是通婚圈的时期变动都表现出近距离通婚比例的明显减小和远距离通婚比例的显著增加。通过对于 2013 年 C 县被调查对象及其子女通婚圈的比较分析，我们发现，子女通婚范围明显更大，越靠近当前的初婚年代，子女的远距离通婚比例越大。

结合 2010 年 7 省（区）调查数据（见表 2-5）和 2010 年、2013 年两次 C 县调查数据的分析，我们认为，与全国情况一致，贫困地区 C 县农村通婚圈也在扩大，尽管农村女性通婚范围更广、扩大的时间更早（全国 2000 年以后、C 县在 1990 年以后），而男性通婚圈扩大的时间也更早（全国 2005 年以后、C 县在 1990 年以后），但是农村男性通婚圈扩大的情况更为明显。乡城劳动年龄人口流动是当前农村通婚圈扩大的重要影响因素。

同时，C县与全国情况存在的差别主要体现为，C县农村男性和女性通婚圈扩展的时间都要早于全国情况。全国农村通婚圈扩大明显的情况出现在2000年后，而C县农村在1990年就已经显现扩大趋势。这一差别背后的原因主要有三点：一是调查范围不一样，前者代表的是全国的情况，后者只代表C县这一特定地区的情况；二是调查地的经济情况不同，前者代表全国农村的情况，后者C县则是农村贫困地区的典型代表；三是C县还具有其特殊性，该县地处北京周边，距离北京和天津等大城市比较近，通婚圈扩大尤其是女性通婚圈扩大有其特殊的便利性。

二　通婚圈变动影响因素的回归模型分析

以2013年C县问卷调查数据为基础，下文将分析农村通婚圈变动的影响因素。

根据对全国农村通婚圈变动影响因素的分析结果（见表2-9），农村通婚圈变动具有性别差异，务工地点和受教育程度是影响农村通婚圈变动的重要原因，不同初婚年代的通婚圈也具有明显不同的特征。因此，在分析贫困地区C县农村通婚圈变动的影响因素时，我们依照同样的思路构建回归模型。

通婚圈是被解释变量，它是序次变量（本村=1；本乡=2；本县=3；本市=4；本省=5；外省=6）。性别、务工地点、受教育程度和初婚年代是解释变量，它们全部是虚拟变量，其中，性别（男性=0；女性=1），务工地点（未外出务工=0；本村=1；本乡=2；本县=3；本市=4；本省=5；外省=5），受教育程度（未上过学=0；小学=1；初中=2；高中/中专=3；大专=4；大学本科及以上=5），初婚年代（1980年之前=0；1980~1989年=1；1990~1999年=2；2000~2009

年＝3；2010～2013 年＝4）。

这里使用 stata11.0 软件对数据进行处理，采取简单描述分析和回归分析，使用 Ordinary Probit 回归模型来分析影响通婚圈变动的因素。含有多个自变量的总体 Probit 模型是：

$$P_r(y = y_i \mid x_1, x_2, x_3, \cdots, x_k) = \Phi(\beta_0 + \beta_1 x_1 + \beta_2 x_2 + \beta_3 x_3 + \cdots + \beta_k x_k)$$

其中，y 是被解释变量，Φ 是累积标准正态分布函数，x_1，x_2，x_3，$\cdots$，x_k 是解释变量，β_1，β_2，β_3，$\cdots$，β_k 是解释变量的系数。

模型 1 是针对被调查对象通婚圈变动影响因素的回归分析，模型 2 是针对被调查对象子女通婚圈变动影响因素的回归模型分析（见表 2-16），由于被调查对象年龄结构偏老，模型 2 能够一定程度上弥补这个不足。

表 2-16　影响通婚圈变动的 Ordinary Probit 模型估计结果

单位：%

变量名称	模型 1：被调查对象			模型 2：被调查对象的子女		
	系数	标准误	显著性	系数	标准误	显著性
性别（男性）						
女性	-0.350	0.112	0.002	-0.499	0.157	0.001
务工地点（未外出）						
本村	-0.175	0.425	0.681			
本乡	-0.449	0.295	0.128			
本县	-0.245	0.206	0.235			
本市	-0.255	0.397	0.521			
本省	0.933	0.444	0.036			
外省	0.036	0.131	0.781			
受教育程度（未上过学）						
小学	-0.191	0.124	0.123	-0.274	0.279	0.327
初中	-0.276	0.167	0.098	-0.172	0.270	0.525
高中/中专	0.086	0.258	0.739	0.101	0.391	0.797
大专	0.323	0.371	0.384	0.345	0.423	0.415
大学本科及以上	-0.536	0.200	0.007	-0.206	0.315	0.514

变量名称	模型1:被调查对象			模型2:被调查对象的子女		
	系数	标准误	显著性	系数	标准误	显著性
初婚年代(1980年之前)						
1980~1989年	0.013	0.149	0.932	-0.422	0.284	0.137
1990~1999年	0.581	0.157	0.000	0.132	0.257	0.608
2000~2009年	0.480	0.188	0.011	0.455	0.245	0.063
2010~2013年	0.834	0.251	0.001	0.996	0.272	0.000
/cut1	-0.223	0.124		-0.772	0.304	
/cut2	0.312	0.122		-0.212	0.296	
/cut3	1.241	0.129		0.510	0.289	
/cut4	1.502	0.137		0.841	0.293	
/cut5	1.552	0.140		1.080	0.296	
样本数量	529			237		
Wald $\chi^2(24)$	.			52.01		
Prob>χ^2	.			0.0000		
Pseudo R^2	0.041			0.0578		
Log pseudo likelihood	-678.14754			-379.15768		

注：子女均为被调查对象的第一个子女；问卷子女部分未有外出务工信息。

模型1的估计结果说明，在C县农村中，性别、务工地点、受教育程度和初婚年代的影响都很显著。其中，①与女性相比，男性通婚圈扩大的可能性更高；②与大学本科及以上受教育程度的情况相比，未上过学的男性通婚圈扩大的可能性更大；③随着初婚年代的后移，通婚圈扩大的可能性更大。

与全国通婚圈变动影响因素回归模型的参数估计结果（见表2-9）相比，相同之处在于都表明：①随着初婚年代的后移农村通婚圈在扩大；②外出务工地是本省的通婚圈扩大的可能性更大。与全国通婚圈变动影响因素回归模型的参数估计结果（见表2-9）相比，不同之处在于：①全国7省（区）模型表明女性通婚圈扩大的可能性大于男性，贫困地区农村抽样调查的模型表明女性通婚圈扩大的可能性要小于男性；②全国7省（区）模型表明有受高等教育经历的人口通婚圈扩大的可能性更大，而贫困地区农村抽样调查的模型表明接受高等教育人口的通婚圈扩大的可能性更小。

我们认为，第一条差异比较容易解释，受本地婚姻资源缺乏的实际情况限制，贫困地区农村男性通过外出务工等手段寻找婚姻资源以完成婚配。第二条差异的解释则不是很容易，笔者认为有两个可能的解释：一是基于当地婚姻文化，C县农村中接受过高等教育人口有能力而且更倾向与本地配偶结婚，二是调查样本中接受高等教育人口数量较少所导致的调查偏差。

模型2的估计结果说明，性别和初婚年代的影响都很显著。①与女儿相比，儿子通婚圈扩大的可能性更高；②随着初婚年代的后移，通婚圈扩大的可能性更大。

本章第一节和第二节分别使用具有全国代表性抽样调查数据和具有县级层面贫困地区农村抽样调查数据分析了全国农村通婚圈变动和农村贫困地区通婚圈变动的影响因素。结果都表明：随着初婚年代的后移，农村通婚圈在扩大，远距离外出务工是农村通婚圈扩大的重要原因。

三　通婚圈变动影响因素的质性资料分析

（一）访谈研究介绍

2010～2014年，笔者参加中国社会科学院人口与劳动经济研究所王跃生研究员的研究团队，多次前往冀西北张家口市C县进行调研。研究团队强力支撑，笔者对当地的社会经济发展、风土人情和方言比较熟悉，为调研打下了很好的基础，与当地干群也建立了一定的信任关系，对当地大龄未婚男性问题的理解也更加深入。在展开2013年《贫困地区通婚圈变动与男性婚配困难问题研究》问卷调查的同时，课题组就同时进行了部分典型个案的访谈，在2014年暑期又进行了补充专项质性访谈。访谈村落基本与问卷调查村落一致,涵盖 C 县从北到南 3 个镇的若干村落。访谈内容主要包括当地农村男性的通婚圈和结婚困难的现状及历史变化、现状与历史变化的原因,以及当地干群对大龄未婚男性产生原因及其社会影响的认知。

（二）农村男性通婚圈变动

随着时代的变迁,C 县农村通婚圈在逐步扩大。对男性村民而言,60 岁以上村民的配偶主要来自本村和本乡,通婚半径以 30 里之内为主;50~60 岁村民的配偶来自外省的比例增多,由于娶了来自四川、贵州和云南等地的媳妇儿(个案 A-2、个案 A-6),通婚距离已经拓展到千里之外;50 岁以下村民的配偶来源地虽然仍以本县为主,但来自外省的比例更大,并且外省范围扩大,并不局限于北京、四川、云南和贵州,来自山东、内蒙古、山西、河南和东北的情况也逐渐出现。甚至,在非常靠近北京延庆的后城镇出现了娶俄罗斯女人为妻的情况[1]。

C 县男性村民通婚圈的变化有其社会经济诱因。20 世纪 80 年代之前,农村家庭联产承包责任制推行之前,C 县农民主要依附于土地生产,人口流动情况很少,农村的通婚圈主要集中在本县及以内,90% 以上的男性村民的配偶来自本县及以内(见表 2-12)。

1984 年,C 县农村开始实施家庭联产承包责任制。农村经济发展之后,村民收入水平有所提高,以往非常贫穷的 C 县农村中面临婚配困难问题的男性开始走出大山,跳过本省其他县市,直接从经济发展更加落后的贵州、云南和四川山区寻找配偶。

　　LCM 的弟弟,属鼠,41 岁,结婚时年龄超过 25 岁,在当时属于晚婚,LCM 的弟媳是贵州人(个案 A-2)。没有过两年,30

---

[1] 注:2012 年笔者赴 C 县 HC 镇调查时发现的个案。

岁的 WGX 的二儿子又从石头堡（附近村子、离向阳村 10 多里地）领回了一个贵州女人（个案 A-6）。WY 的弟弟娶了贵州的妻子，通过他人介绍认识，现有两个小孩（个案 A-16）。

大约 1995 年之后，随着当地劳动年龄村民进城务工的逐渐普遍，在城市（北京居多）打工的适婚年龄男性逐渐接触到来自全国各地的适婚女性，因而与更广范围的外省女性通婚情况增多。

> 光棍汉都老实，蹾货（没能耐之意），定不上媳妇儿。有能耐的能白领（媳妇儿），什么都不花，家里不花钱，女的相中了，直接跟着过，这些女的都是南边的，四川的多。整个南门外村就 2 个四川媳妇、1 个青海媳妇、1 个湖北媳妇，都是他们自己打工认识的（个案 B-4）。
>
> 儿子属猪，上学上到 3 年级，32 岁，27 岁结婚，孙子 5 岁了。儿媳妇是北京怀柔的（脑袋瓜有点儿问题），儿子在那里打工认识的。儿子儿媳一年回来 1~2 周，孙子自出生起就在这里养（个案 B-8）。
>
> LFM 有两个儿子两个女儿，大儿子在福建给他人开车，媳妇也是福建的，就在那边定居了（个案 C-16）。

（三）农村女性通婚圈变动

与男性村民通婚圈的变化阶段相似，女性村民通婚圈也呈现阶段性变化。1980 年之前，女性村民通婚圈 90% 以上在本县范围之内，很少扩展到外省，但是，由于距离北京较近，而且女性婚姻迁移的障碍相对较少，女性村民嫁到北京的现象并不罕见。

> 大女儿（嫁）给延庆了，二女儿三女儿都给本村了。延庆县

的不捐彩礼（没给彩礼），愿意就跟着去。大女婿家是延庆农村（个案 C-2）。妹妹嫁到延庆去了，现在 50 多岁了（个案 C-6）。

1990 年之后，随着村落女性外出务工的逐渐普遍，她们嫁给外省区的范围开始突破北京市。

家里还有闺女，29 岁，已经有对象，给山西长治，和女婿在北京打工认识，结婚 9 年了（个案 C-10）。

第三节 小结与讨论

一 农村通婚圈的现状

2010 年，全国农村男性通婚圈以本县及以内为主，配偶来自本县及以内的比例达到 70% 以上，C 县农村男性通婚圈也以本县及以内为主，配偶来自本县及以内比例超过 80%，与全国农村平均水平相比，C 县农村男性通婚圈更加内敛。从与外省通婚看，2010 年全国农村男性的配偶来自外省的比例为 8.68%，而 C 县农村男性的配偶来自外省的比例仅在 5.2% ~ 5.6%。

尽管 C 县的地理位置位于东部地区并且靠近首都北京，但是 C 县属于国家级贫困县，处于交通不便的边远山区。C 县的区域相对贫困降低了该地区在婚姻市场上的吸引力，导致该地区不仅难以吸引外地适婚女性婚姻迁入，而且很难阻止本地适婚女性婚姻迁出。

二 农村通婚圈的变动

20 世纪 80 年代以来，全国农村通婚圈在扩大，C 县农村男性通婚圈也在扩大，跨省婚比例的增多和村内婚比例的减小是通婚圈扩大的两个主要表现。一方面，跨省婚的增加很明显。C县农村男性与外省女性结婚的比例随着初婚年代的后移而逐渐增加，这与全国趋势一致。另一方面，村内婚的减少也很明显。C县农村男性与本村女性结婚的比例随着初婚年代的后移而逐渐减少，这一趋势也与全国情况一致。

三 农村通婚圈变动的原因

改革开放以后，农村经济社会快速发展是农村通婚圈扩大的基础原因。20世纪90年代以后，农村人口进城务工潮是农村人口通婚圈扩大的直接因素，20世纪末高等教育扩张也是农村人口通婚圈扩大的重要因素。

从时间维度上看，C县农村通婚圈的扩大趋势比较明显，尤其是20世纪90年代以后，当地农村跨省婚显著增加。这种情况的出现是全国大环境和当地小环境共同作用的结果。

20世纪80年代，全国农村开始实行家庭联产承包责任制，农村生产力得到迅速恢复和发展，农民生活条件和收入水平显著改善。1984年左右，C县农村逐步分产到户，农民生活水平有了很大提高。但是，C县当时的地区经济发展仍很落后，直到本研究调查结束时C县仍是国家级贫困县。因此，20世纪80年代初C县农村生产生活的显著改善并没有明显改变当地通婚圈概况：女性向周边相对发达地区婚姻流动，这些相对发达地区包括临近的北京市延庆县、张家口市怀来县沙城、张家口市沽源县县城和C县县城等。

随着20世纪80年代初C县农村生活条件的改善和农民收入的增加，在面对当地女性婚姻外迁数量多于外地女性婚姻内迁所导致的本地女性婚姻资源缺乏问题上，C县婚姻困难男性将目光投向了贵州、云南和四川等南方地区。可以说，远赴云、贵、川等地农村"领"回妻子是20世纪90年代C县婚姻困难男性解决婚配的最主要途径之一。时至今日，C县农村仍有少部分婚姻困难男性延续着这样的做法。但是，目前从云、贵、川"领"回媳妇的情况已经大大减少。更加年轻的C县适婚男性都长期在北京等外省市打工，务工范围扩展的同时其婚恋交往范围扩大。更加年轻的C县男性已经在更广阔的婚姻市场上开展竞争，他们的新娘来自内蒙古、山西、东北三省、河南和山东的情况已经比较常见。

　　概况而言，地区贫困是C县农村男性不得不面对的婚姻市场竞争劣势，他们唯有在更广阔的婚姻市场上面，通过外出务工或提高教育水平以挖掘出本地区的相对优势或者个体人力资本的相对优势，才能够克服婚配困难并完成婚姻大事。这一婚姻市场竞争过程本身造就了C县农村男性通婚圈的扩大，尤其是C县农村男性跨省婚的显著增加。

第三章 农村男性的婚配问题

第一节 农村男性大龄未婚的比例

一 全国农村男性大龄未婚的比例

1982~2020 年，我国 25~40 岁农村男性未婚比例明显提高。与"三普"、"四普"和"五普"相比，"六普"和"七普"40~60 岁农村男性未婚比例在降低，但仍显著高于"三普"。从时期比较看，"七普"25~40 岁农村男性未婚比例显著更高，这直接体现了农村男性大龄未婚问题的加剧（见图3-1）。从绝对数量看，"六普"和"七普"25~60 岁农村未婚男性的规模由 1602.4 万人增至 1761.4 万人①。

概言之，随着时间的推移，农村男性未婚比例在加大，2020 年后 30~60 岁男性未婚比例达到 8.8%。农村男性大龄未婚和失婚问题成为一个长期现象，这一个问题也已经成为一个现实的社会问题，需要政府和社会各界及早谋划应对。

---

① 根据《中国 2010 年人口普查资料》表 5-3c 和《中国人口普查年鉴 2020》表 5-3c 计算。

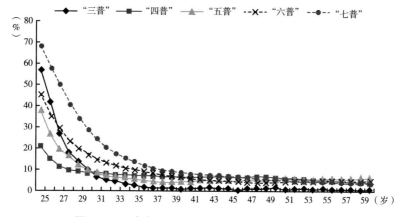

图 3-1 历次全国人口普查中的农村男性未婚比例

资料来源：根据 1982 年第三次全国人口普查长表 1% 抽样数据库、1990 年第四次全国人口普查长表 1% 抽样数据库、2000 年第五次全国人口普查长表 1% 抽样数据库和《中国 2010 年人口普查资料》表 5-3c、《中国人口普查年鉴 2020》表 5-3c 计算。

表 3-1 展现了 2020 年全国 30 岁以上男性未婚比例。可以发现，各个年龄段的乡村男性未婚比例几乎都为最高。同时，总体上看，乡村 30 岁及以上年龄男性的未婚比例为 7.46%，也高于城市的 6.75% 和镇的 5.30%。尤其在 35~39 岁，乡村男性未婚的比例高达 11.07%，这再次证实了乡村是我国男性大龄未婚现象或婚配困难问题的重灾区。

表 3-1 第七次全国人口普查分年龄、分城乡的男性未婚比例

单位：%

年龄	乡村	镇	城市
30~34 岁	21.65	16.36	21.87
35~39 岁	11.07	6.95	9.44
40~44 岁	7.87	4.10	5.08
45~49 岁	6.20	3.17	3.61
50~54 岁	4.71	2.49	2.57
55~59 岁	3.95	2.04	1.87
60~64 岁	4.60	2.36	1.40

续表

年龄	乡村	镇	城市
≥65 岁	4.58	2.86	1.08
合计	7.46	5.30	6.75

注：根据《中国人口普查年鉴 2020》表 5-3a、表 5-3b 和表 5-3c 计算得出。

二　C 县农村男性大龄未婚比例

（一）C 县农村男性婚配困难状况

由于经济社会发展比较落后并且处于山区，C 县男性婚配困难问题一直较为严重。1990 年 C 县农村 25~29 岁、30~34 岁和 35~39 岁男性的未婚比例分别高达 27.13%、16.24% 和 15.99%，40~59 岁男性未婚的比例几乎全部超过 8%，60 岁以上终身不婚的比例全部超过 3%（见图 3-2）。

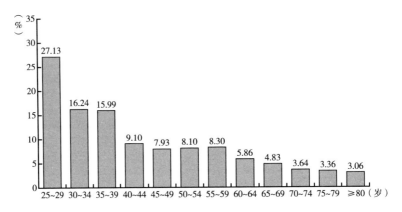

图 3-2　1990 年 C 县农村男性分年龄未婚比例

资料来源：根据 C 县 1990 年第四次人口普查资料计算。

与全国 1990 年 30~55 岁农村男性未婚比例（大约 6%）相比，C 县农村 30~55 岁男性未婚的比例显著偏高，特别是 30~34 岁年龄组，

C 县农村男性的未婚比例达到了 16.24%，是全国农村男性未婚比例的 2 倍多（见图 3-1 和图 3-2）。图 3-3 表明，2010 年 C 县农村男性（初中及以下学历）婚配困难问题非常严重，25～29 岁的未婚比例高达 28.47%，30～49 岁的未婚比例全部超过 15%，50～59 岁的未婚比例全部超过 10%。

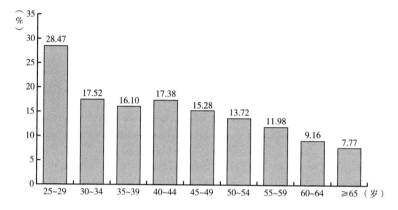

图 3-3　2010 年 C 县农村男性（初中及以下学历）分年龄未婚比例

资料来源：根据 C 县 2010 年第六次人口普查资料（长表数据）计算，受资料数据限制，被调查男性的受教育程度全部为初中及以下。

图 3-4 表明，2010 年 C 县男性未婚比例与受教育程度之间具有负相关关系，初中受教育程度的未婚比例要低于小学，小学要低于未上过学。未上过学的 C 县男性在 25～44 岁未婚比例的平均值要超过 70%，未上过学的 C 县 65 岁及以上男性的未婚比例超过 10%。

（二）C 县农村男性大龄未婚数量和比例

1. 2010 年抽样调查

2010 年 C 县村落问卷调查对村落中所有调查时点居住在家的大龄未婚男性进行了普查，被调查村落的户籍人口最少的约有 370 人，最多的约有 1600 人，中位数在 800 人左右。结果发现：在全部 16 个被调查村落中，有 1 个村的大龄未婚男性数量超过 30 人，有 8 个村

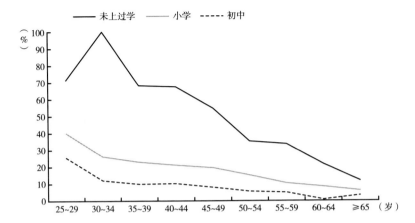

图 3-4　2010 年 C 县男性（初中及以下学历）分年龄分受教育程度的未婚比例

注：根据 C 县 1990 年第四次人口普查资料计算。同时，长表数据中一共有 11 名 30~34 岁未上过学男性，他们都没有结婚。

的大龄未婚男性数量在 20~29 人，有 6 个村的大龄未婚男性数量在 10~19 人，只有 1 个村的大龄未婚男性数量不到 10 人（见表 3-2）。再考虑那些年龄较轻、调查时点在外打工的大龄未婚男性，我们认为，C 县农村男性婚配困难问题比较严重。

表 3-2　2010 年 C 县农村大龄未婚男性数量分布

单位：人

乡镇编码	村编码							合计
	a	b	c	d	e	f	g	
A	25	12	23	9	26	22	—	117
B	23	36	10	—	25	18	28	140
C	18	21	12	14				65
合计	66	69	45	23	51	40	28	322

注：大龄未婚男性的年龄界定为 25 岁及以上，数据来自 2010 年 C 县农村调查。

2. 2013 年抽样调查

2013 年 C 县农村调查表明，25 岁及以上未婚男性占全部适婚年

龄男性的比例为 15.94%，25~29 岁、40~49 岁、50~59 岁和 60~69
岁男性的未婚比例分别为 29.41%、23.88%、17.95% 和 19.12%（见
表 3-3）。

表 3-3　2013 年 C 县农村男性婚姻状况

单位：%

婚姻状况	年龄（岁）							合计
	25~29	30~39	40~49	50~59	60~69	70~79	≥80	
未婚	29.41	2.94	23.88	17.95	19.12	0.00	9.53	15.94
初婚有配偶	70.59	88.24	68.66	64.10	73.53	77.14	33.33	69.38
再婚有配偶	0.00	2.94	1.49	3.85	2.94	0.00	0.00	2.18
丧偶	0.00	2.94	1.49	8.98	4.41	20.00	57.14	9.69
离婚	0.00	2.94	1.49	2.56	0.00	2.86	0.00	1.56
同居	0.00	0.00	2.99	2.56	0.00	0.00	0.00	1.25
合计	100	100	100	100	100	100	100	100
样本数（人）	17	34	67	78	68	35	21	320

资料来源：2013 年 C 县农村调查。

表 3-3 显示，2013 年 C 县农村 30~39 岁男性未婚比例仅有
2.94%，但这不是这个年龄段男性的未婚比例的真实反映，这个年龄段
男性大多离乡进城务工，包括了很多大龄未婚男性。被调查家庭儿子
的婚姻状况可以佐证这一判断，年龄为 30~39 岁的儿子的未婚比例是
15.75%，年龄为 25~29 岁儿子未婚的比例是 32.43%（见表 3-4）。

表 3-4　2013 年 C 县农村被调查家庭儿子的婚姻状况

单位：%

婚姻状况	年龄（岁）					合计
	25~29	30~39	40~49	50~59	≥60	
未婚	32.43	15.75	5.84	4.55	0.00	13.87
初婚有配偶	66.22	80.82	90.51	90.90	100.00	82.97
再婚有配偶	0.00	0.00	0.73	4.55	0.00	0.73
离婚	0.00	2.05	2.92	0.00	0.00	1.70

婚姻状况	年龄（岁）					合计
	25~29	30~39	40~49	50~59	≥60	
同居	1.35	1.38	0.00	0.00	0.00	0.73
合计	100	100	100	100	100	100
样本数（人）	74	146	137	44	10	411

资料来源：2013年C县农村调查。

　　总结并比较基于普查数据分析的全国农村男性未婚比例、基于普查资料和抽样调查数据分析的C县男性大龄未婚比例，可以发现，仅就30~34岁年龄农村男性而言，C县农村男性大龄未婚比例（2010年和2013年均超过15%）要略高于全国农村平均水平（2010年全国农村30~34岁男性未婚比例为13.7%*）。我们认为，作为贫困地区的C县农村，那里的男性婚配困难问题十分严重，已经存在的数量很大、比例不小的农村大龄未婚男性人口群体成为当地的一个重大社会问题。

　　农村男性未婚比例偏高是男性婚配困难的直接表现之一，它是男性婚配困难结果的直接呈现。男性婚配困难问题还体现在议婚行为和婚姻花费等方面。以下两节将分别对贫困地区农村大龄未婚男性的议婚行为、贫困地区农村婚姻花费变化进行分析。

第二节　农村大龄未婚男性的议婚行为

一　议婚概述

　　在我国传统婚礼礼节中，议婚也被称为议亲，它是商议婚娶的最初阶段，涵盖六礼中的纳采、问名和纳吉三阶段。从男方派人到女家

---

* 注：13.7%为作者计算得出，数据来源为图3-1。

提亲开始，经过换帖、卜吉、合婚、相亲等程序，到订婚为止。

议婚研究与择偶研究有密切关联。从宽泛意义上看，议婚和择偶没有明显区别，都是指"寻求结婚对象以完成婚配"的意思，但重点不一：议婚强调潜在婚姻当事人双方的"议"（商讨、商议），择偶则只涉及潜在婚姻关系一方的认知和行为。在择偶研究中，择偶标准是热点，它是个体择偶行为的关键事项，同样也是个体议婚行为的前提之一。

议婚研究与婚姻圈（通婚圈）研究也有一定联系。"关系圈""交流圈"被认为是影响婚姻圈的重要因素，民间的婚姻介绍人（俗称红娘或媒人）被称为"婚姻关系人"（满永，2005）。"关系圈"、"交流圈"和"婚姻关系人"是农村未婚男性实现议婚行为的重要资源。尽管择偶和婚姻圈研究部分涉及议婚，但直接考察议婚行为的研究不多，考察议婚经历、议婚认知和议婚计划的研究也比较少，以贫困地区农村大龄未婚男性为研究对象的议婚行为研究更少。本节将关注焦点锁定 C 县农村大龄未婚男性的议婚机会、议婚经历、议婚认知和议婚计划，力求全面深入把握他们的议婚行为现状与特征。

二 概念和方法

本节界定的议婚概念主要包括议婚机会、议婚经历、议婚计划和议婚认知，传统意义上的议婚概念仅与议婚经历范畴相近。议婚机会是未婚男性所获得的与适婚女性"谈婚论嫁"的机会。议婚计划是未婚男性为争取获得"谈婚论嫁"机会而做的行动计划。议婚认知是大龄未婚男性对于议婚失败原因的自我评价。

在 2010 年、2013 年 C 县抽样调查中，超过 85% 未婚男性的年龄大于 40 岁，2010 年调查中接近 50% 的未婚男性年龄超过 50 岁，而 2013 年 56.86% 的未婚男性超过 50 岁，被调查大龄未婚男性年龄结构偏大。这个结果与调查时点村落中 40 岁以下男性外出打工情况较多有直接关系。受年龄结构的部分影响，被调查男性的受教育程度比较低，2010

年调查中没上过学的比例接近40%，初中及以上的比例仅为17.08%，2013年调查中没上过学的比例也达到了39.22%，初中及以上比例仅为23.53%。两次调查均表明大龄未婚男性身体健康状况较差但是生活自理水平相对较好，年收入较低，2010年年收入3000元以下的比例为61.80%，2013年年收入3000元以下的比例为52.95%（见表3-5）。

表3-5　C县被调查大龄未婚男性概况

单位：%

项目	2010年调查	2013年调查
年龄		
25~39岁	14.59	11.76
40~49岁	36.65	31.38
50~59岁	32.30	27.45
≥60岁	16.46	29.41
健康状况		
健康	39.75	33.33
一般	25.16	15.69
有残疾/慢性病	35.09	50.48
工作状况		
全日工作	63.04	17.65
部分工作	25.47	60.78
不工作	11.49	21.57
受教育程度		
未上学	38.82	39.22
小学	44.10	37.25
初中及以上	17.08	23.53
生活自理状况		
能自理,能劳动	86.03	72.55
能自理,不能劳动	11.49	27.45
不能自理,不能劳动	2.48	0
个人年收入(元)		
1000及以下	17.70	17.65
1001~2000	28.26	15.68
2001~3000	15.84	19.61

项目	2010 年调查	2013 年调查
3001~5000	19.57	19.61
5001 及以上	18.63	27.45
样本数(人)	322	51

资料来源：2010 年、2013 年 C 县农村调查。

三 议婚经历

民间将"为适婚年龄未婚男女的谈婚论嫁而牵线搭桥"称为"介绍对象"，将"以谈婚论嫁为目的的适婚年龄未婚男女的社会交往"称为"谈对象"。我们在调查问卷中设计了"谈对象"和"被介绍对象"问题，目的是考察大龄未婚男性的议婚行为和议婚经历。谈对象和被介绍过对象有联系也有区别：谈对象可能是未婚男性自身主动的、未被介绍对象的行为，也可能是被动的、被介绍对象后的行为；被介绍对象后可能开始谈对象行为，也可能没谈对象行为。我们认为谈对象和被介绍对象都属于议婚行为。大龄未婚或失婚直接表明了未婚男性议婚行为的失败。议婚行为失败包含两层含义：一是有过议婚经历，包括自主谈过对象或被介绍过对象，但最终没能完成婚配；二是没有议婚经历，即不但没有自主谈过对象，也没有被介绍过对象。虽然结果相同，但二者还是存在质的差别，前者经历了真正的议婚行为，后者则属于完全没有议婚机会、不曾有过议婚行为。

（一）谈对象经历

调查数据发现，未婚男性有谈对象经历的比例仅为17.7%，没有谈过对象的则超过80%，这表明未婚男性失婚的很大原因是：在议婚及议婚之前阶段，他们得到的议婚机会较少。这同时也表明：农村贫困地区的大龄未婚男性中，大部分人的综合婚配条件较差、所能够得到的议婚机会有限。初婚年龄一直受风俗、习惯、文化和法律所影响。我国 1980 年颁布实施的《婚姻法》规定："结婚年龄，男不得早于 22 周岁，女不得早于 20 周岁。"我们认为法定结婚年龄的性别差异可能是贫困地区男性被动晚婚的部分肇因。访谈中笔者了解到，当地人认为"结婚要趁早，晚了的话，好姑娘都嫁人了，就不好找对象了"，年轻男性有早谈对象以便早结婚的行为趋向。2010 年 C 县农村调查数据表明，谈过对象的未婚男性中，超过 80% 第一次谈对象的年龄在 25 岁之前，近 60% 集中在 20~25 岁。2013 年 C 县农村调查数据则表明，谈过对象的未婚男性中，100% 在 25 岁之前。

（二）被介绍对象经历

在传统农村社会中，婚嫁行为与媒人、亲属、亲戚和朋友等"婚姻关系人"或婚姻中介人有紧密关系，贫困地区农村情况可能更为明显。2010 年调查表明未婚男性没被介绍过对象的占 60%，2013 年调查表明未婚男性没被介绍过对象的占 72.55%。农村传统社会氛围下，适婚年龄男性被介绍对象属于常态，因此，60% 的未婚男性从没有被介绍过对象显然是非正常状态。

男大当婚，未婚男性在达到适婚年龄之后开始获得被介绍对象的机会。2010 年 C 县农村调查显示，大龄未婚男性有 58.02% 在 25 岁之前初次被介绍对象，2013 年的比例达到 53.33%（见表 3-6）。

表 3-6 初次被介绍对象时年龄

单位：人，%

年龄	2010 年调查		2013 年调查	
	频数	百分比	频数	百分比
19 岁及以下	11	8.40	2	13.33
20~24 岁	65	49.62	6	40.00
25~29 岁	24	18.32	4	26.67
30~39 岁	21	16.03	1	6.67
40 岁及以上	10	7.63	2	13.33
合计	131	100	15	100

资料来源：2010 年、2013 年 C 县农村调查。

本研究界定"25岁以上未婚为大龄未婚",因此,可以说,在有被介绍对象经历的未婚男性中,超过半数在成为大龄未婚男性之前有初次被介绍对象经历。2010年、2013年C县农村调查表明,40岁之前初次被介绍对象的比例超过80%。田野调查发现,未婚男性在30岁之前被初次介绍的对象大部分为未婚女性,30岁之后被初次介绍的对象通常为离婚或丧偶女性。

2010年C县农村调查表明,未婚男性中被介绍对象次数为一次的比例为36.92%,为两次以下的比例达到58.46%,为三次及以上的比例为41.53%,为四次及以上超过25%;2013年调查表明,未婚男性中被介绍对象次数为一次的比例为46.67%,为两次以下的比例达到66.67%,为三次及以上的比例为33.33%,为四次及以上的比例达到13.33%(见表3-7),被介绍次数人均2.1次。同时,2010年调查数据表明40~49岁年龄段的未婚男性被介绍对象次数最多、人均3.7次,其次是39岁及以下年龄段、人均3.5次,第三位是50~59岁年龄段、人均2.2次,最后是60岁及以上年龄段、人均1.9次。在年龄较轻阶段获得相对较多的被介绍对象机会的大龄未婚男性,其综合条件在未婚男性中总体较好,他们在更年长时也能够获得议婚机会。而在年轻阶段相对缺乏被介绍对象机会的未婚男性,他们很可能在更大年龄时更加缺乏议婚机会。

表3-7 被介绍对象次数

单位:次,%

被介绍对象次数	2010年调查		2013年调查	
	频数	百分比	频数	百分比
1次	48	36.92	7	46.67
2次	28	21.54	3	20.00
3次	21	16.15	3	20.00
4次及以上	33	25.39	2	13.33
合计	130	100	15	100

资料来源:2010年、2013年C县农村调查。

2010 年调查发现，从绝对时间上看，大龄未婚男性谈对象的最长持续时间总体较短，平均为 9 个多月。54.05% 没有达到 1 个月，75.68% 没有超过 6 个月，86.49% 没有超过 1 年。如果结合当地农村风俗习惯和婚姻市场状况，46% 的谈过对象的未婚男性与对象相处时间超过 1 个月、接近 25% 超过半年的这种情况同样不能算是很短的时间。2013 年调查发现，农村大龄未婚男性谈对象的最长持续时间41.67% 没有达到 1 个月，91.67% 没有超过 6 个月（见表 3-8）。

表 3-8 处对象最长持续时间

单位：人，%

处对象持续时间	2010 年调查		2013 年调查	
	频数	累计百分比	频数	累计百分比
<1 个月	80	54.05	5	41.67
1~6 个月	32	75.68	6	91.67
7~12 个月	16	86.49	0	91.67
13 个月及以上	20	100.00	1	100.00
合计	148	100.00	12	100.00

资料来源：2010 年、2013 年 C 县农村调查。

四 议婚认知

现有的未婚男性失婚原因分析大多从宏观层面和客观角度来展开，从未婚男性自身角度和微观层次探查的尝试不太多。本节定义的议婚认知主要指大龄未婚男性对议婚行为失败原因的自评，包括处对象失败和入赘失败原因的自评两部分。

（一）处对象失败的原因自评

1950 年以后，随着新中国成立后首部婚姻法的推行，婚恋自主和自由受法律保护，民间婚俗逐渐改变。尽管子女在议婚中的自主性逐渐增强，但是父母仍一直扮演重要角色。议婚结果和议婚男女自身有关，也与双方父母意见有联系。

2010年、2013年C县农村调查都表明，未婚男性认为他们处对象失败的原因主要是女方本人及其父母的反对，未婚男性父母反对的情况几乎没有，自己不同意的比例也很低（见表3-9）。如果剔除"其他"原因，那么女方不同意及女方父母反对所导致的议婚失败比例占到接近90%。未婚男性议婚失败原因自评结果说明两点：一是和议婚女性及其家庭相比，未婚男性及其家庭在议婚过程中处于显著弱势地位；二是议婚过程中子女的意见远比其父母重要，议婚更多体现了当事人的婚姻自主权利意识。

农村大龄未婚男性认为自身议婚失败的原因中最重要的有两条，一是经济条件差（占83%），二是家庭负担重（占17%）①。已有研究认为未婚男性失婚的个体或家庭原因包括自身生理、心理、教育、能力和个体及家庭经济条件。调查发现，未婚男性认为个体及家庭经济条件差是其失婚的主要原因。除这两条主要原因外，个别未婚男性将失婚原因归结于个人"内向/不爱说话/不会谈对象"或"没能力/自己没本事/自己没能耐"。

表3-9　处对象最主要失败原因自评

单位：人，%

最主要失败原因自评	2010年调查		2013年调查	
	频数	百分比	频数	百分比
女方父母反对	21	14.29	1	6.67
女方本人不同意	97	65.99	6	40.00
自己父母反对	1	0.68	0	0
自己不同意	14	9.52	2	13.33
其他	14	9.52	6	40.00
合计	147	100	15	100

资料来源：2010年、2013年C县农村调查。

① 注：失败原因自评是多选题，选项按照重要性顺序由高到低排列，表3-9是自评最为重要的原因情况。

（二）入赘意愿、被介绍入赘经历和失败原因

入赘是未婚男性争取婚配机会的重要途径，同时，入赘的男性也承受着很大的社会舆论压力。因此，部分未婚男性不接受通过入赘来解决婚姻问题。2010年调查发现，大龄未婚男性不愿意入赘和愿意入赘的比例分别为52.4%和47.6%，2013年的比例则分别为55.10%和44.90%，不愿意入赘稍多。尽管接近一半的未婚男性愿意入赘，但是调查也发现：他们被介绍过入赘的比例很小，2010年调查的比例仅有15%，2013年的比例仅为16.33%。可见，未婚男性的入赘机会并不是很多。这一结果可能与未婚男性家庭、招赘家庭和中间介绍人的客观现实条件和主观认知、观念与能力均有联系。

2010年调查数据表明，未婚男性被介绍入赘时的年龄最小19岁，最大达到54岁，均值为35岁左右，这个年龄在农村已经属于绝对意义上的大龄未婚。2013年调查数据表明，未婚男性被介绍入赘时的年龄最小27岁，最大达到67岁，均值为45岁左右，这个年龄在农村属于绝对意义上的大龄未婚。当地民众的社会认知是：35岁以上的未婚男性通过正常的男婚女嫁方式完成婚配的机会已经很小了，入赘女方是个可能并且可行的选项。

未婚男性如何认知自身被介绍入赘失败的原因？2010年调查表明，自己不愿意入赘是主要原因，占到总体的58.33%，而女方本人及其父母反对的比例不到28%。2013年调查表明，自己不愿意入赘的比例占到100%（见表3-10）。这与表3-9截然相反——处对象失败原因自评主要归结于女方及其父母的反对。

介绍入赘失败也很少是未婚男性父母的原因，而主要是未婚男性自身的原因。进一步分析2010年调查这些获得被介绍入赘机会而最终拒绝的28名未婚男性的个体情况，发现：他们获得入赘机会的年龄相对年轻，4人年龄在30岁以下，10人年龄在30~34岁，4人年

表 3-10　被介绍入赘失败原因自评

单位：人，%

失败原因自评	2010 年调查		2013 年调查	
	频数	百分比	频数	百分比
女方父母反对	5	10.42	0	0
女方本人不同意	8	16.67	0	0
自己父母反对	0	0	0	0
自己不同意	28	58.33	8	100.00
其他	7	15.48	0	0
合计	48	100.00	8	100.00

资料来源：2010 年、2013 年 C 县农村调查。

龄在 35~39 岁；另有 10 人年龄在 40 岁及以上。这说明年龄相对较轻
的未婚男性还没有完全放弃通过男婚女嫁的方式完成婚配的期望。

五　议婚计划

尽管议婚失败，但是部分未婚男性没有放弃寻找并抓住婚配机会。
2010 年调查表明，有结婚打算的未婚男性占到全部未婚男性的
52.65%。2013 年调查表明，有结婚打算的未婚男性占到全部未婚男性
的 34.69%。有无结婚打算和未婚男性年龄有紧密联系，50 岁以下的未
婚男性有结婚打算的比例还很高，但超过 60 岁的男性还有结婚打算的
比例就很小了（见表 3-11）。年龄因素显著影响议婚计划。2010 年调
查和 2013 年调查均表明，随着年龄的增加，有议婚打算的比例在减小。

表 3-11　分年龄的有结婚打算比例

单位：人，%

年龄	2010 年调查		2013 年调查	
	频数	占比	频数	占比
25~39 岁	42	89.36	11	55.00
40~49 岁	86	72.88	5	35.71

年龄	2010 年调查		2013 年调查	
	频数	占比	频数	占比
50~59 岁	39	37.86	0	0
≥60 岁	2	3.77	1	7.69
合计	169	52.65	17	34.69

资料来源：2010 年、2013 年 C 县农村调查。

如前述未婚男性的失婚原因认知一样，经济条件是决定他们能否完成婚配的关键因素。因此，我们认为是否为结婚存钱成为议婚计划的核心指标之一。2010 年 C 县农村调查发现，该地区农村大龄未婚男性中有议婚打算且正在为议婚存钱的比例仅为 18.3%。也就是说，在上文发现的刚超过一半的有结婚打算的未婚男性中，仅有一小部分在为结婚存钱。这是一个比较耐人寻味的结果，它反映了未婚男性的议婚意愿比例高，但为议婚而付诸准备行动的比例低，这个矛盾可能在一定程度上说明了未婚男性失婚的个体原因。

表 3-12　2010 年调查分年龄的议婚计划情况

单位：人，%

年龄	样本数	有议婚打算占比	为议婚而存钱占比	有信心完婚占比
25~39 岁	47	89.4	44.7	78.7
40~49 岁	118	72.9	20.3	59.3
50~59 岁	104	37.5	12.5	27.9
≥60 岁	53	3.8	1.9	3.8
合计	322	52.5	18.3	42.9

资料来源：2010 年 C 县农村调查。

有议婚打算的未婚男性中，有多大比例有信心完婚呢？2010 年调查表明，有信心完婚的比例很高，达到 42.9%。这一发现与这个事实形成强烈的对比：只有 18.3% 的未婚男性在为结婚存钱，却有

42.9%的未婚男性有信心完婚（见表3-12）。这种结果表明了未婚男性的议婚意愿与议婚行动之间存在差距，议婚的意愿超前于行动。

2010年C县农村调查说明，总体来说，"年龄大了"是未婚男性没有结婚打算的首要原因，这个比例达到55.63%。"有病或有残疾"和"经济条件差"是第二、三位原因，分别占22.52%和18.54%。客观原因是未婚男性没有婚姻打算的主要原因，客观条件的限制是大龄未婚男性主观上不抱结婚打算的首要原因（见表3-13）。分健康状况看，"年龄大了"仍然是未婚男性无议婚计划的首要原因，对于健康状况为"不好，有慢性病或残疾"的未婚男性而言，自身健康状况是他们无议婚计划的第二位原因，首要原因同样是"年龄大了"。

表3-13 2010年调查分健康情况的无议婚计划原因

单位：%

健康状况	无议婚计划原因占比			
	自己年龄大了	经济条件差	有病或有残疾	其他
健康	55.17	31.03	6.9	6.9
一般	67.44	23.26	6.98	2.33
不好，有慢性病或残疾	49.37	11.39	36.71	2.53
合计	55.63	18.54	22.52	3.31

资料来源：2010年C县农村调查。

六　议婚行为的影响因素分析

议婚行为受到哪些因素的影响？议婚经历和议婚计划是研究议婚行为的两个主要方面。由于2013年调查大龄未婚男性样本数只有51人，而2010年调查大龄未婚男性样本数达到322人，为更有效地使用回归模型进行分析，这里仅使用2010年C县农村调查数据进行分析。

议婚经历和议婚计划均为因变量，两者均为二分类变量，分别以有议婚经历和有议婚计划为参照组。哪些因素或自变量可能会影响到议婚经历和议婚计划？议婚经历被认为是已经发生的结果，假定大龄未婚男性的人口社会经济属性不随时间变迁而发生重大改变，那么这些因素可以被视为对未婚男性议婚经历产生影响的因素，它们主要包括：年龄组（25～39岁、40～49岁、50～59岁、≥60岁）、身高（定距变量，单位厘米）、受教育程度（未上过学、小学、初中及以上）、健康水平（健康，一般，不好，有慢性病或有残疾）、劳动自理状况（能自理能劳动、能自理不能劳动、不能自理需要别人照料）和20岁时家庭在村落中所处的经济地位（平均水平及以下、高于平均水平）。

议婚计划是未婚男性当前对于未来议婚行为的意图，因此，当前的人口社会经济属性被视为影响因素，除了与影响议婚经历的共同因素之外，当前的经济条件是关键影响因素，它们包括：工作（全日工作、部分工作、不工作）、个人年收入（1000元及以下，1001～2000元，2001～3000元，3001～5000元，5000+元）、目前家庭在村落中所处的经济地位（平均水平及以下、高于平均水平）、负债（有负债、无负债）和存款（有存款、无存款）。

含有多个自变量的总体 Logistic 模型是：

$$P_r(y = y_i \mid x_1, x_2, x_3, \cdots, x_k) = \Phi(\beta_0 + \beta_1 x_1 + \beta_2 x_2 + \beta_3 x_3 + \cdots + \beta_k x_k)$$

y 是被解释变量，当 y 是二元变量时回归模型是二元 Logistic 模型，Φ 是累积标准 Logistic 分布函数，x_1，x_2，$\cdots$，x_k 是解释变量，β_1，β_2，$\cdots$，β_k 是解释变量的系数。

模型结果（见表3-14）表明，在控制其他自变量前提下，议婚适宜年龄段的家庭经济状况（20岁时家庭经济条件）对议婚经历没有显著影响，个体素质（身高和受教育程度）对大龄未婚男性议婚经历有显著影响。具体来说，随着身高的增加，没有议婚经历的可能性在减小，随着受教育程度的降低，没有议婚经历的可能性在增加。

表 3-14　影响议婚经历和议婚计划的影响因素 Logistic 回归模型结果

项目	议婚经历			议婚计划		
	O. R.	S. E.	P>|z|	O. R.	S. E.	P>|z|
工作（全日工作）				0.844797	0.245199	0.561
个人年收入（1000 元及以下）				0.814088	0.107057	0.118
20 岁时家庭经济条件（平均水平及以下）	1.419017	.3544068	0.161			
目前家庭经济条件（平均水平及以下）				1.260897	0.492697	0.553
存款（有存款）				0.640347	0.309615	0.357
负债（无负债）				0.919305	0.314874	0.806
年龄组（39 岁及以下）	0.861190	0.130050	0.322	3.432137	0.702239	0.000
身高（cm）	0.956126	0.018933	0.023	0.97876	0.02301	0.361
健康状况（健康）	1.207702	0.195952	0.245	1.885625	0.368313	0.001
自理状况（能自理能劳动）	1.299390	0.412257	0.409	2.439891	1.195783	0.069
教育程度（初中及以上）	2.015491	0.369652	0.000	2.527495	0.60675	0.000
Number of obs	321			320		
LR chi2(6)	32.92			165.61		
Prob>chi2	0.0000			0.0000		
Pseudo R2	0.0758			0.3742		
Log likelihood	-200.58896			-138.49434		

　　注：O. R. 指 odds ratio，S. E. 指标准差，P>｜z｜指显著性水平；数据来自 2010 年 C 县农村调查。

　　在控制其他自变量前提下，大龄未婚男性当前的经济状况对议婚计划没有显著影响，个体素质（年龄、健康和受教育程度）对大龄未婚男性议婚计划有显著影响。具体来说，随着年龄的增加、受教育程度的降低，没有议婚计划的可能性在增加，健康水平更差的未婚男性没有议婚计划的可能性更大。

笔者构建回归模型（见表3-14）时主要纳入婚姻困难男性自身的个体综合条件和其原生家庭的经济条件作为解释变量，未能够将婚姻困难男性父母或兄弟姐妹的情况纳入解释变量，这是该模型的可能改进之处。不过，笔者认为，与议婚计划相比，议婚经历可能会受到父母或兄弟姐妹情况的影响，但男性自身条件及其原生家庭经济条件仍是决定他们议婚经历和议婚计划的主要影响因素。

七　结语

议婚机会缺乏和议婚行为失败是男性婚配困难的重要表现。调查显示，C县农村大龄未婚男性严重缺乏议婚机会，议婚经历很少，议婚持续时间很短。未婚男性认为经济条件差和家庭负担重是议婚失败的最主要原因；议婚过程中被骗婚比例大约为8%，被骗财物平均达到0.9万元；未婚男性未来议婚计划与议婚准备之间存在差距，意愿高于行动。年龄因素显著影响大龄未婚男性的议婚计划，年龄越大，有结婚计划的可能性越低。

通常来说，经济条件是影响男性婚配结果的关键原因。然而，本节的回归模型结果表明，无论是议婚经历还是议婚计划，大龄未婚男性的经济条件的影响均不显著。个体素质，包括身高、年龄、健康水平和受教育程度，对大龄未婚男性的议婚经历和议婚计划均有显著影响。我们认为，地区因素是造成这种局面的根本原因，即该地区男性及其家庭综合社会经济条件与周边竞争地区相比不具优势，经济因素对议婚行为的影响可能弱于未婚男性个体素质的影响。

第三节　农村男性结婚花费

结婚花费是男性婚配困难问题的重要指标。本节通过描述彩礼、建（购）房和婚礼的花费现状，比较各项结婚花费的时期变动并对比结婚花费与个体及家庭收入来说明男性结婚花费与婚配困难之间的关系。

一 2013年前C县农村已婚男性的结婚花费

（一）彩礼

彩礼处于男性结婚花费的第一序位。彩礼花费是结婚所有花费的先导。随着初婚年代的后移，当地男性结婚花费中的彩礼金额持续大幅增加，彩礼金额均值由20世纪80年代的不到500元迅猛增加到2000~2013年的1.66万元，30余年间彩礼金额均值增加了30多倍（见表3-15）。2010年，C县农民年人均纯收入3188元[①]，由此可计算得出，2000~2013年C县农村彩礼金额均值是年人均纯收入的5.2倍。

表3-15　2013年前C县调查农村男性的彩礼金额

初婚年代	均值(元)	变动比率	标准差(元)	最小值(元)	最大值(元)	观测数(人)
1979年及以前	320	1	252.95	30	1000	27
1980~1989年	454	1.4	296.35	100	1000	16
1990~1999年	3994	12.5	3646.51	500	15000	18
2000~2013年	16567	51.8	21850.48	400	100000	21

注：金额均值保留到个位。数据来自2013年C县农村调查。

（二）建房

建房是目前C县农村绝大多数男性结婚的首要前提条件。随着初婚年代的后移，当地男性结婚花费中的建房费用持续大幅增加，建房费用均值由20世纪80年代以前的不到0.33万元迅猛增加到2000~2013年的5.8万元，30余年间建房费用均值增加了16.7倍（见表3-

---

[①] 数据来自C县2010年《国民经济和社会发展统计公报》，http://www.ccx.gov.cn/info/content.jsp? code=zjkccxtjj/2011-00195。

16)。2010 年，C 县农民年人均纯收入 3188 元，由此可计算得出，2000~2013 年 C 县农村建房费用均值是年人均纯收入的 18.2 倍。

表 3-16　2013 年前 C 县调查农村男性的建房费用

初婚年代	均值（元）	变动比率	标准差（元）	最小值（元）	最大值（元）	观测数（人）
1979 年及以前	3278	1	8216.463	300	40000	27
1980~1989 年	7038	2.2	6935.197	800	20000	8
1990~1999 年	15333	4.7	16444.58	1000	50000	12
2000~2013 年	57917	17.7	32295.39	5000	100000	12

资料来源：2013 年 C 县农村调查。

（三）婚礼

随着初婚年代的后移，当地男性结婚花费中的婚礼金额持续大幅增加，均值由 20 世纪 80 年代以前的不到 500 元迅猛增加到 2000~2013 年的 1.8 万元，30 余年间婚礼费用均值增加了 41 倍（见表 3-17）。2010 年，C 县农民年人均纯收入 3188 元，由此可计算得出，2000~2013 年 C 县农村婚礼费用均值是年人均纯收入的 5.6 倍。

表 3-17　2013 年前 C 县调查农村男性的婚礼金额

初婚年代	均值（元）	变动比率	标准差（元）	最小值（元）	最大值（元）	观测数（人）
1979 年及以前	425	1	150	200	500	4
1980~1989 年	1550	3.6	2050.61	100	3000	2
1990~1999 年	2676	6.3	3063.475	80	10000	9
2000~2013 年	17824	41.9	13087.38	2000	40000	17

资料来源：2013 年 C 县农村调查。

综上，仅包含彩礼、建房和婚礼花费的结婚费用，2000~2013 年的结婚费用均值[①]超过 9.2 万元，是 2010 年当地农民年人均纯收入的 29

---

① 注：计算方式是 2000~2013 年的彩礼均值、建房均值和婚礼均值的简单相加。

倍，假设结婚花费由父母和结婚儿子三人共同负担的话，当地男性结婚需要花费掉全家（以父母和儿子共 3 人计算）至少 9 年的年纯收入。

二　2013 年前 C 县农村儿子结婚花费

表 3-18、表 3-19 和表 3-20 是 2013 年 C 县调查所反映的儿子结婚时的彩礼、建房和婚礼费用现状及变动。可以发现，1980~1989 年至 2010~2013 年的 30 余年间，彩礼、建房和婚礼三者费用均值全部大幅增加，增加幅度分别达到了 17.3 倍、13.6 倍和 12.6 倍。

由表 3-18、表 3-19 和表 3-20 可以看出，2010~2013 年，彩礼、建房和婚礼费用均值之和达到 17.5 万元，是 2010 年当地农民年人均纯收入（3188 元）的 55 倍，假设结婚花费由父母和结婚儿子三人共同负担的话，当地男性结婚需要花费掉全家（3 人）至少 18 年的年纯收入。

表 3-18　2013 年前 C 县调查农村家庭儿子的彩礼金额

初婚年代	均值（元）	变动比率	标准差（元）	最小值（元）	最大值（元）	观测数（人）
1980~1989 年	999	1	1354.366	200	6000	23
1990~1999 年	5068	5.1	6245.019	200	30000	31
2000~2009 年	15949	16.0	18543.09	50	100000	38
2010~2013 年	18313	18.3	12731.69	2000	46000	16

资料来源：2013 年 C 县农村调查。

表 3-19　2013 年前 C 县调查农村家庭儿子的建房金额

初婚年代	均值（元）	变动比率	标准差（元）	最小值（元）	最大值（元）	观测数（人）
1980~1989 年	9623	1	12016.94	300	30000	13
1990~1999 年	11550	1.2	11661.85	500	40000	16
2000~2009 年	62619	6.5	75338.89	2000	300000	21
2010~2013 年	140125	14.6	209264.3	10000	600000	8

资料来源：2013 年 C 县农村调查。

表 3-20　2013 年前 C 县调查农村家庭儿子的婚礼金额

初婚年代	均值(元)	变动比率	标准差(元)	最小值(元)	最大值(元)	观测数(人)
1980~1989 年	1236	1	1945.213	100	6000	8
1990~1999 年	1667	1.3	1922.238	100	5000	9
2000~2009 年	9587	7.8	11798.16	500	50000	23
2010~2013 年	16750	13.6	10698.91	2000	30000	16

资料来源：2013 年 C 县农村调查。

三　2014年 C 县农村男性结婚花费

（一）目前的结婚花费

以 2014 年 C 县农村田野调查材料为基础的分析发现，目前 C 县农村男性结婚的花费在 20 万~60 万元。如果结婚后，新娘和新郎在村里居住，结婚花费至少 20 万元。如果新娘要求在镇上或县城买房，那么结婚花费将达到 40 万~50 万元。至于新婚夫妇究竟是在村里居住还是去镇或县城居住，主要取决于男方的经济条件和社会地位。如果男方家庭条件很好，那么女方只要求在村里有单独住房，或者再要辆小汽车；如果男方家庭条件不好，那么女方很可能要求在镇上或县城买房。

如果结婚后住在村里面，结婚花费至少 20 万元，具体花费包括：建房五间（费用至少 12 万~13 万元）；购车一辆（至少小松花江面包车，价格在 3 万~4 万元）；婚礼（3 万~4 万元）；彩礼（现在不能低于 5 万元）（个案 A-3）。

一般情况，村里面娶个媳妇需要 4 万~5 万元，要房子的话就得多花 10 多万元。去县城买房需要 40 万~50 万元。彩礼一般 1 万~2 万元，办婚礼一般也得 1 万~2 万元（个案 A-10）。

大儿子 25 岁，初中毕业，去年冬天结婚，大儿媳老家是东北黑龙江的（23 岁）。大儿媳家没要彩礼，我们主动给大儿媳彩礼 1 万元。新房才花了 3 万元（结婚之前），盖了 5 年了，连在一起五间房。二儿子介绍的第二个对象是（本县）三道川的，今年年初刚谈的，她要（我们给买）在县城或（临县）沙城的楼，这个楼需要 55 万元左右。村里结婚的，彩礼一般 3 万~4 万元，婚礼酒席至少 1.5 万元，人多的 2 万元都不够，也要车（3万~4 万元），赖的车不要（个案 A-7）。

如果儿子现在结婚，楼房就得花 30 万~40 万元，还得在县城买。现在（结婚）时兴楼，（女方）要楼要车。车（价格为）5 万~6 万元一般的，也有 7 万~8 万元的。彩礼现在需要 2 万~3万元，也有的要 4 万~5 万元（个案 B-2）。

大孙子今年 31 岁了，属鼠，初中毕业，大孙子娶媳妇最贱（便宜）需要 10 多万元，还要车、要楼，都去本县城买楼，需要 40 万~50 万元（个案 B-5）。

在巨额的结婚花费面前，经济条件差并且父母无力承担的家庭也就不能够帮助儿子完成婚配。而能够帮助儿子完成婚配的父母，不仅在结婚的时候付出巨大的代价，而且在儿子结婚后还需要继续给予支持。对于结婚的前提条件买楼而言，父母不仅仅要帮助儿子出资支付买楼的首付款，而且需要协助成婚的儿子支付月供，甚至要协助成婚的儿子的日常生活开支。可以说，当地部分农村父母为了儿子结婚几乎付出了所有，承受着巨大的生活压力。

如果家庭条件好，父母也挣钱，攒钱可以先付首付（买楼），然后分期还。二儿子给他儿子（二孙子）买楼了，贷款买，还 25~26 年，一个月还 2000 多元钱，由二儿子、二儿媳两个人还，两人在北京打工（二儿子在厂里，二儿媳妇给打工单位打扫卫生），过年在家过 5~6 天。二孙子生活费都不够，冬天取暖费还得二儿子二儿媳管、给交（取暖费得 2000~3000 元）。二孙子是汽车修理工，给人家干活儿挣工资，二孙媳妇在家带孩子（重孙子满 2 岁）（个案 B-5）。

（二）20世纪80年代的结婚花费

田野调查表明，20 世纪 80 年代，C 县男性结婚花费在 700~3000 元，大多数结婚花费在 1500 元左右。这个结果要略低于问卷调查所显示的结果，主要原因在于田野调查时被访对象没有将建房费用视为结婚费用，被访对象所谈到的结婚费用一般仅包括彩礼和婚礼花费两项。而田野调查时被访对象没有将建房视为结婚花费的原因有两个，一个原因是当时结婚很多情况下是先结婚并与公婆同住，然后在婚后盖新房，另一个原因是女方没有要求要新房子。这说明当时结婚中新房要求并没有像当前那么严格。这也反映了时代变迁、社会变迁和经济发展背景下以儿子结婚花费为切入点的 C 县农村代际关系的变化。不过，按照当时的收入情况看，1000 多元的结婚花费也是很大的数目，它至少是一个全劳动力年纯收入的 10 倍以上，是一个拥有 3 个全劳动力家庭 5~6 年的纯收入。

> 20 岁结婚，彩礼 100~200 元钱，让父母买点儿吃的。没盖新房，也没办婚礼、酒席。村里过去人，领过来的，二里地走山路，走快点儿的话半小时。挎着包袱，里面就几件衣服。到向阳村，公公婆婆给两个零花钱 100 元，够花一年的，再给点儿粮食（个案 A-10）。
>
> 1986 年结婚，当时一共花了 1500 来元钱，那时候钱是钱（值钱）。彩礼给了 400 元钱，那时（女方）没有要新房子，剩下的钱都是买衣裳、买缝纫机和家具、办酒席，酒席办了四五桌

（个案 B-2）。

我 1980 年结婚，彩礼 350 元，丈夫娶我到家一共花了 800 元（个案 B-4）。

男，58 岁，属鸡，29 岁结婚。当时彩礼 330 元钱（最高 660 元，男方家庭好或女方条件差会多给）。媳妇来的第二年村里包产到户。生产队拉车一年 4000 分，一分一角钱，一年能挣 400 多元钱。刨掉吃的、口粮款，一个人只剩 70~80 元。吃个订婚饭，双方亲戚都请，200 元左右。结婚时办（喜）事 7~8 桌，一桌就得 110 多元钱。全部结婚费用需要 1200~1300 元（娶妻最多需要 3000 元，最少 700~800 元）（个案 B-8）。

（三）20世纪90年代的结婚花费

上文的问卷数据表明，20 世纪 90 年代 C 县农村男性的结婚花费（包括彩礼、婚礼和建房）在 2 万元上下。与 20 世纪 80 年代相比，C 县农村男性的结婚费用名义上（没有扣除物价因素影响）上升了超过 10 倍。田野调查说明，C 县男性娶云南、贵州和四川等地女性的花费一般为 1 万多元，而娶本地媳妇的费用要高于娶云南、贵州和四川的媳妇。

弟弟，属鼠，41 岁，结婚时年龄超过 25 岁，在当时属于晚婚，弟媳是贵州人。弟弟娶媳妇主要是路费和在贵州当地的花费，弟弟领回弟媳的总花销达到了 1 万多元，而当时（1998 年左右）娶本地媳妇需要的彩礼通常为 200 元，最多 500 元。本地媳妇比外省媳妇贵（结婚成本高）的原因是：关键还看家里条件，不仅仅看彩礼。十多年前，村里娶贵州媳妇需要花 1 万多元，都要找亲戚借，每个亲戚借几百元，（然后）在贵州待一个多月，打点招待贵州媳妇的亲戚，那边就不需要再给彩礼了（个案 A-2）。

（四）目前光棍娶丧偶或离异女性的婚姻花费

田野调查发现，C 县农村男性婚姻挤压严重的同时，女性在婚姻市场上的地位比较优越。丧偶或离异的本地农村女性和外地女性都能够获得当地失婚男性的青睐，当然，没有带未成年子女的丧偶女性或离异女性最受欢迎。显而易见，在 C 县农村婚姻市场上处于优势地位的离异女性或丧偶女性仍有较大本钱，失婚男性为了迎娶她们需要付出较大的代价。部分大龄未婚男性或失婚男性也在为娶一个离异女性或丧偶女性而辛苦攒钱。

（我）还想结婚，娶一个寡妇都得好几万元，最少 5 万元（个案 B-7）。

但是，也有不需要攒钱就能够获得与丧偶女性或离异女性结婚机会或入赘机会的情况。这种情况与未婚男性的收入情况密切相关，一般而言，未婚男性收入较好时才有可能获得这种机会。

去年之前，每年我都出去打工，2、3 月给人家做保安、看摊儿、看门儿，去北京、廊坊、宣化。今年，身体前些段（时间）不太好。每年收入 6000~7000 元，加上五保，够生活了。前几年有人给介绍对象，要求我去倒插门，没同意。她是县城的，小我四岁，家庭妇女，离婚，一个人，有五保，一个月 200来元。我自己的五保也 200 多元（个案 A-4）。

总体看来，C 县农村男性结婚花费比较多，有适婚而未婚男性的 C 县农村家庭面临着很大的经济压力。可以说，在 C 县农村，如果男性个体的个人经济条件或家庭经济条件比较差，该男性能够完成婚配的可能性就很低。这种低可能性不仅体现在新娘是初婚情形的情况，也体现在他们试图与丧偶或离异女性的婚姻结合上。

第四节 农村男性大龄未婚的影响因素

一 数据与方法

调查数据来自 2010 年 C 县农村调查，约 85% 被调查未婚男性的年龄大于 40 岁，接近 50% 的年龄超过 50 岁，年龄结构偏大（见表1-2）。这个结果与调查时点村落中 40 岁以下男性外出打工情况较多有直接关系，以被调查的 6 个村落为例，村中常住人口与户籍人口的比在 0.53~0.76（见表 3-21）。

表 3-21 部分调查村落的户籍人口和常住人口的数量（人）和比值

人口类型	村庄					
	GJY	LJY	MW	MMB	NC	YF
户籍人口(人)	848	536	378	923	1118	1300
常住人口(人)	450	320	280	700	750	700
常住/户籍	0.53	0.60	0.74	0.76	0.67	0.54

资料来源：2010 年 C 县农村调查。

研究方法主要采用基本描述统计分析方法和 Logistic 回归方法分析定量数据，使用内容分析方法研究质性访谈材料。使用 Logistic 回归模型来探究调查男性大龄未婚的影响因素。含有多个自变量的总体 Logistic 模型是：

$$P_r(y = y_i \mid x_1, x_2, x_3, \cdots, x_k) = \Phi(\beta_0 + \beta_1 x_1 + \beta_2 x_2 + \beta_3 x_3 + \cdots + \beta_k x_k)$$

当 y 是二分类变量时，回归模型是二元 Logistic 模型，Φ 是累积标准 logistic 分布函数，x_1，x_2，x_3，$\cdots$，x_k 是解释变量，β_1，β_2，β_3，$\cdots$，β_k 是解释变量的系数。

回归模型中发生比率（odds ratio）即 exp β，表明当自变量取值每增加一个单位时，属于该组的发生比率是属于参照组的发生比率的 exp β 倍。

二　比较

（一）个体素质

个体素质是未婚男性与已婚男性比较分析的重要方面，我们认为个体素质与人力资本具有相似的结构。经济学理论界定人力资本是蕴含于人身上的各种生产知识、劳动与管理技能以及健康素质的存量总和。本研究界定的个体素质也主要包括受教育程度、健康水平和技能状况三个方面。除此之外，本研究认为个体素质还包括被调查对象的沟通能力、穿着整洁程度和居住环境整洁程度。

受教育程度是个人素质的核心指标。调查数据显示，当地男性受教育程度偏低，90%以上没有接受过高中或中专以上教育。未婚男性的受教育程度显著低于已婚男性。小学及以下受教育程度的未婚男性比例高出已婚男性约 20 个百分点，而初中及以上受教育程度的已婚男性比例（37.9%）是未婚男性（17.1%）的 2 倍多。小学及以下比例，未婚男性超过 80%，而已婚男性仅为 62%。已有调查与本研究基本一致：安徽农村大龄未婚男性小学及以下、初中、高中的比例分别为 82.7%、15.2%、2.2%，而已婚男性则分别为 24.2%、63.7% 和 12.1%；河南农村大龄未婚男性受教育程度也较低。

健康是个体素质的基础，我们使用身体状况和劳动与自理能力两方面指标来衡量健康水平。未婚男性"身体健康"比例仅为 39.8%，较已婚男性低约 13 个百分点，而未婚男性"身体一般"、"不好，有慢性病"和"不好，有残疾"比例全部高于已婚男性，高出的比例分别约为 8 个、1 个和 4 个百分点。可以看出，同已婚男性相比，未婚男性身体状况明显较差。这个结果与已有研究基本一致。尽管未婚男性与已婚男性在身体状况比较方面具有显著差别，但是两者在劳动与自理能力方面的差别不明显，能自理能劳动的比例都在 86% 以上。不过，尽管大龄未婚男性不能自理、需人照料的比例不到 2.5%，但是这个比例也是已婚男性的 2 倍多。

除了受教育程度和健康水平以外，劳动技能是反映个人素质的重要指标。我们调查了当地男性除了种地以外的其他谋生技能，结果很明显，未婚男性的技能要全面弱于已婚男性（见表 3-22）。在木工、砖瓦工、开汽车、电焊、房屋装修、厨师以及其他技能等方面，未婚男性所掌握技能的比例全部低于已婚男性，甚至基本上都未超过已婚男性比例的一半。另外，尤其严重的是，接近 90% 的大龄未婚男性除了种地之外没有任何技能。数据还表明：未婚男性掌握的"其他"技能主要包括"烧锅炉"、"开摩托车"和"修剪果树"等。已婚男性的"其他"技能除了"烧锅炉"、"开摩托车"和"修剪果树"之外，还包括"司机"、"乡村医生"、"扎纸"、"会计"、"电工"、"修车"、"做香"、"开诊所"和"开天车"等。技能是生存和生活的根本，大龄未婚男性的技能劣势不但影响了自身生存和生活质量，很可能也是其婚姻市场竞争失败的关键原因之一。

表 3-22　除种地以外的技能占比

单位：%

技能	未婚男性	已婚男性
木工	0.62	4.21
砖瓦工	0.93	2.11
开汽车	1.86	3.51
电焊	1.24	5.26
房屋装修	1.24	1.40
厨师	0.93	1.40

续表

技能	未婚男性	已婚男性
没有	89.13	1.05
其他	4.05	81.06
合计	100	100

资料来源：2010 年 C 县农村调查。

　　沟通能力是个体社会交往的基础，我国具有明显的"关系社会"特点，沟通能力可以视为经营"关系"的基本能力，沟通能力状况不仅对于个体生存发展具有重要意义，对于男性婚配结果也有重要影响。我们通过调查员直接观察和评价来获得被调查男性的沟通能力。结果表明，未婚男性沟通能力"一般"及以下的比例超过50%，其中，"不好"和"很不好"分别占到大约10%和4%，而已婚男性的比例均为0。已婚男性沟通能力为"很好"的比例接近50%，而未婚男性的比例不到7%。未婚男性沟通能力明显低于已婚男性。婚姻缺失对未婚男性的日常生活和社会交往会有很大的负面影响，尤其是部分大龄未婚男性长期游离于婚姻生活之外，其思维方式、沟通方式与能力不能与已婚男性相提并论。

　　个体穿着整洁程度和居住环境整洁程度也能够部分反映个体的生活自理能力，一定程度上它能够反映个体素质。未婚男性和已婚男性的居住环境也存在明显区别，未婚男性居住环境整洁程度显著低于已婚男性。从"整洁"和"很整洁"的合计比例看，未婚和已婚男性分别为16%和66%；从"不整洁"和"很不整洁"的合计比例看，未婚和已婚男性则分别为44%和7%。我们认为居住环境差异主要是婚姻状态不同所导致的结果，因为在当地农村，家务主要由女性操持。个人穿着整洁程度同样是已婚男性明显优于未婚男性。从"整洁"和"很整洁"的合计比例看，未婚和已婚男性分别为13%和35%；从"不整洁"和"很不整洁"的合计比例看，未婚和已婚男性则分别为42%和12%。

（二）职业与流动

当地农村，接近60%男性有外出务工经历。未婚男性和已婚男性所从事职业及比例没有表现出明显差别，其主要原因是二者职业为务农的比例均为85%左右，二者职业为打工的比例也比较接近，均在7%~8%（见表3-23）。但是，已婚男性从事较高社会地位和经济收入职业的比例通常高过未婚男性，比如未婚男性和已婚男性职业为村干部和乡镇干部的比例分别为0.62%、0%和1.05%、0.35%，工人、教师/医生的比例分别为0.31%、0%和1.05%、1.05%。另外，未婚男性"待业/家务"的比例是已婚男性的2倍多。

表3-23 职业占比

单位：%

职业	未婚男性	已婚男性
务农	86.34	85.61
养殖	0.31	0.71
打工	7.14	7.72
待业/家务	4.97	2.11
个体户	0.00	0.35
村干部	0.62	1.05
乡镇干部	0.00	0.35
工人	0.31	1.05
教师/医生	0.00	1.05
其他	0.31	0.00
合计	100	100

资料来源：2010年C县农村调查。

未婚男性和已婚男性工作状况也未表现出显著差别。全日工作的比例均超过60%，已婚男性略高过未婚男性。部分工作的比例均在25%左右。不工作比例均在10%左右，未婚男性略高过已婚男性。未婚男性和已婚男性的打工状况存在明显差别。未婚男性曾经或正在打工的比例为47.2%，已婚男性则为38.6%，未婚男性的打工比例高出已婚男性约 10 个百分点。这样的结果可能与婚姻状态有关，即已婚男性婚后为了更好地照顾家庭而更多在家劳动生活，未婚男性则由于没有婚姻和小家庭的羁绊，或为寻求本地域之外的配偶而离开居住地打工。

从打工地点看，未婚男性和已婚男性之间同样存在明显差别。总的看来，未婚男性打工地点范围更广，打工地点离家更远。未婚男性去外省打工的比例接近 80%，已婚男性不到 65%。在本镇/乡和本县打工的比例，已婚男性达到 25.14%，未婚男性仅为 10.59%（见表 3-24）。这可能表明，已婚男性为了兼顾家庭与工作而更多地选择在家附近打工，而未婚男性则相对更少受到家庭责任的束缚，从而能够更多地去更远距离地方打工。

表 3-24　打工地点占比

单位：%

打工地点	未婚男性	已婚男性
本村	0.59	0.57
本镇/乡	6.47	8.57
本县	4.12	16.57
本市	7.65	8.00
本省	1.76	2.86
外省	79.41	63.43
合计	100	100

资料来源：2010 年 C 县农村调查。

（三）收入来源与收入水平

个体及家庭经济条件差是男性大龄未婚、失婚的重要原因。收入比较主要包括以下几个方面：家庭年收入、是否有存款、是否有负债、住房结构和家庭经济条件自评。未婚男性的家庭年收入明显低于已婚男性。已婚男性的家庭年收入均值为 8492.9 元，未婚男性家庭年收入平均为 4886 元。安徽农村的调查表明，未婚男性与已婚男性年收入的差别更大，均值分别为 3719 元和 15105 元（李艳、李树茁、彭邕，2009）。

调查地农村已婚男性与未婚男性的收入来源有明显差别，已婚男性收入来源为"粮食种植"、"养殖"和"办厂或开店"的比例均高过未婚男性，但未婚男性的收入来源为"打工"和"其他"两项的高过已婚男性（见表 3-25）。"其他"收入来源则主要包括国家低保、五保、民政救济和兄弟姐妹资助。

表 3-25　收入来源占比

单位：%

收入来源	未婚男性	已婚男性
粮食种植	73.92	78.53
养殖	0.62	2.11
打工	12.42	12.32
办厂或开店	0.00	0.35
其他	13.04	6.69
合计	100	100

资料来源：2010 年 C 县农村调查。

在当地农村，家庭的住房类型通常能够直接反映住房状况及家庭经济条件。住房类型包括土房、土砖房和砖瓦房三类。57% 的未婚男性的家庭住房为土房，近 83% 未婚男性的家庭住房为土房或土砖房。而已婚男性住房为土砖房和砖瓦房的比例合计 50.33%。未婚男性的家庭住房结构明显较差。存款和负债方面，未婚男性和已婚男性的差别非常显著。未婚男性没有存款的比例高达 85.7%，而已婚男性没有存款的只有 38.2%。未婚男性有负债的比例为 27.6%，而已婚男性有负债的比例仅为 10.5%。未婚男性的存款负债状况较已婚男性差，表现出存款相对少而负债相对多的特征。与已婚男性比较，未婚男性有存款的比例少47个百分点，有负债的比例多17个百分点。与负债差别相比，两者在存款上的差别更明显。家庭经济条件差异也很明显，未婚男性自评要显著低于已婚男性。未婚男性的家庭经济条件自评"低于平均水平"的比例高达75%，而已婚男性仅为50%。未婚与已婚男性家庭经济条件自评为"平均水平"的比例则分别为23%和46%。

三 男性失婚的因素

上述发现与已有研究基本一致：大龄未婚男性在个体素质、工作和经济条件等总体状况方面要明显劣于已婚男性。不过，这些显著差别都是调查时点的情况，我们认为大龄男性当前的未婚状态更多地由他们适婚年龄时的个体素质、家庭经济条件和地区经济状况所决定。

除了当前的个体素质、职业工作和经济状况与当地农村男性是否处于大龄未婚状态有直接关系之外，在冀西北山区经济发展落后、地理环境相对闭塞、适龄女性婚姻外迁情况明显的宏观地理人口社会经济大背景下，农村男性在适婚年龄时的家庭经济状况和个体素质情况是决定他们能否结婚的关键影响因素。因此，我们设定 Logistic 回归模型来验证这个假设。

1980 年新婚姻法实施后，男性法定结婚年龄为 22 岁，考虑到正式结婚前的议婚阶段所占据的时间，我们调查了当地农村男性在 20 岁时候的家庭经济条件在所在村落中的水平。变量设定见表 3-26。

表 3-26　主要变量的描述性统计

变量	描述	均值	标准差	最大值	最小值
是否未婚	0 = 否，1 = 是	0.530	0.499	0	1
个体素质					
年龄组	0 = 39 岁及以下，1 = 40 ~ 49 岁，2 = 50 ~ 59 岁，3 = 60 岁及以上	1.506	0.937	0	3

变量	描述	均值	标准差	最大值	最小值
教育程度	0=未上过学,1=小学,2=初中,3=高中或中专及以上	1.049	0.765	0	2
健康状况	0=健康,1=一般,2=不好,有慢性病,3=不好,有残疾	0.871	0.877	0	2
自理状况	0=能自理,能劳动;1=能自理,不能劳动;2=不能自理	0.1450	0.401	0	2
沟通能力	0=很好,1=好,2=一般,3=不好,4=很不好	1.470	0.861	0	4
环境整洁	0=很整洁,1=整洁,2=一般,3=不整洁,4=很不整洁	2.062	0.842	0	4
穿着整洁	0=很整洁,1=整洁,2=一般,3=不整洁,4=很不整洁	2.107	0.846	0	4
工作流动					
职业	0=务农;1=非农职业	0.127	0.333	0	1
工作	0=全日工作,1=部分工作,2=不工作	0.450	0.671	0	2
打工	0=曾外出打工,1=未外出打工	0.432	0.496	0	1
经济状况					
家庭年收入	ln 值	6.575	7.411	0	60
存款	0=有存款,1=无存款	0.884	0.321	0	1
负债	0=无欠债,1=有欠债	0.356	0.479	0	1
20 岁时家庭经济条件	0=高于全村平均水平,1=平均水平,2=低于平均水平	1.527	0.579	0	2

资料来源:2010 年 C 县农村调查。

　　回归模型结果（见表 3-27）表明:在控制了其他变量情况下,个体素质和经济条件对于该地区农村男性大龄未婚状态的影响显著。个体素质中,健康状况、沟通能力和居住环境整洁程度对于男性是否大龄未婚有显著影响,健康越差、沟通能力越弱、居住环境越不整洁的男性处于大龄未婚状态的可能性越大。

　　经济条件对男性是否处于大龄未婚状态的影响最为明显,无存款、20 岁时家庭经济条件处在"低于村平均水平"的男性处于大龄未婚状态的可能性越大。这可能表明了在调查时点已经存在的大龄未婚男性之所以失婚和他们在适婚年龄时的家庭经济条件关系很大。

表 3-27　影响男性是否大龄未婚因素的 Logistic 回归模型

	Odds Ratio	Std. Err.	P>|z|
个体素质			
年龄组	1.521828	0.573521	0.265
教育程度	2.029182	0.966142	0.137
健康状况	0.33959	0.144174	0.011
自理水平	1.099829	0.955729	0.913
沟通能力	2.963095	1.036827	0.002
居住环境整洁	3.239743	1.348995	0.005
职业、工作和打工			
职业	0.346014	0.294664	0.213
工作	0.773517	0.465459	0.67
打工	0.718295	0.477212	0.618
经济条件			
家庭年收入	1.025956	0.466762	0.955
存款	8.179536	5.008743	0.001
欠款	2.226772	1.829824	0.330
20 岁时家庭经济条件	17.08377	9.447296	0.000
Number of obs	345		
LR chi2(7)	132.42		
Log likelihood	−47.039499		
Prob>chi2	0.0000		
Pseudo R2	0.5846		

注：个人穿着整洁变量因共线性被模型剔除。数据来自 2010 年 C 县农村调查。

四　结语

调查分析发现，与已婚男性相比，未婚男性在个体素质、工作职业和经济条件等各方面均存在明显劣势。一是个体素质方面。未婚男性的健康水平、受教育程度、技能、沟通能力、个人穿着整洁程度和居住环境整洁程度都明显低于已婚男性，仅在劳动/自理能力方面与已婚男性没有明显差别。二是职业与流动行为方面。未婚男性从事较高社会声望和经济收入职业的比例还是低于已婚男性。未婚男性曾经打工或正在打工的比例低于已婚男性，但打工范围要较已婚男性更广。三是经济条件方面。未婚男性的劣势更为明显，无论是个人收入还是家庭收入，未婚男性都只占到已婚男性的一半多一点。未婚男性的收入来源为"国家低保、五保、民政救济和兄弟姐妹资助"的比例也明显较多，并且有负债的比例更大而有存款的比例更小。大龄未婚男性对于家庭经济条件的自我评价也更差。

回归分析表明，个体素质和经济条件对于 C 县农村男性大龄未婚状态的影响显著。健康状况越差、沟通能力越不好、居住环境整洁程度越差的男性处于大龄未婚状态的可能性越大。无存款、20 岁时家庭经济条件处在"低于村平均水平"的男性处于大龄未婚状态的可能性越大。农村大龄未婚男性在个体素质和经济条件等诸多方面的全面弱势是他们处于大龄未婚状态的重要原因，也是他们生活压力大的根源。

本节的不足之处在于，对于 C 县农村男性失婚影响因素的分析主要考量了个体素质和条件的影响，对家庭因素的影响的分析比较薄弱，仅仅从家庭年收入和 20 岁时家庭经济条件这两个变量来观察和测量。实际上，其他家庭成员（包括父母和兄弟姐妹）的通婚圈、社会关系和经济条件也会对婚配困难男性的婚姻行为产生重要影响。只不过，笔者认为，一般而言，在 C 县农村这个生活场域内，绝大部分择偶与婚配行为的结果受到个体综合条件和家庭经济状况影响的分量更重。

第五节　小结与讨论

本章关注的焦点是贫困地区农村男性婚配困难的表现。我们将男

103

性婚配困难分为三种情况：大龄未婚的比例、议婚行为状况和结婚花费状况。

首先，全国农村男性大龄未婚情况很严重，并且比城镇和城市情况更严重；C县农村的男性大龄未婚比例要高于全国农村平均水平，C县农村男性大龄未婚问题更为严重。

其次，C县农村大龄未婚男性严重缺乏议婚机会，自主谈对象、被介绍谈对象和被介绍入赘的机会都很少，而且中老年大龄未婚男性的议婚行为呈现议婚意愿明显强于议婚准备的特征。议婚行为是完成婚配的前奏，而议婚机会又是议婚行为的前提。C县农村大龄未婚男性严重缺乏议婚机会的现实是他们面临严重婚配困难的直接表现。

再次，C县农村已婚男性及其已婚儿子的结婚花费（包括彩礼、建房购房和婚礼等）在迅速提高，儿子结婚花费的不断攀升远远超过了C县农村家庭收入增长情况，成为当地农村家庭一项沉重的经济负担。

最后，为了儿子的婚姻与家庭幸福，部分父母不但在儿子结婚事务上提供全力资金支持，甚至为了儿子婚后的家庭稳定而继续提供长期生活资金支持，这些父母面临着沉重的经济负担和生活压力。

本章还使用2010年C县农村调查数据，运用了回归模型分析了影响男性大龄未婚的影响因素，模型结果说明：除了地区贫困之外，个体素质和经济条件对于C县农村男性大龄未婚状态的影响显著，C县农村大龄未婚男性在个体素质和经济条件等诸多方面的全面弱势是他们处于大龄未婚状态的重要原因，也是他们生活压力大的根源。

第四章　农村通婚圈变动对男性婚配的影响

第一节　通婚圈的性别差异化变动加重村落男性婚配困难

一　研究假设与分析方法

20 世纪 80 年代农村改革之前，二元户籍壁垒森严，人口流动较少，农民内部同质性较高，农村通婚圈比较稳定，通婚区域固定在村落内部及附近农村。80 年代之后，农村剩余劳动力获得了向城市转移的机会，人口流动的增加促进了农村通婚圈的扩大，由于女性更具婚姻迁移优势，女性通婚圈扩大趋势也更为明显。而农村男性受城市户籍、住房、就业和社会保障等条件制约更大，尤其是农村贫困地区男性很难将通婚圈扩大到城市。

据此，本书假设：一是农村贫困地区女性外嫁增多、通婚圈扩大，而男性与本地女性缔结婚姻的机会减少、婚配困难加剧；二是农村贫困地区女性适时婚配、通婚圈扩大，本地适婚女性短缺导致男性被迫扩大择偶空间范围、晚婚下的通婚圈扩大，出现招赘婚和一些非常规婚姻形式；三是农村贫困地区通婚圈的性别差异性变动加剧了男性婚配困难，不同条件男性的通婚圈和婚姻结果有着不同变动：条件较好男性的通婚圈能够保持不变，不存在婚姻困难问题；条件一般男性的通婚圈被迫扩大，他们在更大范围内寻找婚姻机会，存在一定的婚姻困难；条件最差男性的通婚圈缩小，大龄未婚、晚婚和不婚情形较多，婚姻困难问题最严重。

本书利用 2010 年冀西北山区 C 县问卷调查数据和 2012 年 C 县田野调查资料，采用队列分析、阶层分析等技术和内容分析方法对当地通婚圈变动与男性大龄未婚问题进行基本描述、比较分析和影响机制探查。

二 问卷调查及田野访谈概况

（一）问卷调查

问卷数据来自 2010 年 9 月对河北省西北部的 C 县的实地调查。在调查时点，当地大部分比较年轻的男性劳动力正外出打工，因此问卷调查到的男性年龄结构偏大，超过 85% 年龄大于 40 岁，年龄大于 60 岁的比例达到 16.5%。被调查的未婚男性和已婚男性年龄结构基本相同（见表 1-2）。本书的首要目的是考察农村通婚圈的变动情况，因此问卷调查除了收集已婚男性的配偶来源地之外，也收集了所有被调查男性的兄弟姐妹的通婚圈情况。同被调查男性年龄结构相似，年龄较轻的兄弟姐妹的占比较低（仅占 14%）。同时，被调查男性的兄弟和姐妹的年龄构成也比较相似，年龄在 29 岁及以下的比例均不到 3%，30~39 岁的比例都接近 12%，40~49 岁的比例均在 40% 左右，50~59 岁的比例均在 30% 左右，60 岁及以上的比例均在 15% 左右。问卷调查在年龄构成上存在缺陷，它只能代表 40 岁及以上中老年人口的通婚圈。因此，为了弥补这个缺陷，笔者于 2012 年秋季对 C 县连续进行了两次田野调查。

（二）田野调查

2012 年 9 月下旬和 10 月中旬，笔者在 C 县进行了两次田野调查，与县、乡镇和村干部，各年龄段男女村民进行多次访谈。第一次调查时，笔者在靠近 BJ 市 YQ 县的 HC 镇和 DE 镇各选择了两个村，主要目的在于考察这个地区农村女性人口是否存在向北京的婚姻迁移，如果存在，变动趋势如何，对当地男性的通婚圈变动以及婚配困难有何影响。第二次调查时，笔者选择了位于 C 县中北部的 YZ 乡和最北部的 DSK 镇，从每个乡镇也各选取两个村进行田野调查，第二次调查的主要目的是观察该县农村是否存在从北向南的婚姻流向特征。也就是说，该县南部更接近 BJ 郊县 YQ，越靠近北部的乡镇则越远离 BJ，笔者猜想该县农村的婚姻流动可能会呈现这样一种趋势：由于靠近 BJ 的最南部农村适婚女性向 BJ 迁移，北部和中部农村的适婚女性婚姻资源将发生向南部递补式的流动，可能由此导致北部和中部农村男性的婚配困难加大。

三　男性婚配困难概况

（一）问卷调查数据所显示的男性婚配困难概况

2010 年 C 县 16 个村落问卷调查对村落中所有在家的大龄未婚男性进行了普查，被调查村落的户籍人口最少的约有 370 人，最多的约有 1600 人，中位数在 800 人左右。结果发现：在全部 16 个被调查村落中，有 1 个村的大龄未婚男性数量超过 30 人，有 8 个村的大龄未婚男性数量在 20~29 人，有 6 个村的大龄未婚男性数量在 10~19 人，只有 1 个村的大龄未婚男性数量不到 10 人（见表 3-2）。由此可见，C 县农村男性婚配困难问题比较突出。

（二）田野调查概况

两次田野调查分别收集了 C 县由南向北的 4 个乡镇（分别是 HC 镇、DE 镇、YZ 乡和 DSK 镇）的 8 个村落（董家沟村、里长沟村、向阳村、王良堡村、云州村、三山村、独石口村和青羊沟村）的资料。

HC 镇。董家沟村毗邻北京市 YQ 县，距离镇政府 3.8 公里，下辖 7 个自然村，372 户 1115 人，享受最低生活保障 56 人。女性外嫁和男性外娶的情况都比较多。外省媳妇和大龄未婚男性均有 20 余人，其中，有残疾的大龄未婚男性为 5 人，其余年龄为 30~40 岁、41~50 岁的各 10 余人。除了外嫁北京的延庆、昌平等县外，村里女性嫁给外省的情况也比较多，包括山东、河南、安徽、陕西和山西。男性主要通过在北京打工期间结识并婚娶全国各地的适婚女性，但外来妻子以来自经济较落后省区居多。里长沟村位于 HC 镇西南部，距离镇政府 8.5 公里，下辖 6 个自然村，222 户 579 人，享受最低生活保障 35 人。该村地处深山，自然村分散，人口老化，村落萧条和落败，女性几乎全部外嫁，男性很难娶进来外村媳妇。由于地理环境闭塞，人口不断外迁，村落逐渐萎缩和消失，留在村里的绝大部分是老弱妇残，很多自然村（山顶的几户人家）都搬迁下山来，有的就租住山下常年外出打工不归家庭的住房。男性外出打工多，回来多，打光棍也多，光棍与已婚的兄弟子侄同住，帮助干活挣钱，同时获得生活照料，光棍老了以后可以获得基本生活保障，亲属给治一般的小病，新农村合作医疗保险也能够负担部分医疗费用。

DE 镇。向阳村位于 DE 镇西南部，距离镇政府 5 公里，全村 305 户 880 人。全村有 50 多个光棍，村主任在 36 岁的时候（1998 年）跟随熟人去贵州"买"（娶）来妻子，据他所称，当时仅去程就包括了 40 多个小时火车和 8 小时汽车。村里的贵州妻子较多，而且贵州妻子之间基本上都有亲朋网络关系。村里仅 30 多岁的男性就仍有 10 来个人从未结婚。村里缺乏生活生产用水和地理位置偏僻是吸引不到外来女性嫁入的关键原因。由于光棍数量比较多，很多年老的光棍不情愿地住进了镇里的养老院，不情愿的主要原因是"感到不自由"。王良堡村位于雕鹗镇西北部，距镇政府 5 公里，全村 222 户 630 人。村落处在连接 C 县和 BJ 的省级公路旁边，公路建成之后，村里的光棍数量明显减少，外来媳妇逐渐增多，她们主要来自吉林、四川、贵州、安徽、河南、山东、甘肃、陕西和山西等省区，本村女性也大部分外嫁。一对贵州姐妹都嫁入该村，然后姐妹俩的母亲在丧偶后也投奔两个女儿嫁来这个村。村中有男性打光棍到五六十岁后，娶到丧偶或离异女性的情况，老妻少夫情况不少见。村中离婚、丧偶女性都不会剩下，而且彩礼不比初婚新娘少很多，光棍是迎娶她们的主力军。

HC 镇和 DE 镇初步总结。四个村具有相同点，都属于比较靠近北京的经济发展落后山区。四个村的不同点在于：董家沟村外嫁外娶都比较多但光棍较少，里长沟村外嫁很多而外娶几乎没有，且光棍很多，向阳村外嫁外娶都比较多且光棍也比较多，王良堡村外嫁多外娶多但光棍较少。虽然均属山区且经济发展水平都比较落后，但是否远离公路、是否接近北京或 C 县县城、是否缺水等地理自然及交通因素是四个村通婚圈变动和男性婚配困难情况不同的关键原因。

YZ 乡。YZ 村距离乡政府 2.5 公里，全村共有 2262 人，光棍共有 30 多个，男性中约 30% 是光棍。20 多岁的已婚男性中，50% 的妻子来自本村，30% 来自邻县沽源。村里有福利院，部分光棍是五保户，一个月 20 元零花钱，每天 10 元伙食费。每年光棍汉的费用 3 万~4 万元。目前，本村适婚女性 10% 嫁入本村，30%~50% 嫁入北京的延庆或昌平。20 世纪 90 年代初本村女性外嫁外省开始增多，20 世纪六七十年代嫁到临县怀来、沙城等地区的女性较多。三山村共有村民 170 户 524 人。20 世纪 70 年代，女性 70% 嫁给本村，其他嫁给邻村，很少外嫁外县、外市或外省。近年，本村外嫁内蒙古的女性有几个，嫁给本村的情况已经很少了。大龄未婚男性年龄分布是：30~39 岁的有 4 人（其中 1 人残疾），40~49 岁的有 10 人，50~59 岁的有 10 人，60 岁及以上的有 3 人。外省妻子年龄分布是 20~29 岁年龄段来自山东的 3 人、来自内蒙古的 1 人，30 岁及以上的当地已婚男性不存在有外省妻子的情况。

DSK 镇。独石口村有 4 个自然村，共 553 户 924 人。大龄未婚男性的年龄分布是：60 岁及以上的有七八人，50~59 岁的有十一二人，40~49 岁的有 6~7 人，30~39 岁的有 10 多人。全村女性残疾的有 5~6 人，除了脑瘫的，其余全部嫁人了。村里有重庆、湖北和河南等外地妻子，最早的一批是 20 世纪 90 年代初嫁过来的（湖北和重庆），2000~2009 年有河南女性嫁入。20 世纪 90 年代，娶外省妻子的基本上都是家庭条件在村里处于较差水平的男性。青羊沟村，全村共有 185 户 494 人，属于满族聚居村。全村光棍有 20 多个。以前妻子来自附近，现在妻子都是外面务工带来，基本上去 C 县县城（或去临县沙城、怀来）买房结婚。本地妻子要车、要房、要钱比较多，主要通过介绍完婚；外地妻子要车、要房、要钱相对少，主要通过自由恋爱完婚。

YZ 乡和 DSK 镇初步总结。四个村具有相同点，都属于更加远离北京、经济发展更为落后的山区，与 HC 镇和 DE 镇相比，男性婚配困难问题更为严重。DSK 村和 YZ 村同为乡镇政府所在地，经济相对发达，吸引周边人口前来集聚，因此男性婚配困难问题相对缓和。青羊沟村位处深山，人口外迁明显，村落人口规模持续缩减，男性婚配困难问题最大。三山村则位处乡级和县级公路边上，交通相对便利，村民外出务工更为方便，经济因之相对发达，因此男性婚配困难问题也相对缓和。

四　通婚圈变动与男性婚配困难的关系

问卷通过记录被调查对象的配偶来源地来测量通婚圈，配偶来源地分为本村、本乡、本县、本市、本省和外省共六层①。本书将初婚年代分为 1980 年之前、1980~1989 年、1990~1999 年和 2000~2010

---

① 注：为简化起见，"本村"代表"本村和本社区"，"本乡"代表"本乡镇"，"本县"代表"县级层次的县、市和区"，"本市"代表"地级层次的市、地区和自治州等"，"本省"代表"省级层次的省、自治区和直辖市"。每一圈层既不包含更靠内的所有圈层，又不包括更靠外的所有圈层，比如，"本乡"代表"不包括本村的本乡其他村"，"本县"代表"不包括本乡的本县其他乡"。

年四类。

随着初婚年代的后移,当地男性通婚圈明显扩大。比如,配偶来自外省的比例在四个初婚年代分别为0%、3.54%、10.53%和15.69%。如果将配偶来自本村和本乡镇界定为近距离通婚圈、将配偶来自本县和本市界定为中距离通婚圈、将配偶来自本省和外省界定为远距离通婚圈,那么当地女性近距离通婚圈由1980年之前的59.84%降低到34.28%,中距离通婚圈由36.62%增加到54.29%,远距离通婚圈由3.54%增加到11.42%(见表2-11)。当地男性近距离通婚圈由1980年之前的57.96%降低到43.14%,中距离通婚圈由39.77%降低到31.38%,远距离通婚圈由2.27%增加到25.49%(见表2-10)。概括而言,相同之处在于,当地男性和女性的通婚圈都呈扩大趋势,男性和女性近距离通婚圈占比都在缩小而远距离通婚圈占比都在扩大;不同之处在于,男性通婚圈扩大更主要体现在远距离通婚占比的增加,女性通婚圈扩大在中、远距离通婚占比都在增加。这种情况基本印证了前文的假设:农村贫困地区,女性适时婚配,通婚圈扩大,本地适婚女性短缺导致男性被迫扩大择偶空间范围而通婚圈扩大。

表4-1是通婚圈变动与男性大龄未婚之间关系的Ordinary Probit模型结果。模型1考察了当地男性通婚圈变动对男性婚姻困难(未婚的结果)的影响,模型2则考察了当地女性通婚圈变动的影响,模型3考察两性总体通婚圈变动的影响。

构建该回归模型主要是基于探索性目的。因为现有研究并没有理论上或实证上分析通婚圈变动与男性大龄未婚之间的关系,而笔者的研究假设是猜测通婚圈变动会对当地农村男性的失婚或大龄未婚有影响,所以构建了以通婚圈和初婚年代为解释变量的回归模型,以探索通婚圈变动与男性婚配困难(失婚或大龄未婚)之间的关系。

就男性而言,与配偶来自本村的情况相比,唯有配偶来自本市时，当地男性未婚的可能性明显减小；就女性而言，与配偶来自本村的情况相比，唯有配偶来自本县时，当地男性未婚的可能性有一定减小。模型3考察了两性总体通婚圈变动对男性婚配困难的影响，通婚圈为本县和本市时具有显著性，说明通婚圈在本县或本市范围时，男性未婚的可能性要低于通婚圈在本村的情况。如果忽略解释变量显著性情况，我们可以发现当地男性和女性的通婚圈局限于本市范围内的中、近距离时，当地男性未婚的可能性减小，而通婚圈扩展到本省和外省时，当地男性未婚的可能性在增大。需要说明的是，回归模型未能够有力证明通婚圈变动与男性婚配困难之间的关系，笔者认为主要原因在于调查数据的最初目的不是服务于本书的需要。

表4-1 通婚圈变动与男性大龄未婚之间关系的 Ordinary Probit 模型估计结果

分类	模型 1 男性通婚圈变动影响		模型 2 女性通婚圈变动影响		模型 3 通婚圈变动的影响	
	系数	标准误	系数	标准误	系数	标准误
通婚圈(本村)						
本乡	-0.086	0.140	-0.070	0.131	-0.074	0.095
本县	-0.178	0.143	-0.246^+	0.141	-0.215^*	0.100
本市	-0.673^{**}	0.216	-0.212	0.145	-0.331^{**}	0.116
本省	0.065	0.356	0.154	0.345	0.114	0.247
外省	0.051	0.261	-0.244	0.252	-0.085	0.180
初婚年代(1980 年之前)						
1980~1989 年	-0.026	0.132	-0.103	0.108	-0.069	0.083
1990~1999 年	0.096	0.148	-0.013	0.141	0.045	0.101
2000~2010 年	-0.036	0.208	-0.297	0.227	-0.158	0.151
常数项	0.137	0.126	0.183	0.116	0.162	0.085
Number of obs	558		704		1262	
Wald chi2(8)	12.01		8.07		14.04	
Prob>chi2	0.1508		0.4271		0.0807	
Pseudo R2	0.0160		0.0082		0.0081	
Log pseudo likelihood	-380.461		-483.978		-867.598	

注：男性通婚圈和女性通婚圈的被调查对象均为被调查男性（未婚和已婚）的兄弟姐妹；因变量为婚姻状态（0＝曾婚；1＝未婚）。**、*分别表示 5%、10% 显著性水平。

五　结语

本节描述了当地通婚圈变动趋势及男性婚配困难状况并探究了两者之间的联系。结果发现：女性村内婚显著减少而远距离外嫁明显增多，向更发达南部地区婚姻迁移的特征突出；男性婚配困难增大，部分条件较好的中青年男性通过进城务工寻找结婚对象以解决婚配问题，部分条件较差的中老年男性远赴云、贵、川、黔等西南地区"买"回妻子；山区人口从山上向山下、从乡村向县城的迁移加快，山上村落人口规模萎缩，中老年大龄未婚男性沉淀其中，山下部分交通便利村落中的中老年大龄未婚男性通过与离婚或丧偶女性结婚解决婚配问题。农村通婚圈变动的总体特点是女性主动扩大与男性被动扩大并存，而男性婚配困难程度加大。

农村贫困地区男性婚配困难问题深受社会制度变迁的影响，社会结构与制度变迁同样是通婚圈变动的背后推力。社会转型过程中，不同性别农村劳动力转移的不同归宿直接影响着婚配方式。改革开放以前，农村经济发展水平差异不大，农村女性通婚圈比较稳定，男性婚配困难问题不太突出。改革开放以后，农村人口迁移流动行为增多，地区之间和农村内部经济发展水平拉开距离。农村贫困地区女性择偶空间大大扩展，女性通婚圈扩大，男性通婚圈基本不变或相对缩小，男性婚配困难问题开始严重起来。农村贫困地区多集中在"老、少、边、山"等自然地理及交通条件较差的地方，女性向更发达农村地区和城市的婚姻梯度转移明显，通婚圈扩大，农村贫困地区适婚女性减少，男性婚配困难问题加剧。当前农村贫困地区男性婚配困难问题主要是劳动力转移的不同特征所导致的通婚圈变动的后果。计划生育政策实行之后，随着出生性别比升高后出生的人口逐渐进入婚龄阶段，农村贫困地区男性婚配困难问题将会更加复杂。

第二节　通婚圈变动加深村落男性婚姻困境的多种表现

男性婚配困难有多种表现，初婚年龄推迟和大龄未婚是比较典型的两个。以下以 2013 年 C 县农村调查数据为基础，采用描述性分析和回归模型分析两种方法，分别研究通婚圈变动对当地男性初婚年龄变化和大龄未婚状态的影响。

一　通婚圈变动显著提高村落男性初婚年龄

随着通婚圈的扩大，C 县农村男性的初婚年龄均值在增加。当通婚圈在本市范围以内时，C 县农村男性的平均初婚年龄低于 25 岁，而当通婚圈为本省和外省时，C 县农村男性的平均初婚年龄达到 26.5 岁。特别是当通婚圈为外省时，平均初婚年龄达到了 29.3 岁（见表 4-2）。

表 4-2　C 县农村分通婚圈的男性平均初婚年龄

通婚圈	均值（岁）	标准差（岁）	最小值（岁）	最大值（岁）	样本数（人）
本村	24.5	4.75	19	50	100
本乡	24.2	5.34	17	48	60
本县	24.7	5.60	15	59	75
本市	23.5	3.07	20	31	13
本省	26.5	3.54	24	29	2
外省	29.3	8.01	22	51	15

资料来源：2013 年冀西北 C 县调查。

男性的配偶来自本省或外省的远距离通婚明显提高了男性平均初婚年龄，这个事实能够在一定程度上证明：C 县农村男性在面临婚配困难的情况下，被迫扩大择偶范围、推迟初婚时间、在更广阔的地理范围和更大的婚姻市场上寻找配偶，最终导致了配偶为本省或外省的远距离通婚明显增加。另外，通婚圈为本村、本乡、本县和外省情况时，C 县农村男性初婚年龄的最大值均达到或超过了 48 岁（见表4-2），这也都表明了当地男性婚配困难的状况——部分婚配困难男性直到 50 岁左右才获得完成婚配的机会。

从上述描述性分析结果中，我们认为通婚圈与男性初婚年龄之间具有正向相关关系，通婚圈的扩大提高了男性平均初婚年龄。为了检验这个假设，以下通过构建回归模型进行分析。

使用 Ordinary Probit Model 来分析通婚圈变动对男性平均初婚年龄的影响。含有多个自变量的总体 Probit 模型是：

$$P_r(y = y_i \mid x_1, x_2, x_3, \cdots, x_k) = \Phi(\beta_0 + \beta_1 x_1 + \beta_2 x_2 + \beta_3 x_3 + \cdots + \beta_k x_k)$$

其中，y 是被解释变量，当 y 是序次变量时回归模型是 Ordinary Probit 模型，Φ 是累积标准正态分布函数，x_1，x_2，x_3，$\cdots$，x_k 是解释变量，β_1，β_2，β_3，$\cdots$，β_k 是解释变量的系数。

模型的被解释变量"平均初婚年龄"是 5 分类次序变量，将平均初婚年龄分为 5 个类别的考虑如下：15~19 岁初婚属于早婚，20~24 岁初婚属于一般情形，25~29 岁初婚属于一般大龄晚婚，30~44 岁初婚属于大龄晚婚，45 岁及以上属于超大龄晚婚。解释变量全部为次序变量，包括通婚圈、初婚年代、年龄组、受教育程度和个人年收入（见表4-3）。

表 4-3　变量描述性统计

变量名称	变量含义及赋值	均值	标准差	最小值	最大值
平均初婚年龄	15~19 岁 = 0，20~24 岁 = 1，25~29 岁 = 2，30~44 岁 = 3，45 岁及以上 = 4	1.881	1.173	0	4
通婚圈	本村 = 0，本乡 = 1，本县 = 2，本市 = 3，本省 = 4，外省 = 5	1.243	1.329	0	5

续表

变量名称	变量含义及赋值	均值	标准差	最小值	最大值
初婚年代	1950~1959 年 = 0,1960~1969 年 = 1, 1970~1979 年 = 2,1980~1989 年 = 3, 1990~1999 年 = 4,2000~2009 年 = 5, 2010~2013 年 = 6	2.938	1.611	0	6
年龄组	20~29 岁 = 0,30~39 岁 = 1,40~49 岁 = 2,50~59 岁 = 3,60~69 岁 = 4,70~79 岁 = 5,80 岁及以上 = 6	3.028	1.550	0	5
受教育程度	未上过学 = 0,小学 = 1,初中及以上 = 2	0.348	0.509	0	2
个人 年收入	0~1000 元 = 0,1001~2000 元 = 1,2001~ 3000 元 = 2,3001~5000 元 = 3,5000 元 及以上 = 4	2.578	1.500	0	4

资料来源:2013 年冀西北 C 县农村调查。

　　由于年龄组和初婚年代高度相关,因此,序次 Probit 模型中的被解释变量未包括年龄组。模型结果(见表 4-4)表明,在控制其他变量的情况下,与通婚圈为本村的情况相比,通婚圈为外省的 C 县农村男性平均初婚年龄显著增加。这说明 C 县男性通婚圈被动扩大将会导致初婚年龄的增加。

表 4-4　C 县农村通婚圈变动对男性平均初婚年龄影响的序次 Probit 模型估计结果

	系数	标准误	显著性
通婚圈(本村)			
本乡	-0.399	0.205	0.052
本县	-0.124	0.181	0.493
本市	-0.646	0.266	0.015
本省	-0.592	0.409	0.147
外省	0.723	0.324	0.026
初婚年代(1950~1959 年)			
1960~1969 年	0.821	0.390	0.035
1970~1979 年	1.058	0.365	0.004
1980~1989 年	1.476	0.389	0.000

续表

	系数	标准误	显著性
1990~1999 年	2.034	0.429	0.000
2000~2009 年	1.599	0.426	0.000
2010~2013 年	2.678	0.536	0.000
受教育程度(未上过学)			
小学	-0.474	0.173	0.006
初中及以上	-0.950	0.335	0.005
年收入(0~1000 元)			
1001~2000 元	0.105	0.296	0.723
2001~3000 元	-0.513	0.374	0.171
3001~5000 元	-0.225	0.280	0.422
5001 元及以上	-0.472	0.280	0.092
/cut1	-1.238	0.350	
/cut2	1.033	0.348	
/cut3	2.282	0.362	
/cut4	2.750	0.377	
Number of obs	261		
Wald χ^2	59.42		
Prob>χ^2	0.0000		
PseudoR^2	0.1178		
Log pseudolikelihood	-258.02138		

资料来源：2013 年冀西北 C 县调查。

另外，在控制其他变量情况下，随着初婚年代的后移，C 县农村男性平均初婚年龄明显提高，与初婚年代为 1950~1959 年的相比，初婚年代为 1980~1989 年、1990~1999 年、2000~2009 年和 2010~2013 年的初婚年龄都在提高，以 2010~2013 年的情况最为显著。

事实上，与全国农村一样，1990 年之后 C 县农村进城务工情况越来越普遍，这种状况和 C 县农村男性初婚年龄的推迟存在一定相关关系。另外，在控制其他变量情况下，与未上过学的 C 县农村男性相比，初中及以上受教育程度男性的平均初婚年龄要明显更低，与年收入低于 1000 元的男性相比，个人年收入 5000 元以上男性的初婚年龄明显降低，这两条也再次表明婚姻是一项排斥底层男性的社会制度，它让个体素质更低（受教育程度是人力资本的重要表现指标）的男性面临更大的婚配困难。

二　通婚圈变动明显提高村落男性大龄未婚风险

由上文的描述和分析可知，随着初婚年代的后移，C县农村男性通婚圈在不断扩大，而通婚圈越大男性的平均初婚年龄也越大。那么，这是否能够说明，随着初婚年代的向后推移，C县男性婚配困难正在加大？

表4-5说明，就C县农村25岁及以上年龄的已婚男性而言，随着年龄的减小，初婚年龄在25~29岁的比例整体上呈现逐渐加大的趋势[①]；就C县农村30岁及以上年龄的已婚男性而言，随着年龄的减小，初婚年龄在30~34岁的比例整体上呈现逐渐加大的趋势。这表明，C县农村男性的初婚年龄在推迟，晚婚比例在增加。

表4-5　分年龄的已婚男性初婚年龄

单位：%

初婚年龄	年龄						
	25~29岁	30~39岁	40~49岁	50~59岁	60~69岁	70~79岁	≥80岁
15~19岁	—	—	4.08	1.59	5.45	11.43	10.53
20~24岁	53.85	75.76	42.86	61.9	50.91	48.57	57.89
25~29岁	46.15	12.12	40.82	25.4	34.55	31.43	26.32
30~34岁	—	12.12	6.12	1.59	3.64	5.71	5.26
35岁及以上	—	—	6.12	9.52	5.45	2.86	0
合计	100	100	100	100	100	100	100
样本数（人）	13	33	49	63	55	35	19

资料来源：2013年冀西北C县调查。

---

① 注：30~39岁年龄组的变化趋势表现特殊，原因在于问卷调查时点，大部分该年龄段男性离村外出务工，因而问卷数据库未能收集到这部分人群的信息。

表 4-6 则表明随着年龄的减小，整体上看，C 县农村男性大龄未婚的比例呈现逐步提高的态势[①]。比如，调查时点，50~59 岁、40~49 岁和 25~29 岁 C 县农村男性的未婚比例分别为 17.95%、23.88% 和 29.41%。

表 4-6 分年龄的男性未婚比例

单位：%

是否未婚	年龄						
	25~29 岁	30~39 岁	40~49 岁	50~59 岁	60~69 岁	70~79 岁	80 岁+
否	70.59	97.06	76.12	82.05	80.88	100.00	90.48
是	29.41	2.94	23.88	17.95	19.12	0.00	9.52
合计	100	100	100	100	100	100	100
样本数（人）	17	34	67	78	68	35	21

资料来源：2013 年冀西北 C 县调查。

我们认为，表 4-5 和表 4-6 具有内在的逻辑一致性，它们共同说明，随着初婚年代的后移，C 县农村男性婚配困难问题愈发严重，不仅大龄未婚比例在增加，而且初婚年龄推迟、晚婚比例增加。

三 通婚圈变动大幅提高村落男性结婚花费

（一）问卷调查

1. 男性通婚圈与结婚花费

男性通婚圈与结婚花费之间是否具有规律性的关系？根据 2013 年 C 县农村问卷调查的数据分析（见表 4-7），可以发现，总体上看，随着男性通婚圈的扩大，彩礼在逐渐增加，婚礼费用在逐渐增加，而建房费用变化没有呈现这种规律性特征。根据 C 县农村的田

---

① 注：30~39 岁年龄组的变化趋势表现特殊，原因在于问卷调查时点，大部分该年龄段男性离村外出务工，因而问卷数据库未能收集到这部分人群的信息。

野调查结果分析，笔者认为，这些特征比较符合实际情况，娶本省或外省妻子的男性家庭一般属于村落中家庭条件较差的部分，如果这些家庭能够负担得起当地新娘所要求的新房的话，他们也就没有必要娶远距离地区（本省或外省）的女性了。

表 4-7　C 县男性通婚圈与结婚花费

单位：元

结婚费用	通婚圈（配偶来自）					
	本村	本乡	本县	本市	本省	外省
彩礼	3248	2495	5463	4275	6000	—
婚礼	11463	9334	13595	12000	—	35500
建房	9244	7585	13101	5500	—	6666.67

注：各项结婚费用是发生费用的平均值，未回答或者回答为 0 的情况未被计算在内；"—"代表无有效案例。

资料来源：2013 年冀西北 C 县调查。

2. 男性通婚圈的变动与结婚花费的变动

表 4-8、表 4-9 和表 4-10 分别描述了 C 县男性结婚费用中的彩礼花费、婚礼花费和建房花费，可以看出，随着男性结婚年代的后移，每一个层次的通婚圈中都表现出三类结婚花费的增加。但是，由于 C 县男性通婚圈仍以本县为主，并且问卷调查未能够完整捕捉到离村进城务工的青壮年已婚男性，因而问卷数据中通婚圈为本省和外

表 4-8　C 县男性通婚圈、结婚年代与彩礼花费

单位：元

结婚年代	通婚圈（配偶来自）					
	本村	本乡	本县	本市	本省	外省
1980~1989 年	1727	400	456	—	—	—
1990~1999 年	5200	3667	2867	2500	6000	—
2000~2013 年	10000	6700	17156	10000	—	—

注：彩礼是发生费用的平均值，未回答或者回答为 0 的情况未被计算在内；"—"代表无有效案例。

资料来源：2013 年冀西北 C 县调查。

省的男性很少。这样，问卷数据中就没能够充分观测到远距离通婚的 C 县农村男性的各项结婚花费，因而也就无法比较随着结婚年代变化的通婚圈扩展与结婚花费之间的关系。这个缺憾，研究者通过下文的实地田野调查资料分析予以弥补。

表4-9　C 县男性通婚圈、结婚年代与婚礼花费

单位：元

结婚年代	通婚圈（配偶来自）					
	本村	本乡	本县	本市	本省	外省
1980~1989 年	—	1750		—	—	—
1990~1999 年	2027	—	3000	2000	—	4000
2000~2013 年	17333	14000	26400	9000	—	8000

注：婚礼花费是发生费用的平均值，未回答或者回答为 0 情况未被计算在内；"—"代表无有效案例。

资料来源：2013 年冀西北 C 县调查。

表4-10　C 县男性通婚圈、结婚年代与建房花费

单位：元

结婚年代	通婚圈（配偶来自）					
	本村	本乡	本县	本市	本省	外省
1980~1989 年	10250	7267	13337	—	—	—
1990~1999 年	11800	—	24750	12000	—	—
2000~2013 年	33000	80000	40000	—	—	70000

注：建房花费是发生费用的平均值，未回答或者回答为 0 情况未被计算在内；"—"代表无有效案例。

资料来源：2013 年冀西北 C 县调查。

（二）质性访谈

C 县农村通婚圈变动对男性婚姻问题产生的诸多影响，通过 2012~2014 年历次田野调查和实地质性访谈，研究者发现，这些影响可以归结为至少五个方面。

1. 跨省婚

传统 C 县农村通婚圈以本县以内为主，娶外省媳妇的比例非常小。20 世纪 80 年代末和 90 年代初，C 县女性婚姻资源向北京等发达省区流动之后，迫于女性婚姻资源匮乏所导致的本地婚姻市场严重的男性挤压，C 县农村男性开始远赴贵州、四川和云南寻找妻子，DE 镇向阳村的情况就是这样的典型（个案 A-2、个案 A-3、个案 A-6、个案 12、个案 A-15 和个案 A-16）。随着农村打工大潮的出现，面临婚姻困难的新生代 C 县农村男性开始通过在城市务工寻找外省新娘，这个时期，除了来自贵州、云南和四川的媳妇之外，湖北、河南、山东、内蒙古、山西和东北各省的媳妇也开始出现（个案 A-7、个案 B-1、个案 B-10、个案 B-19 和个案 C-20）。跨省婚的增多，客观上促进了人口基因交流和出生人口素质提高，但同时也带来了外省妻子婚后的本地社会融合问题和夫妻婚后与妻子原生家庭交往困难问题。

2. 结婚费用

由于 C 县农村女性婚姻资源的紧缺，男性婚姻市场竞争加剧，女性在婚姻市场上的地位提高，她们在婚姻市场上的要价能力显著提高，很多 C 县适婚女性的婚姻要价都是"买车买楼"，这样就进一步提高了结婚费用，个体和家庭条件不具备优势的男性被迫与外省媳妇结婚。可以说，娶外省媳妇是 C 县很大一部分家庭经济条件有限的男性迫不得已的选择。毕竟，与本地媳妇结婚可以扩大基于婚姻的社会资本，从而占有更多的本地社会资源，还可以规避远距离通婚所带来的各种障碍和不便（比如地理距离遥远导致的与妻子娘家交往成本增大、妻子与本地社会文化的融合困难）。

3. 骗婚

骗婚是 C 县男性与外省女性通婚过程中经常遇到的问题。事实上，很多与外省女性通婚的 C 县男性并没有正式结婚，他们与外省女性并没有领取结婚证，而只是同居而已。在每一个调查的村落，笔者都曾遇见过被骗婚的情况。骗婚一方面伤害了被骗男性，同时也给被骗男性的父母带来很大的压力，而这些压力不仅包括经济的损失，还包括精神的懊恼。轻点儿的情况是被骗男性丧失掉婚姻意愿和生活信心（个案 A-6），严重的情况会导致被骗男性的精神崩溃（个案 B-4）。

> 没有过两年，30 岁的老二又从石头堡（附近村子，离向阳村 10 多里地）领回了一个贵州女人。这个贵州女人是老二同居过的第二个女人。WGX 对这个贵州女人的评价很低："（这个）贵州（女）人不是人，是牲口。老二和贵州女人说，给他生个孩子，女的不给生，还拿开水烫伤了老二的腿。贵州女人一共和老二过了 2 年零 8 个月，把存款（六七千元钱）和零花钱（几百元）都卷走了，老二出去打工的路费都没有了。这个贵州女人跑了之后，老二就死心了、伤心了、再也不说（'媳妇'）了，谁说都不愿意听。"（个案 A-6）
>
> 有一个买来的媳妇，过了 2 年，骗了 1 万多块，跑了，把男的弄成神经病了。叫人笑话，媳妇没了，钱也没了，一下神经不正常了。当时男的也有二十七八岁了，这个事情也有 7~8 年了（个案 B-4）。

4. 入赘

由于在当地竞争激烈的婚姻市场上获得配偶的难度很大，部分综合竞争力相对较差的男性选择入赘（个案 A-4）。我国农村社会是典型的传统男权社会，对于农村男性而言，入赘绝对是他们为解决婚姻问题而迫不得已的无奈选择。为了结婚，有的男性不得不选择与身体有缺陷的女人结婚（个案 B-8）。

儿子属猪，上学上到3年级，今年32岁，他27岁结婚，他儿子5岁了。儿媳妇是北京怀柔的（脑袋瓜有点儿问题），儿子在那里打工认识的。儿子儿媳一年回来1~2周，孙子自出生起就在这里养。儿媳的母亲脑袋瓜也有点儿问题。儿子结婚，订婚酒要4万元、见面礼要4000元，结婚一共花费接近7万元（个案B-8）。

5. 与外省女性结婚的碎片化家庭生活

为了完成婚配，还有个别男性与外省女性的结婚带来了特殊的家庭形式（个案B-10）。由于生活习惯、文化的差异，还有女方父母的养老需求，独石口镇南门外村的内蒙古媳妇常年居住在赤峰市，男人常年在北京打工，而唯一的儿子则只能在村里上小学，一家三口常年分散在内蒙古、河北和北京，婚姻家庭生活变得脱离常态，透着一丝古怪。

女，39岁，属龙，初中肄业，娘家在内蒙古赤峰市。目前，她在娘家放牧，老公在北京大兴打工，孩子在村里面上学，全家2年团聚一次。她和她爱人在北京打工认识，嫁来南门外村有13年了。26岁结婚，爱人大她一岁。爱人也是搞绿化，她在商场卖食品的，两人自由谈的，也是张家口的同事小姑娘介绍的。从娘家到这边需要一天半，2000里地。妈妈来过两次，来带孩子，一个男孩10岁。结婚一共花1000多元，买了一身红棉袄。妈妈说："嫁这么远，白送了。"（个案B-10）

第三节 小结与讨论

从通婚圈变动和男性婚配困难之间的关系看，20世纪80年代以来，C县农村女性嫁给本村男性的比例显著减少而向外省婚姻流动明显增多，她们向更发达南部地区婚姻迁移的特征突出。C县农村婚姻市场上的女性资源短缺加剧了男性婚配困难，C县农村男性大龄未婚比例增多、初婚年龄推迟和结婚费用攀升。

为了应对婚姻挤压，部分条件较好的面临婚姻困难的C县中青年男性通过进城务工寻找议婚机会，部分条件较差的中老年男性远赴云南、贵州和四川等西南地区"领"回妻子，男性与外省女性通婚的比例显著增加，男性通婚圈明显扩大。C县农村人口从山上向山下、从乡村向县城的迁移加快，山上村落人口规模萎缩，中老年大龄未婚男性沉淀其中，部分山下交通便利村落中的中老年大龄未婚男性通过与离婚或丧偶女性结婚解决婚配问题。

从通婚圈变动对男性婚配困难的影响看，C县农村女性通婚圈扩大导致当地婚姻市场上受到婚姻挤压的男性被迫从外地婚姻市场（主要是外省）引进新娘。这种引进外地新娘有两种类型：20世纪90年代前后，C县农村男性主要去贵州、云南和四川等较C县更为贫困的西南山区"买"来媳妇；20世纪90年代末期，尤其是2000年之后，C县农村男性主要在进城务工过程中与外省女性结婚。

20世纪90年代，迎娶外省妻子的C县农村男性的初婚年龄都很大，很多男性结婚时的年龄超过了35岁，通婚圈的扩大与初婚年龄的提高相伴而生。21世纪初以来，C县农村刚刚达到初婚年龄的男性进城务工情况比较普遍，与外省女性通婚时的年龄相对较低，部分进城务工青年男性初婚年龄的推迟也受到了社会经济发展和人们婚姻观念改变的共同影响。

在C县农村男性通婚圈扩大的过程中，仍有一部分男性不能摆脱大龄未婚的窘境，还有一部分是陷入了婚姻问题的泥沼。陷入婚姻问题泥沼的人群主要是妻子为外省的C县男性，他们由于被骗婚饱受感情欺骗、金钱损失和舆论压力。有些被骗婚的男性自暴自弃、破罐破摔，丧失了生活的积极态度，还有一些被骗婚男性不堪自身挫折和村落舆论压力而变得精神恍惚，甚至身心健康严重受损从而丧失劳动和生活能力。同时，被骗婚男性的父母也承受着很大的压力，家庭幸福成为泡影。

很多嫁入 C 县农村的外省女性不领取结婚证，有的外省女性和 C 县农村男性共同生活几个月、半年、一两年甚至三四年之后就消失不见，有的外省女人甚至会抛弃与当地男性生育的孩子。因此，在 C 县农村，与外省女性通婚的男性很多都在承受着婚姻或同居关系破裂的风险。

目前，C 县农村中积淀着一定数量的中老年未婚男性，他们面临着身心健康问题、未来生活养老问题、原生家庭幸福和谐问题和村落社会公共安全问题。同时，还有一批同样面临婚姻挤压的青壮年男性，他们长期在城市打工，部分人能够在打工过程中完成婚配，当然，也必然有部分男性无法完成婚配。未来，随着这部分大龄未婚或失婚男性逐渐老去并退出城市劳动力市场，他们很可能将返回村落，如同当前村落中的中老年失婚男性一样。

第五章　农村男性大龄未婚和失婚的影响

第一节　大龄未婚和失婚对男性生活质量的影响

一　问题的提出

"生活质量"也称生活素质、生命质量或生存质量，它是一个多层面的概念。生活质量可以分为客观生活质量和主观生活质量，其中，客观生活质量强调人们生活的物质条件，从影响人们物质生活和精神生活的客观方面来评价生活质量，包括生理、心理、独立性、社会关系、环境和信仰等领域；主观生活质量是实际生活中的人们所感觉到的或承担的生活质量，生活满意度和幸福感是主观生活质量的两个最重要指标（周长城、刘红霞，2011）。生活质量概念及测量指标体系是衡量人们生活状况的有效手段，有利于理解不同群体面临的困难与问题，有利于决策者制定针对性社会政策。目前，生活质量研究对象重点从一般性社会群体逐渐转移到社会中的边缘群体、弱势群体或特殊群体，农村大龄未婚男性是典型的边缘群体或弱势群体。

男性大龄未婚状态导致他们缺乏婚姻家庭支持，生活质量受到损害，他们在社会上处于相对弱势地位。国外研究发现，未婚男性生活质量较低（Coombs，1991）；由于没有家庭纽带和亲密关系，老年未婚男性比在婚男性面临更多的问题，并且更加不快乐（Stack and Eshleman，1998）。与在婚男性相比，大龄未婚男性在日常生活、社会交往、就业、健康、情感、心理、快乐自评和养老等方面均处于劣势（Keith and Nauta，1988；Coombs，1991；Williams and Umberson，2004）。国内研究表明，农村大龄未婚男性家庭压力大，日常生活压力应对上也缺乏资源、能力、手段和措施（韦艳，2008）；性福利和心理福利受到损害且与已婚男性相比处于劣势，社会经济地位、社会支持和心理福利程度远远弱于已婚男性而抑郁度显著高于已婚男性（李艳、李树茁、彭邕，2009；张群林、伊莎贝尔·阿塔尼、杨雪燕，2009）。这些研究发现表明了农村大龄未婚男性的客观生活质量受到损害，但是对于他们的生活满意度这一主观生活质量的研究尚显薄弱，系统全面分析他们的客观生活质量和主观生活质量及其影响因素的研究仍需加强，本节试图弥补这一薄弱之处。

二 研究方法

调查数据来自 2010 年 C 县农村调查（见表 1-2）。

（一）生活质量衡量框架

受调查数据所限，本节将生活质量分为客观生活质量和主观生活质量两类，其中，客观生活质量包括生理、心理、经济、生活设施、社会交往、生活支持和社会保障七个指标，主观生活质量包括社会交往满意度、经济状况满意度和生活总体满意度，测量每个指标的问题如表 5-1 所示。

（二）分析方法

分析方法主要包括基本描述统计分析和生活质量影响因素的回归模型分析。本节使用 stata10.0 软件对数据进行处理，对客观生活质量和主观生活质量的各个方面进行简单描述分析。运用回归模型分析：影响客观生活质量——生活支持的各维度变量的作用及方向；影响主观生活质量的客观生活质量各维度变量的作用及方向。

表 5-1　生活质量衡量框架

一级指标	二级指标	问题
客观生活质量	生理	身体状况；生活自理程度
	心理	是否感到寂寞；是否感到被歧视
	经济	目前工作状况；去年家庭年收入；是否有负债
	生活设施	住房产权；住房类型
	社会交往	是否去邻居家串门；有无固定交往女伴；农忙时主要有谁帮助您
	生活支持	一日三餐如何解决；平时谁给您洗衣服；生病时谁照料
	社会保障	是否参加新农村合作医疗；是否是低保户；是否是五保户
主观生活质量	经济状况满意度	对自己目前经济状况满意吗
	社会交往满意度	与村里人相处得如何
	生活总体满意度	你觉得自己过得怎么样

（"生活质量"为第一列一级指标整体标题）

当因变量为定性数据时，Logistic 回归模型经常被使用。根据研究需要，本节使用二元 Logistic 回归模型来分析影响客观生活质量——生活支持的自变量，使用序次 Logistic 回归模型来分析影响主观生活质量——社会交往满意度、经济状况满意度和生活总体满意度的自变量。

含有多个自变量的总体 Logistic 模型是：

$$P_r(y = y_i \mid x_1, x_2, x_3, \cdots, x_k) = \Phi(\beta_0 + \beta_1 x_1 + \beta_2 x_2 + \beta_3 x_3 + \cdots + \beta_k x_k)$$

当 y 是二元变量时回归模型是二元 Logistic 模型，Φ 是累积标准 Logistic 分布函数，x_1，x_2，x_3，$\cdots$，x_k 是解释变量，β_1，β_2，β_3，$\cdots$，β_k 是解释变量的系数。

回归模型中发生比率（odds ratio）即 exp β，表明当自变量取值每增加一个单位时，属于该组的发生比率是属于参照组的发生比率的

exp β 倍。

（三）研究假设

失婚导致农村大龄未婚男性更多地与父母共同居住在一起（韦艳、靳小怡、李树茁，2008），他们客观生活质量的基本层面生活支持也主要来自父母，但是随着父母年龄的增大和相继离世，他们的生活支持也逐步减弱甚至丧失，已有研究认为农村大龄未婚男性在父母双双离世后将会平均单独生活 16 年（姜全保、果臻、李树茁、Marcus W. Feldman，2009）。父母的在世情况以及是否与其同住将会显著影响大龄未婚男性的生活支持。因此，本书假设，父母是大龄未婚男性家庭支持的最重要来源，随着父母相继离世、大龄未婚男性由与父母同住到独住，他们的生活支持必将减弱。

本节认为，失婚导致来自配偶等家庭成员的支持丧失，与已婚男性相比，大龄未婚男性的客观生活质量处于显著劣势，经济状况满意度和社会交往满意度也低于已婚男性。大龄未婚男性客观生活质量的各个层面共同作用于其主观生活质量——生活总体满意度，其中，与经济有关的工作、收入、住房状况等变量对其经济状况满意度有显著影响，与社会交往有关的串门、工作、感到寂寞、感到被瞧不起和农忙帮助等变量对其社会交往满意度有显著影响。

三 农村大龄未婚男性的生活质量状况

（一）农村大龄未婚男性的生活质量

从直接观察和直观感觉而言，笔者认为，大龄未婚男性在精神状态、容貌穿着、家庭住房整洁状况方面要明显弱于已婚男性。调查问卷采集了调查员对被调查对象个体穿着整洁程度和家庭整洁程度的判断。比较分析表明，未婚男性穿着很整洁和整洁的占 13%、不整洁和很不整洁的占 41%，而已婚男性则分别为 33% 和 16%；未婚男性家庭环境很整洁和整洁的占 16%、不整洁和很不整洁的占 44%，而已婚男性则分别为 36% 和 12%。并且,未婚与已婚男性在这两方面差别显著,卡方值均为 0.000。

客观生活质量现状从生理、心理、经济、生活设施、生活支持、社会交往和社会保障七个方面考察。生理:自评身体状况较差,自评健康的比例不足 40%,但自评生活自理程度较好,达到 86% 的被调查对象能够自理也能够劳动。心理:感到寂寞的比例超过 70%,感觉到被人瞧不起的比例也接近 70%。经济:工作比例较高,全日工作和部分工作比例接近 90%,但是,家庭年收入较低,超过 50% 的家庭年收入低于 5000 元,且 27% 有负债。生活设施:住房产权和住房类型是生活设施的重要方面,超过 30% 的大量未婚男性的住房不是自己所有,住房也多为土房和土砖房,其比例超过 80%。生活支持:超过 70% 自己做饭、接近 80% 自己洗衣服,接近 50% 生病时无人照顾,超过 50% 农忙时无人帮助。社会交往:50% 的大龄未婚男性从不去邻居家串门,经常串门的不到 20%;异性交往方面,仅有 4% 的被调查对象有固定交往女伴。社会保障:77% 参加了新农村合作医疗,18% 享受最低生活保障,15% 为五保户,60 岁以上大龄未婚男性中 50% 不是五保户。

总体看来,除工作情况和新农合、五保和低保等社会保障外,农村大龄未婚男性客观生活质量总体上处于较低水平。主观生活质量包括社会交往满意度、经济状况满意度和生活总体满意度三方面。超过 60% 对社会交往表示满意,但是,仅 16% 对经济状况表示满意,不到 12% 对生活总体表示满意。大龄未婚男性社会交往满意度明显高于经济满意度和生活总体满意度。经济状况满意度和生活总体满意度之间具有高度相关性,相关系数达到 0.5679。

(二)与已婚男性生活质量的比较

简单描述大龄未婚男性生活质量不足以全面把握其生活状态和生活质量,需要将其与已婚男性生活质量进行对比。与大龄未婚男性相比，已婚男性在客观生活质量方面的优势较为明显，尤其体现在生理、心理和经济等方面。比如，53%的已婚男性健康水平为健康，而未婚男性自评健康的不到40%；已婚男性中，仅有不到30%感到寂寞，不到20%感到被瞧不起，而大龄未婚男性在这两方面分别达到70%和65%；已婚男性家庭年收入均值为8750元，而大龄未婚男性仅为4886元。主观生活质量方面，二者都表现出经济状况满意度低于社会交往满意度，但是，大龄未婚男性经济状况满意度不满意和很不满意的比例高于已婚男性，二者的比例分别为51.5%和37.9%。

对于未婚男性和已婚男性具有可比性的生活质量维度进行差别的显著性检验。结果表明，总体而言，未婚男性生活质量明显低于已婚男性。客观生活质量的劣势尤其明显，大龄未婚男性健康水平、心理、家庭收入、住房状况和生活支持等方面处于显著劣势地位。但主观生活质量的两个方面——经济状况满意度和社会交往满意度——差异不显著（见表5-2）。

表5-2 大龄未婚与已婚男性生活质量的比较

分类	未婚劣于已婚	无显著区别	未婚优于已婚
健康水平	√ **		
自理水平	√ ***		
感到寂寞	√ ***		
感到被瞧不起	√ ***		
工作		√	
家庭年收入	√ ***		
负债			√ ***
住房产权	√ ***		
住房结构	√ ***		
做饭	√ ***		
洗衣服	√ ***		
生病照料	√ ***		
农忙帮助		√	
是否串门	√ *		

续表

分类	未婚劣于已婚	无显著区别	未婚优于已婚
有无固定交往女伴		√	
是否参加新农合	√ **		
经济状况满意度		√	
社会交往满意度		√	

注：* p<0.05，** p<0.01，*** p<0.001；因未调查已婚男性生活总体满意度，没有比较未婚男性与已婚男性的生活总体满意度。

通过统计描述分析和与已婚男性的对比，大龄未婚男性客观生活质量劣于已婚男性的判断得到了验证，但是主观生活质量并没有符合前期判断，未婚男性和已婚男性在经济状况满意度和社会交往满意度方面的差别不大。

四　影响农村大龄未婚男性生活质量的因素

以上描述性分析已经表明了农村大龄未婚男性生活质量总体要劣于已婚男性，这种劣势在客观生活质量方面体现尤为明显。失婚状态下，哪些因素影响了未婚男性的生活质量，这些因素又如何影响生活质量，这两个问题是以下分析的重点。

（一）客观生活质量——生活支持的影响因素分析

生活支持是农村大龄未婚男性客观生活质量的基本方面。一般认为，未婚男性更倾向于同父母居住在一起以获得基本生活照顾（韦艳、靳小怡、李树苗，2008）。实地调查发现，年龄较轻的未婚男性与父母同住的比例高于年龄较大的未婚男性，笔者认为，这种情况的原因是年龄较大未婚男性的父母离世的比例更大。

一般情况下，大龄未婚男性与父母同住能够在做饭、洗衣服和生病照料等方面获得更多的生活支持。当然，不能排除其他情况的存在，比如，实地调查过程中笔者就遇到一位40多岁的大龄未婚男性，他和其瘫痪在床的父亲同住并承担照料父亲的责任。另外，也有父母同已婚的兄弟同住而自己单独居住在父母隔壁的大龄未婚男性。

由于失婚，大龄未婚男性丧失了来自配偶和婚生子女的生活支持，自然地，他们只能更多地依赖父母的家庭支持，因此，未婚男性更多地与父母等家庭成员同住，当父母去世后，他们更多处于独居状态，而已婚男性更多地与配偶及子女同住。实地调查的结果与一般情况相吻合。在被调查农村男性中，53.89%的未婚男性独居，36.76%与父母单亲或双亲居住，而82.41%的已婚男性与配偶及子女同住，与父母单亲或双亲同住的比例为8.27%。双亲健在情况下，接近75%的未婚男性与父/母同住；单亲健在情况下，与单亲同住比例达到72.09%；双亲去世情况下，85%大龄未婚男性独居。而已婚男性和在世父母一同居住的很少，只有当父母一方去世后，才和在世单亲同住，大多数情况下，已婚男性仅和配偶及子女同住（见表5-3）。

表5-3 父母在世类型与居住情况

单位：%

居住情况	双亲在世		单亲在世		双亲去世		合计	
	未婚	已婚	未婚	已婚	未婚	已婚	未婚	已婚
独住	24.00	1.18	22.09	11.39	85.00	13.49	53.89	9.31
与单亲同住	1.33	2.35	72.09	13.92	—	—	19.63	4.48
与双亲同住	73.33	12.94	—	—	—	—	17.13	3.79
其他	1.34	83.53	5.81	74.68	15.00	86.51	9.35	82.41
合计	100.00	100.00	100.00	100.00	100.00	100.00	100.00	100.00
样本数	75	85	86	79	160	126	321	290

注：资料来源同表5-1；'其他'表示与父母以外的配偶、子女等家庭成员同住。

失婚导致大龄未婚男性缺乏来自配偶的家庭支持，来自父母或兄弟姐妹的家庭支持对其客观生活质量具有关键影响，而已婚男性的家庭支持主要来自配偶及子。因此，研究假设：在控制年龄、健康水平和自理水平的情况下，父母在世、和父母共同居住将提高大龄未婚男性的生活支持，他们在做饭、洗衣服和生病照料方面得到帮助的概率将提升，而已婚男性生活支持不受父母在世情况和与父母同住情况影响。

因为自变量为二分类变量，即在做饭、洗衣服和生病照料上是否有人帮助，因此，使用二元 Logistic 模型分析影响大龄未婚男性的客观生活质量——社会支持的影响因素。各个自变量的定义如下。年龄：以 25 岁为参照组。居住情况：0 独住；1 与单亲居住；2 与双亲居住；4 与其他人居住。父母在世类型：0 双亲在世；1 单亲在世；2 双亲去世。健康水平：0 健康；1 一般；2 有慢性病或残疾。自理水平：0 能自理能劳动；1 能自理不能劳动；2 不能自理不能劳动。

控制了年龄、健康水平和自理水平后，回归模型结果（见表 5-4）基本上证实了假设。大龄未婚男性的居住情况和父母在世情况均与生活支持的三个方面（做饭、洗衣、生病照料）显著相关。与独居相比，和单亲或双亲居住在做饭、洗衣和生病照料方面无人帮助概率减小。与双亲在世相比，单亲去世和双亲去世情况下大龄未婚男性生活支持方面无人帮助概率增加，尤其是做饭和洗衣服无人帮助概率增加得更为显著。

表 5-4　男性客观生活质量——生活支持的二元 Logistic 模型分析结果

项目	模型 1:做饭		模型 2:洗衣		模型 3:生病照料	
	O. R. (s. e.)	O. R. (s. e.)	O. R. (s. e.)	O. R. (s. e.)	O. R. (s. e.)	O. R. (s. e.)
	未婚	已婚	未婚	已婚	未婚	已婚
居住情况 （独居）	0.43 *** (0.06)	0.29 *** (0.05)	0.54 *** (0.08)	0.32 *** (0.05)	0.44 *** (0.07)	0.31 *** (0.06)
双亲在世情况 （双亲在世）	3.22 *** (0.75)	0.88 (0.29)	2.61 *** (0.63)	1.01 (0.30)	1.56 * (0.34)	1.10 (0.51)
年龄 （25 岁）	1.01 (0.02)	1.08 *** (0.02)	1.00 (0.02)	1.04 (0.02)	1.00 (0.01)	1.04 (0.03)

续表

项目	模型 1:做饭		模型 2:洗衣		模型 3:生病照料	
	O. R. (s. e.)	O. R. (s. e.)	O. R. (s. e.)	O. R. (s. e.)	O. R. (s. e.)	O. R. (s. e.)
	未婚	已婚	未婚	已婚	未婚	已婚
健康水平 （健康）	1.19 (0.24)	1.25 (0.30)	1.04 (0.22)	1.17 (0.27)	0.69* (0.13)	1.58 (0.47)
自理水平 （能自理能劳动）	0.38* (0.14)	0.27* (0.17)	0.35** (0.13)	0.66** (0.35)	0.87 (0.27)	0.66 (0.43)
Log likelihood	-134.5199	-97.84222	-133.0269	-109.8949	-169.5135	-62.29091
样本量	321	290	321	290	287	272

注：被解释变量为是否有人帮助，0 为有人帮助，1 为无人帮助。* $p < 0.05$、** $p < 0.01$、*** $p < 0.001$。

与独居相比，已婚男性的其他居住方式对生活支持影响显著的原因是他们主要和配偶同住，而不是和父母同住。已婚男性双亲在世情况对其生活支持影响均不显著，一定程度上证明了这一点。自理水平是影响大龄未婚男性和已婚男性生活支持的共同因素。与能自理能劳动相比，能自理不能劳动和不能自理不能劳动的男性在做饭和洗衣服方面有人帮助的概率在下降。

从对模型结果分析可以认为：与父母同住增加了大龄未婚男性的生活支持。大龄未婚男性从在世父母或同住父母处所获得的生活支持必然会随着父母逐渐离世而逐渐减少直至消失。家庭生命周期研究也表明农村大龄未婚男性在双亲离世后平均独居时间为 16 年（姜全保、果臻、李树茁、Marcus W. Feldman，2009）。因此，父母均不在世的大龄未婚男性的生活支持将会显著降低，如何通过强化家庭外的其他社会支持，从而提高未婚男性生活质量将是一大难点。

（二）主观生活质量的影响因素分析

主观生活质量通过满意度来测量，因变量满意度为序次变量：很满意、满意、一般、不满意、很不满意，因此本文采取序次 Logisitic

模型分析大龄未婚男性的主观生活质量——社会交往满意度、经济状况满意度和生活总体满意度——的影响因素。

各个自变量的定义如下。年龄组：以 25 岁为参照组。受教育水平：0 初中及以上；1 小学；2 未上过学。健康水平：0 健康；1 一般；2 有慢性病或残疾。自理水平：0 能自理能劳动；1 能自理不能劳动；2 不能自理不能劳动。是否感到寂寞：0 没有感到寂寞；1 感觉到寂寞。是否感到被瞧不起：0 没有感到被瞧不起；1 感到被瞧不起。工作：0 全日工作；1 部分工作；2 不工作。家庭年收入：以 1000 元及以下为参照组。负债：0 无负债；1 有负债。住房产权：0 自己产权的房子；1 别人产权的房子。住房类型：0 土房；1 土砖房；2 砖瓦房。做饭：0 有人帮忙做饭；1 自己做饭。洗衣服：0 有人帮忙洗衣服；1 自己洗衣服。生病照料：0 生病时有人照料；1 生病时无人照料。农忙帮助：0 有人帮助；1 无人帮助。是否串门：0 经常；1 偶尔；2 从不。有无固定交往的女伴：0 有；1 无。是否参加新农合：0 参加；1 未参加。是否是低保户：0 是低保户；1 不是低保户。是否是五保户：0 是五保户；1 不是五保户。

1. 经济状况满意度

收入是影响经济满意度的关键指标，模型中以上年家庭年收入代表收入。工作情况、欠债情况、社会保障情况（包括是否参加新农合、是否为低保户和是否为五保户）和房屋产权及类型也是影响经济满意度的重要指标。研究假设：上述变量和经济状况满意度之间具有正向相关关系，即家庭年收入越高、有全日工作、不欠债、有自己产权住房、住房类型为砖瓦房的大龄未婚男性经济状况满意度更高。

在控制了年龄和健康状况后，影响经济状况满意度的回归模型结果如模型 1（见表 5-5）所示。研究假设中预测的影响经济状况满意度的因素在大龄未婚男性和已婚男性之间具有不同表现。已婚男性的情况更多验证了研究假设，随着家庭年收入的增加，经济状况不满意度在减小；有负债的和不享受五保的经济状况不满意程度更大；住房结构条件更好、参保新农合的已婚男性经济状况不满意度较低。

表 5-5 主观生活质量的序次 Logistic 模型分析结果

项目	模型 1 经济状况满意度		模型 2 社会交往满意度		模型 3 生活总体满意度	
	未婚	已婚	未婚	已婚	未婚	已婚
年龄(25 岁)	-0.01 (0.01)	-0.04** (0.01)	0.02 (0.01)	0.00 (0.01)	-0.03* (0.01)	NA
受教育程度(初中及以上)	0.14 (0.17)	0.03 (0.17)	0.29 (0.17)	0.13 (0.17)	0.04 (0.18)	NA
健康状况(健康)	0.24 (0.14)	0.34* (0.15)	0.03 (0.15)	0.11 (0.15)	0.42* (0.17)	NA
自理水平(能劳动能自理)	NA	NA	-0.72* (0.36)	-0.80 (0.47)	0.72* (0.35)	NA
是否感到寂寞(否)	NA	NA	-0.24 (0.25)	-0.59* (0.27)	0.67* (0.28)	NA
是否感到被瞧不起(否)	NA	NA	0.51*** (0.16)	0.41* (0.20)	0.62* (0.25)	NA
工作(全日工作)	-0.12 (0.17)	0.30 (0.20)	0.43* (0.21)	0.30 (0.25)	-0.34 (0.22)	NA
收入(小于 1000 元)	-0.04 (0.02)	-0.03* (0.01)	NA	NA	-0.06* (0.03)	NA
是否有负债(无负债)	0.59* (0.24)	0.56* (0.24)	NA	NA	0.44 (0.27)	NA
住房产权(自己)	0.18 (0.24)	-0.20 (0.31)	NA	NA	-0.01 (0.29)	NA
住房类型(土房)	0.05 (0.14)	-0.29* (0.13)	NA	NA	0.13 (0.16)	NA
新农合(参保)	0.49 (0.27)	0.80* (0.35)	NA	NA	0.25 (0.30)	NA
串门(经常)	NA	NA	0.18 (0.14)	-0.08 (0.15)	0.14 (0.15)	NA
固定交往女伴(有)	NA	NA	-0.36 (0.56)	-0.24 (0.58)	-0.45 (0.68)	NA
农忙帮助(有帮助)	NA	NA	-0.36 (0.23)	-0.01 (0.24)	0.95*** (0.27)	NA

项目	模型 1 经济状况满意度		模型 2 社会交往满意度		模型 3 生活总体满意度	
	未婚	已婚	未婚	已婚	未婚	已婚
做饭(有帮助)	NA	NA	NA	NA	0.24 (0.41)	NA
洗衣服(有帮助)	NA	NA	NA	NA	-0.01 (0.44)	NA
生病照料(有帮助)	NA	NA	NA	NA	0.12 (0.30)	NA
Log likelihood	-376.4873	-334.1371	-322.8924	-298.7417	-305.0525	—
样本量(人)	314	284	298	281	279	——

注:* p<0.05, ** p<0.01, *** p<0.001；模型报告系数和标准误（括号内数值）。模型 1、模型 2 中的 NA 表示未纳入相关变量；模型 3 中的 NA 是由于问卷未调查已婚男性生活总体满意度。

大龄未婚男性的情况基本上没有证实研究假设，只有是否有负债显著影响其经济状况满意度。有负债的未婚男性经济状况不满意度增加。其他研究假设变量，如家庭年收入、住房产权和住房类型，没有表现出显著影响经济状况满意度，其中原因需要深思。

2. 社会交往满意度

在婚姻为常态的村落环境中，大龄未婚男性去邻居家串门必然会不同于正常婚姻家庭中的人们，人们对大龄未婚男性的串门行为也比较敏感，同时，异性交往情况也将显著影响大龄未婚男性生活满意度。工作不仅仅是大龄未婚男性的收入来源，工作本身也是社会交往的重要领域，不工作或部分工作的大龄未婚男性相对缺乏基于工作关系和工作环境中的社会交往。同时，农忙时有无别人帮助、平时是否感到寂寞和是否感到被人瞧不起都是影响社会交往满意度的重要因素。因此，研究假设：串门情况、有无固定交往女伴、工作情况、农忙帮助情况、是否感到寂寞和是否感到被人瞧不起会对社会交往满意度有显著影响。

模型2（见表5-5）在控制了年龄、受教育水平、健康状况和自理水平后，工作状况和是否被人瞧不起是影响大龄未婚男性社会交往满意度的显著因素，感到寂寞和感到被瞧不起是影响已婚男性社会交往满意度的显著因素。对未婚与已婚男性而言，感觉被人瞧不起都显著降低了其社会交往满意度，不同的是，感觉被人瞧不起对大龄未婚男性社会交往满意度的影响显著性水平更高。与全日工作相比，部分工作或不工作的未婚男性社会交往满意度低。

3. 生活总体满意度

社会交往满意度和经济状况满意度是生活总体满意度的重要组成部分。生活总体满意度是农村大龄未婚男性对其自身生活状况的总体评价，是衡量他们主观生活质量的最重要指标。描述统计分析已经表明农村大龄未婚男性的生活总体满意度不高，表示满意的比例不到12%。

随着年龄的增长和对缺失婚姻家庭生活状况的适应，大龄未婚男性的生活总体满意度评价不满意的程度会降低，理论上讲，客观生活质量的各方面都将影响主观生活质量——生活总体满意度，影响社会交往满意度和经济状况满意度的因素也必然影响到生活总体满意度。因此，笔者将客观生活质量的各方面变量和控制变量年龄、受教育程度共同纳入模型自变量中，以分析这些变量的作用效果。

由于问卷调查中没有涉及已婚男性的生活总体满意度，因此，模型3（见表5-5）未能将未婚男性和已婚男性进行比较。单独针对大龄未婚男性的回归模型结果表明：生理、心理、家庭收入和社会交往情况等客观生活质量显著影响大龄未婚男性的生活总体满意度，健康水平更差的未婚男性的生活总体不满意度在提高，感到寂寞和感到被瞧不起的未婚男性的生活总体不满意度较高，农忙时没人帮忙的未婚男性生活总体不满意度更高。经济状况越好的未婚男性生活总体满意度更高，随着家庭收入的增加，生活总体满意度为不满意的比例在降低。年龄对生活总体满意度的影响显著，年龄较大的未婚男性生活自评总体不满意程度相对较低。

统计模型分析结果比较客观地反映了部分自变量对于生活质量的影响，但实际生活中影响农村大龄未婚男性生活质量的因素不能完全被模型自变量全部包含。农村大龄未婚男性群体并不具有单一特征，而是具有多样性，存在内部群体差异。

在实地调查中，笔者观察到农村大龄未婚男性群体内部出现了分化。在对一位近 70 岁的未婚男性的访谈中了解到，村中 60 岁以上的未婚男性相互交往密切，在一起聊天打牌等交往较多，40 岁以下的未婚男性交往更密切，他们更多地一起参与赌博、更多地进行性消费，而两个群体间交往很少。年龄较老的未婚男性群体更多满足于抽烟喝酒等基本生活需求，年龄较轻的未婚男性还有努力完成婚配的期望，不仅仅满足于基本生活需求的满足。这种交往差异将直接影响未婚男性的社会交往满意度，同时也间接影响生活总体满意度。

五 结语

C 县农村大龄未婚男性的生活质量总体不高。生理、心理、经济、生活设施、社会交往和社会支持等客观生活质量较低，经济状况满意度、生活总体满意度等主观生活质量也比较低。

大龄未婚男性客观生活质量总体低于已婚男性，经济状况满意度和社会交往满意度的差异不大并且不显著。大龄未婚男性生活支持受父母在世情况和与父母同住情况的显著影响。生理、心理、家庭收入和社会交往等客观生活质量显著影响大龄未婚男性的生活总体满意度。年龄对主观生活总体满意度的影响显著，年龄较大的未婚男性生活自评总体不满意程度相对较低。

婚姻家庭支持是人们生活支持的最直接来源，大龄未婚男性没有配偶和子代，随着父母的逐渐变老和最终离世，家庭支持不断弱化直至消失。从大龄未婚男性生命历程角度看，父母都去世后，其生活支持大受影响，生活质量将会有一定程度的下降。与正常婚配男性相比，大龄未婚男性不仅年老前生活质量处于绝对劣势，而且年老后养老照料也将存在巨大困难。目前已存在的大龄未婚男性中只有少部分是生育政策影响的结果，大部分大龄未婚男性产生于80年代农村社会变革前的传统社会。计划生育政策实行以来，农村大龄未婚男性数量逐渐增多，他们的生活质量问题也必将对农村和全社会造成更大范围和更深程度的影响。这些问题都需要人们未雨绸缪及早准备。

失婚将会导致农村大龄未婚男性的生活总体满意度低，进而导致他们成为社会公共安全的威胁，这是符合逻辑判断的通常观点。然而，调查发现，虽然农村大龄未婚男性生活质量较低，客观生活质量与已婚男性相比也处于明显劣势，但是他们的主观生活质量与已婚男性没有显著差别，特别是社会交往满意度自评相对较好。除去失婚状态本身，影响他们生活总体满意度的是经济状况，经济状况满意度和生活总体满意度具有较高的相关性。因此，采取措施来增加未婚男性经济收入、提高其经济状况满意度是应对大龄未婚男性问题社会影响的可行途径之一。

从国际比较上看，同属儒家文化圈的日本、韩国和中国台湾等国家和地区的大龄未婚男性通过娶国外新娘避免失婚情况的发生，比如中国和以越南为代表的东南亚国家新娘嫁给日韩底层男性，中国大陆女性嫁给台湾底层男性。本调查也发现，在经济条件相对较好的村落，比如村落附近有矿山，男性村民大多可以通过充当矿工来获取生活来源和财富，他们可以吸引来自中国西南地区的新娘甚至东南亚国家贫穷地区的新娘。这一定程度表明，发展地方经济、提高地方及境内男性收入水平可以大大降低男性失婚风险。当然，这一过程中不可避免地会出现买卖婚姻和骗婚的情况，调查数据表明至少10位大龄未婚男性表示被骗过婚，这都需要当地政府和社会提高警惕做好应对措施。

　　研究未能完全调查到村落中年龄在 25～39 岁的大龄未婚男性，这部分人群有很大一部分比例不在村落而是外出打工，因此，本节更多反映的是 40 岁及以上未婚男性的生活质量。25～39 岁大龄未婚男性大部分离村外出打工，个体素质和经济收入一般会高于留在村落中的未婚男性，他们还在为获得婚配机会而努力。同时，外出务工的 25～39 岁农村未婚男性是经济社会活动最为活跃且其大龄未婚现状对社会影响更为重大的群体，进一步研究需要加强对这部分人群的考察。另外，调查研究本身并未按照生活质量设计分析框架，本节只是借用了生活质量概念框架进行分析，没有建立通过量表获得指标进而形成生活质量指数的测量指标体系。

第二节　失婚对中老年未婚男性养老意愿的影响

　　20 世纪 70 年代初实行的计划生育政策在有效控制人口总量增长的同时，引起了出生性别比的长期失衡和婚姻市场的男性挤压，农村大龄未婚男性问题逐渐凸显。在我国，婚姻是一项排斥社会底层男性的社会制度，"男高女低"和"男强女弱"的择偶梯度是十分传统的社会观念，农村大龄未婚男性事实上已经成为我国当前婚姻市场挤压的最主要承受者。

　　目前，农村里的中老年未婚男性群体主要是由传统择偶、婚姻家庭和社会制度所致。以后，随着 20 世纪 80 年代出生、深受婚配性别失衡挤压的失婚男性群体不断增多，大龄未婚男性问题将是亟待未雨绸缪、充分应对的重大社会问题，而这些大龄未婚男性将很可能更多地沉淀在贫困地区的农村中。

　　中国是一个"普婚制"社会，婚姻家庭对于个体的老年生活和保障具有非常重要的意义。随着生育水平的降低、兄弟姐妹数量的减少，未来贫困地区农村中老年未婚男性将面临孤老无依的困境。人口老龄化和性别失衡是我国社会经济发展中的重要人口结构特征，贫困地区农村中老年未婚男性受到这两个人口结构性问题的双重影响，他们急需国家与社会的关怀与保护。对当前贫困地区农村中的中老年未婚男性生活现状和养老意愿的研究具有前瞻意义。

一 问题的提出

2004 年，西方学者提出了中国等亚洲国家的光棍将是国际安全的威胁（Hudson et. al，2004）。2005 年以来，我国学术界开始持续研究农村大龄未婚男性群体及其引发的社会问题[①]。总的看来，已有研究比较全面地描述、分析和研究了农村大龄未婚男性的生活状况，不过，对于该群体的老年生活和养老意愿的研究有限。尽管早在近 20 年前学界就有提出关注男性婚姻剥夺者的社会保障（郭虹，1995），也有针对农村大龄未婚男性的社会保障需求与供给的分析（张思锋、唐燕、张园，2011），甚至也研究了他们的居住方式和养老状况（王跃生，2012），但是，直接关注该群体老年生活状况、养老意愿和计划的研究还属空白。

20 世纪 70 年代开始实行计划生育政策之后，我国生育水平明显下降，90 年代至今我国生育水平长期保持在低于更替水平。从家庭层面看，平均每对夫妇所拥有的子女绝对数在减少，家庭对老年人的养老支持资源在减少。从城乡比较看，城市的社会保障覆盖面和保障力度等都要优于农村，比较而言，农村老年人更加依赖子女等家庭成员提供资源、照料和感情慰藉的家庭养老。从乡城人口流动视角看，城市化快速推进过程中，农村青壮年剩余劳动力大量流动或迁移至城市工作和生活，农村老年人更加缺乏基于子女支持的家

---

① 见本书第一章第二节文献综述，第 3~22 页。

庭养老资源。

老龄化和城市化背景下的农村养老问题研究文献比较丰富，本研究主要关注养老方式和养老意愿。养老有多种分类方式，按照养老资源提供方不同可以分为家庭养老、社会养老和机构养老，按照养老居住方式种类不同可以分为居家养老和机构养老。农村养老方式主要关注家庭养老能力弱化和社会养老能力不足。农村养老意愿研究焦点也是老年人居住方式意愿，也就是老年人愿意居家养老还是愿意去社会机构养老。农村大龄未婚男性的养老生活和养老意愿分析不同于通常农村养老研究之处在于分析失婚状态所导致该群体家庭养老资源和家庭养老意愿的缺失。研究人员利用 2008 年安徽农村调查数据，定量分析了不同婚姻状态下的农村男性的养老意愿现状及形成机理，发现婚姻对农村男性养老意愿的形成具有显著的影响作用，已婚男性的家庭意识强于大龄未婚男性，他们更倾向于依靠子女并与子女共同居住的养老模式；大龄未婚男性对未来的养老问题忧虑重重，他们把养老希望更多寄托于政府（郭秋菊、靳小怡，2011）。王跃生依据在冀西北农村所作的问卷调查数据和访谈资料，考察大龄未婚和老年失婚者的居住方式和养老安排，发现大龄未婚男性对老年后生活供养和照料方式的期盼具有被动特征，他们在青年和中年阶段缺少养老安排规划和明确的养老打算，而老年失婚者对社会养老保障制度和福利制度的依赖已经形成刚性（王跃生，2012）。两项研究的结果一致表明，农村大龄未婚男性基本上放弃了家庭养老的意愿而将老年生活的希望寄托于政府。

本节将研究对象由一般农村大龄未婚男性缩小到年龄为 55 岁及以上的中老年农村大龄未婚男性，分析这部分年龄未婚男性的生活现状和养老意愿将更有针对性。本节直接关注中老年农村大龄未婚男性的养老生活现状和养老意愿，其中，养老生活状况全方位系统地涉及健康、收入、工作、流动、生活和社会交往等诸多方面，养老意愿则主要关注他们对于养老资源（老年生活费用）提供和老年照料（不能自理时的生活照料）提供两个方面的意愿。因为养老生活状况是农村大龄未婚男性养老意愿状况及形成原因的基础，所以本研究对他们的养老现状进行了全景式扫描。

二 研究假设与分析方法

（一）研究假设

研究假设一：农村中老年未婚男性的失婚状态与他们的养老生活困难之间呈正相关关系。

新中国成立以来我国社会保障制度不断完善，特别是 2000 年以后国家加快了农村社会保障制度建设，2003 年国家开始了新型农村合作医疗试点工作，2009 年开始了新型农村社会养老保险试点工作。但是，广覆盖、保基本是新型农村社会养老保险制度的基本原则，农村老年人从新农保等社会保障制度中获得的生活支持比较有限，家庭养老仍是农村老年人非常重要的养老来源。农村中老年未婚男性没有配偶和子女，父母或已年迈或去世，他们面临着社会保障力度有限和家庭保障缺失的双重劣势。

研究假设二：农村中老年未婚男性的养老意愿更加依赖社会保障和福利制度。

以婚姻关系为基础的家庭养老资源缺失使农村中老年未婚男性对社会保障和社会救助制度的依赖更具刚性。我国正式实行《农村五保供养工作条例》已有近 30 年①，五保供养对象包括村民中"无劳动能力、无生活来源、无法定赡养扶养义务人或虽有法定赡养扶养义

---

① 注：1994 年 1 月，国务院公布施行《农村五保供养工作条例》，规定五保供养的主要内容是"保吃、保穿、保住、保医、保葬（孤儿保教）"，供养标准为当地村民一般生活水平，所需经费和实物，从村提留或者乡统筹费中列支。1997 年 3 月，民政部颁布《农村敬老院管理暂行办法》，规范了农村敬老院建设、管理和供养服务。这两项法规规章的出台，标志着我国农村五保供养工作开始走上规范化、法制化的管理轨道。

务人，但无赡养扶养能力的老年人和残疾人"，可以说，五保制度可以覆盖农村全部老年未婚男性、残疾未婚男性，是这部分农村未婚男性最能够依赖的养老生活来源。

研究假设三：农村中老年未婚男性更可能受五保救助，而更不可能获得低保保障。

五保供养制度并不能覆盖农村中老年未婚男性。2005 年河北省开始建立农村最低生活保障制度，农村中老年未婚男性的生活保障似乎实现了制度全覆盖。然而，实际村庄调研发现，未进入老年阶段的中老年未婚男性很难获得五保救助，同时也很难获得低保保障，原因在于基层政府认为未婚老年男性既已被五保救助也就不必须给予低保保障，同时与"正常"家庭相比，未婚男性独居户缺乏低保保障优先性[①]。

（二）分析方法

研究数据来自 2013 年 C 县农村调查（见表 1-1）。由于本节主要关注大龄未婚男性的老年生活、养老状况和养老计划，这里将大龄未婚男性的年龄限定在 55 岁及以上，我们认为，在当地农村 55 岁及以上男性已经初步进入老年生活。

本节在描述性分析的基础上，构造两组综合分析模型，分别对影响农村中老年男性生活境况和养老意愿的因素进行计量分析。第一组被解释变量是生活境况的六个方面，全部为二分类变量，它们分别是：是否有人帮助做饭、是否有人帮助洗衣服、农忙时是否有人帮助、生病时是否有人帮助照料、是否有低保和是否有"五保"。第二组被解释变量是养老意愿的两个方面，也都是二分类变量，它们分别是：年老时是否希望政府与社会提供生活费用和年老时是否希望政府

[①] 注：实地调研发现，农村低保实行过程中，在低保指标限额规制下，基层民政部门倾向于优先给予"正常"困难家庭低保，而大龄未婚男性家庭尤其是独居的大龄未婚男性家庭户在获得低保保障上处于非优先地位。

与社会提供生活照料。解释变量主要是个人的婚姻状况、年龄、受教育水平和健康状况。

处理分类被解释变量常采用 Logit 回归模型，在本书中"1"代表做饭、洗衣、生病照料和农忙时有帮助、有低保、有"五保"、希望政府和社会提供年老时的生活费用和生活照料，"0"代表没有帮助、无低保、无"五保"、希望政府和社会以外的人或组织提供年老时的生活费用和生活照料。该模型的函数表达式为：

$$\text{Logit}(P) = \beta_0 + \beta_1 x_1 + \cdots + \beta_k x_k \tag{1}$$

根据 Logit 变换的定义，有：

$$\text{Logit}(P) = \text{Ln}[p/(1-p)] \tag{2}$$

$p/(1-p)$ 称为发生比（odds ratio），它是某事件发生的概率与不发生的概率之比，本书中就是生活境况中的做饭、洗衣、农忙、生病是否有帮助，是否有低保或五保和养老意愿中的是否希望政府或社会提供年老时的生活费用和生活照料的发生比。将（2）式带入（1）式可得：

$$p = [\text{Exp}(\beta_0 + \beta_1 x_1 + \cdots + \beta_k x_k)/(1 + \text{Exp}(\beta_0 + \beta_1 x_1 + \cdots + \beta_k x_k))] \tag{3}$$

由于被解释变量是二分类变量，Logit 回归模型的误差项服从二项分布，因此使用最大似然法进行参数估计。由于模型中使用了 Logit 变换，各解释变量的偏回归系数 β_i（i = 1，2，…，k）表示的是解释变量 x_i 每变化一个单位时，被解释变量（生活境况的 6 个方面和养老意愿的 2 个方面）的发生比（odds）自然对数值的改变量。exp（β_i）为发生比率（odds ratio），表示解释变量 x_i 每变化一个单位，被解释变量出现概率（生活境况中有人帮助的概率、有低保的概率、有五保的概率和养老意愿中希望政府提供年老后的生活费用和生活照料的概率）的比值是变化前相应比值的倍数。

三　分析结果

（一）描述性分析

1. 人口和社会特征

被调查男性受教育程度偏低，未上过学和小学的比例合计超过80%。比较而言，大龄未婚男性受教育程度更低，没上过学的比例更高（48.15%）、上过高中/中专的比例为"0"（见表5-6）。但是，大龄未婚男性与已婚男性受教育程度的差别在统计意义上不显著。

表5-6　受教育程度

单位：%

群体	未上过学	小学	初中	高中/中专
已婚男性	30.14	52.74	12.33	4.79
大龄未婚男性	48.15	33.33	18.52	0.00

资料来源：2013年C县农村调查。

整体看来，大龄未婚男性身有残疾的比例明显高于已婚男性，而已婚男性身体健康的比例明显高于大龄未婚男性（见表5-7）。

表5-7　身体状况

单位：%

群体	健康	一般	有慢性疾病	有残疾
已婚男性	31.50	27.40	32.88	8.22
大龄未婚男性	14.81	25.93	37.04	22.22

资料来源：2013年C县农村调查。

大龄未婚男性和已婚男性的身高也存在显著差别。大龄未婚男性的身高均值较已婚男性低近5厘米，同时大龄未婚男性的身高最小值要小于已婚男性的身高最小值，大龄未婚男性的身高最大值也要小于已婚男性最大值（见表5-8）。

表5-8　身高情况

单位：厘米

群体	均值	标准差	最小值	最大值	观测数(人)
已婚男性	165.6096	6.161475	140	182	146
大龄未婚男性	160.7407	11.47436	123	173	27

资料来源：2013年C县农村调查。

2. 日常生活状况

从生活来源看，大龄未婚男性更多地依靠低保和五保等政府福利和救助，这两项的比例合计达到了40.74%，并且大龄未婚男性的生活来源不存在家庭其他成员供养的情况。已婚男性的生活来源主要来自劳动收入、低保和家庭其他成员供养，其中，接近2/3的已婚男性主要依靠劳动收入生活（见表5-9）。

表5-9　目前生活来源

单位：%

群体	劳动收入	离/退休金	低保	五保	家庭其他成员供养	其他
已婚男性	65.52	0.69	20.69	0.69	8.28	4.14
大龄未婚男性	55.56	0.00	14.81	25.93	0.00	3.70

资料来源：2013年C县农村调查。

相比较而言，生活来源来自政府的情况下，已婚男性生活来源为低保的比例更高，大龄未婚男性生活来源为"五保"的比例更高。大龄未婚男性个人年收入的均值明显低于已婚男性（见表5-10），同时，大龄未婚男性个人月基本生活花费的均值也明显低于已婚男性（见表5-11）。

表 5-10　个人年收入

单位：元

群体	均值	标准差	最小值	最大值	观测数（人）
已婚男性	4173.111	4146.302	0	20000	144
大龄未婚男性	3538.462	4231.13	0	20000	26

说明：有 1 名大龄未婚男性没有报告个人年收入。

资料来源：2013 年 C 县农村调查。

表 5-11　个人月基本生活花费

单位：元

群体	均值	标准差	最小值	最大值	观测数（人）
已婚男性	402.3776	467.2563	2	5000	143
大龄未婚男性	318.5185	217.3212	10	1000	27

资料来源：2013 年 C 县农村调查。

被调查农村男性个人生活最大支出是吃饭，其中，大龄未婚男性的比例接近 2/3，已婚男性的比例也超过一半。已婚男性和大龄未婚男性个人生活最大支出的比例第二位的都是医药。吃饭和医药的比例合计都超过了 80%，这体现了当地农村男性居民生活消费的基本特征。不过，大龄未婚男性和已婚男性在个人生活最大支出方面的差别不明显（见表 5-12）。

表 5-12　个人生活最大支出

单位：%

群体	吃饭	抽烟	喝酒	医药	其他
已婚男性	55.86	8.28	2.07	31.72	2.07
大龄未婚男性	66.67	7.41	7.41	14.81	3.7

资料来源：2013 年 C 县农村调查。

在个人日常生活的各个方面，大龄未婚男性和已婚男性都存在明显差别。

151

首先，农忙帮助方面，超过 80% 的大龄未婚男性无人帮助，而已婚男性的比例不到一半。其次，生病照料方面，超过 60% 的大龄未婚男性生病时无人照料，而已婚男性无人照料的比例不超过 16%，已婚男性生病时配偶照料的接近 60%、子女照料的接近 25%，已婚男性生病时由配偶和子女照料的比例超过 80%，而大龄未婚男性生病时，兄弟提供照料的比例最大（22.22%）。最后，大龄未婚男性几乎全部自己做饭和洗衣服，而已婚男性配偶洗衣服和做饭的比例都超过了 60%（见表 5-13）。

表 5-13　个人日常生活

单位：%

生活方面	群体	无人	配偶	子女	兄弟	侄甥	姐妹	媳婿	其他	合计
农忙帮助	已婚男性	49.22	36.72	13.28	0	0	0	0.78	0	100
	大龄未婚男性	80.77	0.00	0.00	7.68	3.85	3.85	0.00	3.85	100
生病照料	已婚男性	15.86	58.62	23.45	0.00	0.69	0.00	1.38	0.00	100
	大龄未婚男性	62.96	0.00	0.00	22.22	7.42	3.70	0.00	3.70	100
做饭	已婚男性	29.69	67.97	0.78	0	0	0	0.78	0.78	100
	大龄未婚男性	96.3	0	0	0	3.7	0	0	0	100
洗衣服	已婚男性	31.03	62.76	4.14	0	0	0	1.38	0.69	100
	大龄未婚男性	96.43	0	0	0	3.57	0	0	0	100

资料来源：2013 年 C 县农村调查。

总的看来，没有基于婚姻关系而来的配偶和子女，大龄未婚男性的个人日常生活缺少支持，除了做饭和洗衣需要自己动手、自食其力外，农忙时也很难找到帮手，更为艰难的是生病时的无人照料。这些都是农村大龄未婚男性由于失婚所承受的生活不便和生活压力。

3. 社会交往状况

社会交往状况包括了四个方面：平时提供最多帮助者、与村里人交往情况、与村里人矛盾情况和心理状况。

已婚男性和大龄未婚男性的提供最多帮助者明显不同，配偶和子女是提供给已婚男性帮助最多的前两位，而提供给大龄未婚男性最多帮助的是他们的兄弟。40.74%的大龄未婚男性在社会交往中没有提供最多帮助的人（见表5-14）。

表5-14　平时提供最多帮助者

单位：%

群体	配偶	父母	子女	兄弟	姐妹	邻居	亲戚	无人	其他
已婚男性	42.07	2.07	33.10	0.69	0.00	1.38	2.76	16.55	1.38
大龄未婚男性	0.00	0.00	0.00	25.93	3.70	7.41	11.11	40.74	11.11

资料来源：2013年C县农村调查。

在与村里人交往方面，已婚男性和大龄未婚男性的差别也十分显著。整体看来，大龄未婚男性对与村里人交往状况的评价要比已婚男性差，已婚男性对于村里人交往状况评价为"很好"和"好"的比例明显高于大龄未婚男性（见表5-15），而大龄未婚男性与村里人发生矛盾的比例也明显高于已婚男性（见表5-16）。

表5-15　与村里人交往情况

单位：%

群体	很好	好	一般	不好	很不好
已婚男性	24.14	60.00	15.86	0.00	0.00
大龄未婚男性	14.82	29.63	48.15	3.70	3.70

资料来源：2013年C县农村调查。

表5-16　过去一年与村里人发生矛盾的状况

单位：%

群体	发生矛盾	未发生矛盾
已婚男性	1.41	98.59
大龄未婚男性	7.41	92.59

资料来源：2013年C县农村调查。

从心理状况看，大龄未婚男性也明显比已婚男性差。大龄未婚男性感到寂寞的比例接近80%，是已婚男性感到寂寞比例的近2倍。大龄未婚男性和别人讲心事的比例不到8%，而已婚男性的比例是大龄未婚男性的5倍（见表5-17）。

表5-17　心理状况

单位：%

群体	感到寂寞	没感到寂寞	和别人讲心事	不和别人讲心事
已婚男性	39.16	60.84	37.24	62.76
大龄未婚男性	77.78	22.22	7.41	92.59

资料来源：2013年C县农村调查。

4. 社会保障状况

调查发现，大龄未婚男性和已婚男性在社会保障方面的差别也很明显。与已婚男性相比，大龄未婚男性参加新型农村合作医疗的比例明显更小、是低保户的比例明显更小、是五保户的比例更大（见表5-18）。

表5-18　社会保障情况

单位：%

是否参加	群体	是	否
新型农村合作医疗	已婚男性	95.86	4.14
	大龄未婚男性	82.14	17.86
是否是低保户	已婚男性	54.48	45.52
	大龄未婚男性	25.00	75.00
是否是五保户	已婚男性	0.69	99.31
	大龄未婚男性	46.43	53.57

资料来源：2013年C县农村调查。

5. 养老意愿与计划

大龄未婚男性和已婚男性在对老年生活的准备方面没有明显差

别，特别在是否参加社会养老保险方面的差别更小，当地大部分男性都参加了社会养老保险（见表5-19）。

表 5-19　对老年生活的准备情况

单位：%

对老年生活的准备情况	群体	是	否
是否为未来养老存钱	已婚男性	20.57	79.43
	大龄未婚男性	7.69	92.31
是否参加社会养老保险	已婚男性	86.90	13.10
	大龄未婚男性	81.48	18.52

资料来源：2013年C县农村调查。

但是，在年老后希望谁提供生活费用和生活照料方面，大龄未婚男性和已婚男性的差别都很显著。年老后希望谁提供生活费用方面，未婚男性更多依靠村集体、敬老院和社保，而已婚男性更多依靠儿子、女儿或儿女。年老后希望谁提供生活照料方面，未婚男性同样更多依靠村集体、敬老院和社保，而已婚男性仍是更多依靠儿子、女儿或儿女（见表5-20）。

表 5-20　年老后希望谁提供生活费用和生活照料

单位：%

养老意愿	群体	希望谁提供生活费用和生活照料								
		自己	儿子	女儿	儿女	村集体	敬老院	社保	其他	没想
年老后希望谁提供生活费用	已婚男性	4.17	47.22	7.64	22.22	0	2.08	7.64	2.08	6.94
	未婚男性	11.11	0.00	3.70*	0.00	11.11	7.41	29.63	18.52	18.52
年老后希望谁提供生活照料	已婚男性	4.9	46.85	7.69	20.28	0	2.8	5.59	2.8	9.09
	未婚男性	7.41	0.00	3.70*	0.00	7.41	11.11	25.93	18.52	25.93

注：*为大龄未婚男性领养或收养女儿的特殊情况。

资料来源：2013年C县农村调查。

大龄未婚男性缺乏婚姻和婚生子女，因此，他们年老后的生活费用来源和生活照料只能更多依靠社会。当然，20%～25%的大龄未婚男性还没有认真思考过年老后的生活安排。对于已婚男性来讲，儿子仍是他们年老后的最重要依靠，这也反映了农村养儿防老的文化传统。

（二）模型计量分析结果

1. 影响老年生活的因素分析

以下从做饭、洗衣服、生病照料、农忙帮助、低保和五保等六方面进行分析影响老年生活的因素，主要解释变量是婚姻状况，控制变量包括健康状况、受教育程度和年龄，为了比较婚姻状况对于男性老年生活的影响，模型将性别限定为男性，年龄下限定为 55 岁（见表5-21）。

表 5-21　主要变量的描述性统计

变量名称	变量含义及赋值	均值	标准差	最小值	最大值
做饭	有人帮助做饭＝0，无人帮助做饭＝1	0.419	0.495	0	1
洗衣服	有人帮助洗衣服＝0，无人帮助洗衣服＝1	0.415	0.494	0	1
生病照料	有人照料＝0，无人照料＝1	0.233	0.424	0	1
农忙帮助	有人帮助＝0，无人帮助＝1	0.545	0.500	0	1
低保	无低保＝0，有低保＝1	0.497	0.501	0	1
五保	非五保户＝0，五保户＝1	0.075	0.264	0	1
是否未婚	非未婚＝0，未婚＝1	0.156	0.364	0	1
健康状况	健康＝0，不健康＝1	0.306	0.462	0	1
受教育程度	未上过学＝0，小学＝1，初中＝2，高中/中专＝3，大专＝4，大学＝5	0.884	0.784	0	3
年龄	55 岁及以上	66.358	8.612	55	90

资料来源：2013 年 C 县农村调查。

模型结果（见表 5-22）表明，婚姻状况对于男性老年人生活的影响是全面和显著的。在控制其他变量情况下，与已婚或曾婚男性老年人相比，未婚男性老年人无人帮助做饭、洗衣服、生病照料和农忙帮助的可能性都十分显著地增大，所获得的生活支持明显不足。

表 5-22　未婚对于男性老年生活影响的 Logit 模型参数估计结果

变量名称	1. 做饭	2. 洗衣服	3. 生病照料	4. 农忙帮助	5. 低保	6. 五保
是否未婚（否）	4.377***	4.400***	2.380***	1.593***	−1.127+	5.610***
健康状况（健康）	0.318	0.479	0.441	−0.262	1.567***	1.118
受教育程度（未上过学）	−0.207	−0.073	0.136	−0.060	−0.014	0.215
年龄（55 岁）	0.054*	0.052*	0.025	0.028	0.204***	0.078
常数项	−4.341**	−4.387**	−3.667	−1.766	−13.612***	−11.218**
Number of obs	172	171	172	154	173	173
LR chi2	55.48	55.37	27.11	11.19	95.98	48.77
Prob>chi2	0.0000	0.0000	0.0000	0.0245	0.0000	0.0000
Pseudo R2	0.2372	0.2386	0.1453	0.0537	0.4002	0.5284
Log likelihood	−89.190391	−88.370439	−79.728381	−100.51389	−71.922176	−21.762736

注：***、**、* 和 + 分别代表 p<0.001、p<0.01、p<0.05 和 p<0.1。
资料来源：2013 年 C 县农村调查。

　　不过，在低保和五保方面，未婚男性老年人和非未婚男性老年人的区别比较出乎意料：与非未婚男性老年人相比，未婚男性老年人更可能是五保户①，而更不可能是低保户②。实地调研表明，绝大多数农村老年未婚男性能够享受五保户待遇保障，同时，农村老年未婚男性享受低保的比例明显小于享受五保的比例。在五保和低保政策执行过程中，乡和村级基层政府部门更多优先保障老年未婚男性被五保覆盖，同时被五保和低保覆盖的老年未婚男性的比例非常少。

————————

① 五保户是指《农村五保供养工作条例》中的五保供养对象，主要包括村民中符合下列条件的老年人、残疾人和未成年人：无劳动能力、无生活来源、无法定赡养扶养义务人或虽有法定赡养扶养义务人，但无赡养扶养能力的老年人、残疾人和未成年人。
② 低保户是指家庭人均月收入低于最低生活保障标准的居（村）民，享受国家最低生活保障补助的家庭。

2. 影响养老意愿的因素分析

以下从年老时的生活费用来源和生活照料提供两方面分析婚姻对于男性老年生活预期的影响因素，主要解释变量是婚姻状况，控制变量包括健康状况、受教育程度和年龄。为了比较婚姻状况对于男性老年生活的影响，模型将性别限定为男性，年龄限定为 45～64 岁（见表 5-23）。对于年龄的限定主要基于以下两点考虑：一是在被调查农村，45 岁仍未能初次婚配的男性能够结婚的可能性很小，二是在当地农村，男性 64 岁及以下从事劳动比例仍很大，故将 65 岁作为步入老龄阶段的起点。

表 5-23　主要变量的描述性统计

变量名称	变量含义及赋值	均值	标准差	最小值	最大值
年老生活费用	希望政府或社会提供=1,其他=0	0.171	0.378	0	1
年老生活照料	希望政府或社会提供=1,其他=0	0.169	0.377	0	1
是否未婚	非未婚=0,未婚=1	0.192	0.395	0	1
健康状况	健康=0,不健康=1	0.132	0.340	0	1
受教育程度	未上过学=0,小学=1,初中=2,高中/中专=3,大专=4,大学=5	1.106	0.842	0	3
年龄	45～64 岁	54.874	5.616	45	64

资料来源：2013 年 C 县农村调查。

模型结果（见表 5-24）表明，婚姻状况对于当地农村 45～64 岁男性老年生活的影响非常显著。在控制其他变量情况下，与 45～64 岁已婚或曾婚男性相比，45～64 岁未婚男性希望政府和社会提供年老时的生活费用和生活照料的比例明显更高。这再次证明了当地农村未婚男性对于社会养老保障制度和福利制度的刚性依赖，他们对老年后生活费用供养和照料方式的期盼具有被动特征（王跃生，2012）。

表5-24 未婚对于男性中老年人老年生活预期的 Logit 模型参数估计结果

参数	年老生活费用	年老生活照料
是否未婚(否)	4.097***	4.316***
健康状况(健康)	0.232	−0.476
受教育程度(未上过学)	−0.539	−0.472
年龄(45岁)	0.003	0.027
常数项	−2.238	−0.609
Number of obs	93	88
LR chi2	30.5	30.61
Prob>chi2	0.0000	0.0000
Pseudo R2	0.3694	0.3969
Log likelihood	−25.910269	−23.253043

注:***、**和*分别代表 p<0.001、p<0.01 和 p<0.05。
资料来源:2013 年 C 县农村调查。

四 结语

本节使用 2013 年 C 县农村调查数据,勾画了贫困地区农村中老年未婚男性的生活与养老的全景,总结了该群体区别于已婚同龄男性的日常生活、社会交往、社会保障和养老意愿等特征,分析了失婚对于该群体日常生活、社会保障和养老预期的影响。

分析结果说明,与同龄已婚男性相比,当地中老年未婚男性不仅在个体素质、个体收入和消费、生活支持、日常交往和社会保障等诸多方面处于明显劣势地位,而且他们的养老意愿更加凸显依赖社会养老保障制度和福利制度的刚性。

家庭是我国社会结构中最重要的基本组成,家庭支持是个体生存、生活和发展的最基本支持。贫困地区农村中老年未婚男性能够完成婚配的可能性已经不大,由于缺失来自配偶和子女的家庭支持,他们的生活质量较低,个体生理、心理福利受损,而且,对于年老后的养老生活缺乏信心,只能寄希望于国家、政府、集体和社会养老福利制度。

尽管当前贫困地区农村大龄未婚男性的产生不是主要源于人口控制政策的实行，但是，未来几十年里，随着人口控制政策实施而产生的大龄未婚男性的出现、积累和沉淀，贫困地区农村男性大龄未婚、失婚问题将更加急迫和严峻。因此，对国家、政府和全社会而言，相关法律法规、社会保障制度和实际应对方法需要尽快制定和完善，防止大龄未婚男性问题逐渐积聚，最终成为对经济可持续发展、社会和谐和公共安全产生严重负面影响的大问题。

第三节　男性大龄未婚问题对公共安全的影响

中国是一个"普婚制"社会，然而婚姻是一项排斥底层男性的社会制度，社会阶层构成中必然存在一些因个人、家庭和社区综合条件差而无法完成婚配的底层男性。当前，我国面临婚配困难的底层男性主要集中在贫困地区农村。历史与现实中，大龄未婚男性（光棍）通常被视为家庭、社区和社会的负面影响因素。由于没有婚姻关系，这些光棍缺失婚姻支持、缺乏家庭支持，也没有婚姻的责任义务约束，成为村落中的特殊人群，被村落居民视为社区和社会安全的潜在隐患。

西方学者最先关注光棍对于公共安全的影响。分别在美国杨伯翰大学和英国肯特大学从事政治学研究的瓦莱丽·M. 赫德森和安德莉亚·M. 邓波尔于 2004 年出版了引起轰动效应的著作《光棍危机：亚洲男性人口过剩的安全启示》[①]。他们认为，拥有金钱、技能和受教育等优势的男子可以结婚；而没有这些优势的男子却结不了婚，他们在社会经济的最底层形成了一个固定的光棍阶层。在中国和印度，到 2020 年，光棍将占到年轻的成年男性人口的 12% ~ 15%。他们还在

---

① Valerie M. Hudson and Andrea M. den Boer, *Bare Branches*：*The Security Implications of Aisa's Surplus Male Population*. Cambridge：MIT Press，2004.

《华盛顿邮报》撰文指出，处于社会底层的年轻成年男子，为了提升他们的社会地位，会通过暴力和犯罪方式联合起来。中国清朝末年的"捻军"就是一个例子。他们认为，为了提防"光棍乱国"，政府会考虑将这股"祸水"引向国外；或者鼓励年轻男子向外移民，或者利用他们为政府的海外军事冒险服务。不过，他们的观点并不为国内研究者所认同。比如，乔晓春（2004）认为："国内还没有针对'男女比例失调'与社会安全问题的因果关系做专门的课题研究，没有科学的数据能说明'男性过剩'会直接造成社会的动荡，包括暴力案件、人口拐卖等社会问题增多，基本上这些对未来的影响都只能是猜测，是经一般的逻辑演绎出来的可能，在调查研究之前无法否认，但也并不可信。"[①] 尽管如此，国内也开始注意光棍对于社会安全的影响，尤以李树茁教授为首的研究团队最为突出。

历史研究表明，光棍对传统社会安全产生了一定的负面影响（王跃生，2001）那么，在当前中国社会中，"光棍将肯定会成为我国社会稳定的隐患、成为国家长治久安的巨大破坏性力量吗？"有学者针对这一问题进行研究并做出了回答："从我们的调查结果和纯粹的客观可能性来说，光棍群体中出现有组织的犯罪团伙可能性正在逐步增大。但是从我们目前的研究结果来看，尚没有发现其中任何一种危害社会稳定的行为有在大龄未婚男性群体之间扩散的迹象。另外，由于我国人口基数很大，大龄未婚男性只占所有婚龄成年男性中的很小的比例。总体上，我们认为在短时期内，他们对我国社会稳定并不能构成实质性的影响。"（刘中一，2005）

可以说，之前关于光棍对于社会安全影响的研究几乎全部局限于定性分析，鲜有定量研究。为了克服这个缺陷，有研究者使用定量分析方法证明了中国性别失衡对犯罪的影响，他们基于中国1990年、

[①] http://www.china.com.cn/international/txt/2004-08/02/content_5624859.htm.

1995 年、2000 年、2005 年全国省级宏观人口经济和犯罪率数据，采用计量经济学的面板回归方法建立性别比和犯罪率之间的随机效应模型，发现性别比的升高对犯罪率的上升有非常显著的影响，结果显示人口性别比每提高 0.01（正常值为 1.06），犯罪率上升 3.03%。进而得出结论，中国性别失衡很大程度上促进了犯罪率的上升，对社会安全构成了威胁（姜全保、李波，2011）。

综上，我们发现，人们有关光棍对于社会公共安全影响的认知在逐渐具体和深化，研究方法也从定性研究拓展到定量研究。不过，从微观村落层面定量分析村民对于光棍社会影响的认知的研究很少。本节主要分析村民针对光棍与公共安全关系的认知，并比较光棍和普通村民的认知差别以及影响因素。

一　研究假设和方法

研究数据来自 2013 年 C 县农村调查（见表 1-1）。

（一）研究假设

假设 1：年龄是影响个体认知的关键因素之一，不同年龄的村民对光棍影响的认知存在差别。由于年龄增大和阅历增多，年龄较大村民对光棍影响的认知更加全面、理性与深刻，他们对光棍负面影响的评价会比年龄较轻的村民更加缓和。

假设 2："当局者迷旁观者清"说明个体所处社会位置对其社会认知会有重要影响。作为局中人或当事人，与普通村民相比，光棍群体关于自身负面影响的认知会更加弱化。

假设 3：个体认知会受到环境的深刻影响。一般而言，在封闭的环境中长期生活的人们缺乏对外面世界的了解，对某些问题的认知会相对狭窄和肤浅，而在开放环境中，沟通交流的频繁，文化观念的碰撞、冲突与融合会促进人们观念的改变。外出务工是贫困地区农村人民增长阅历、了解异乡文化或城市文明的重要途径，对一般村民而言，没有外出务工经历或者没有在更远地方务工经历的村民对光棍负面影响的认知相对更加严重。

（二）分析方法

除了基本描述性统计分析之外，本节使用回归模型分析村落民众关于光棍对于公共安全影响的认知。具体回归模型是 Probit Model，含有多个自变量的总体 Probit 模型如下：

$$P_r(y = y_i \mid x_1, x_2, x_3, \cdots, x_k) = \Phi(\beta_0 + \beta_1 x_1 + \beta_2 x_2 + \beta_3 x_3 + \cdots + \beta_k x_k)$$

当被解释变量 y 是序次变量时，回归模型是 Ordinary Probit Model，Φ 是累积标准正态分布函数，x_1，x_2，x_3，$\cdots$，x_k 是解释变量，β_1，β_2，β_3，$\cdots$，β_k 是解释变量的系数。

二 实证分析结果

（一）描述性分析

村民关于光棍对村落影响的评价和社会影响的评价基本一致，年龄越轻的村民对光棍影响负面评价的比例越大，年龄越大的村民对光棍影响负面的评价比例越小。比如，针对光棍对村落影响的评价，随着年龄组的增加，评价为差和很差合计的比例呈减小趋势（见表5-25）。这里需要补充说明的是，所谓光棍对村落、社区或社会影响的评价"好"或"差"不涉及价值判断，只是客观评价这些影响是正向还是负向，以及影响程度。

表 5-25　村民关于光棍对于村落影响的认知

单位：%

对村落的影响	年龄							合计
	25~29 岁	30~39 岁	40~49 岁	50~59 岁	60~69 岁	70~79 岁	79 岁+	
好	2.13	4.29	4.91	7.69	6.19	7.55	0.00	5.53
一般	78.72	75.71	82.79	78.32	80.54	81.13	93.55	80.48
差	19.15	14.29	9.84	10.49	11.50	9.43	6.45	11.40

续表

对村落	年龄							合计
的影响	25~29 岁	30~39 岁	40~49 岁	50~59 岁	60~69 岁	70~79 岁	79 岁+	
很差	0.00	5.71	2.46	3.50	1.77	1.89	0.00	2.59
合计	100.00	100.00	100.00	100.00	100.00	100.00	100.00	100.00
样本数（人）	47	70	122	143	113	53	31	579

资料来源：2013 年 C 县农村调查。

　　针对光棍对社会影响的评价，随着年龄组的增加，评价为差和很差合计的比例呈减小趋势（见表5-26）。光棍和普通男性村民关于光棍影响的认知存在差异，其中，两类人群关于光棍社会影响的认知差异更加显著。总的看来，与普通男性村民相比，光棍认为自身对于村落和社会的影响为"差"或"很差"的比例更低（见表5-27）。

表5-26　村民关于光棍对于社会影响的认知

单位：%

对社会	年龄							合计
的影响	25~29 岁	30~39 岁	40~49 岁	50~59 岁	60~69 岁	70~79 岁	79 岁+	
好	2.13	4.29	4.91	6.29	5.31	7.55	0.00	5.01
一般	74.47	80.00	81.97	81.82	84.96	81.13	93.55	82.21
差	23.40	11.42	10.66	8.39	8.85	9.43	6.45	10.54
很差	0.00	4.29	2.46	3.50	0.88	1.89	0.00	2.25
合计	100.00	100.00	100.00	100.00	100.00	100.00	100.00	100.00
样本数（人）	47	70	122	143	113	53	31	579

资料来源：2013 年 C 县农村调查。

表5-27　光棍和已婚男性关于光棍影响的认知

单位：%

认知	光棍对于村落的影响		光棍对于社会的影响	
	已婚男性	光棍	已婚男性	光棍
好	5.97	1.96	6.34	1.96
一般	79.85	90.20	80.97	96.08

认知	光棍对于村落的影响		光棍对于社会的影响	
	已婚男性	光棍	已婚男性	光棍
差	11.94	7.84	10.82	1.96
很差	2.24	0	1.87	0
合计	100.00	100.00	100.00	100.00
样本数（人）	268	51	268	51

资料来源：2013 年 C 县农村调查。

质性访谈资料分析也说明，大部分村民不认为光棍对村落和社会有很大的负面影响。一位村民的观点比较有代表性："是个动物都知道雌雄的事，何况是人呢。（光棍）对村里风气有影响，（但是影响是）个别的。"（个案 A-4）出乎意料的是，多位村民都强调了光棍对于村落的负面影响——"村里光棍多了，更没有姑娘给（嫁）过来；哪天村里光棍少了，说明村里条件好了，村子名声就好听了。"其中，一位中老年光棍说："村里四五十个光棍，对村里风气有影响，虽然都是（光棍）自己的事情，（但）也对村里面有影响。（待嫁妇女）好地方不给（嫁给），人给（嫁给）你赖地方？"（个案 A-4、个案 A-5）

（二）回归模型计量分析

这里使用序次 Probit 模型来分析作用于人们关于光棍对于村落影响和社会影响认知的因素。因为被解释变量有两个——人们关于光棍对于村落影响的认知和人们关于光棍对于社会影响的认知，所以这里构建了两个回归模型。

两个被解释变量都是序次变量，问卷中"对本村或社会的影响"的备选项有五种，分别为"很好"、"好"、"一般"、"差"和"很差"，由于选择"很好"的情况非常罕见，所以在模型中将"很好"

与"好"合并。主要解释变量包括是否为大龄未婚男性、年龄组和打工地点。主要控制变量是性别、受教育程度和个人年收入（见表5-28）。

表5-28　主要变量的描述性统计

变量名称	变量含义及赋值	均值	标准差	最小值	最大值
对本村的影响	好=0；一般=1；差=2；很差=3	1.110	0.511	0	3
对社会的影响	好=0；一般=1；差=2；很差=3	1.100	0.485	0	3
是否为大龄未婚男性	否=0，是=1	0.095	0.294	0	1
性别	男=0，女=1	0.451	0.498	0	1
年龄组	20~29岁=0,30~39岁=1,40~49岁=2,50~59岁=3,60~69岁=4,70~79岁=5,80岁及以上=6	3.028	1.550	0	5
受教育程度	未上过学=0,小学=1,初中及以上=2	0.348	0.509	0	2
打工地点	未外出=0,本村=1,本乡=2,本县=3,本市=4,本省=5,外省=6	1.114	1.371	0	6
个人年收入	0~1000元=0,1001~2000元=1,2001~3000元=2,3001~5000元=3,5001元及以上=4	2.578	1.500	0	4

资料来源：2013年C县农村调查。

从回归模型结果（见表5-29）可以发现：在控制其他变量情况下，与已婚村民相比，大龄未婚男性认同光棍对村落或社会负面影响的可能性更小；与20~29岁村民相比，年龄越大的村民认同光棍负面影响的可能性越小，其中，70岁及以上年龄村民认同光棍对村落负面影响的可能性明显更小，60岁及以上年龄村民认同光棍对社会负面影响的可能性明显更小；与没有外出务工经历的村民相比，有外出务工经历的村民认同光棍对村落或社会负面影响的可能性更小，其中，外出务工地点为"本乡"和"本市"的村民认同光棍对村落或社会负面影响的可能性明显更小。

表 5-29 大龄未婚男性对于本村影响的次序 Probit 模型估计结果

变量名称	模型 1:对本村的影响			模型 2:对社会的影响		
	系数	标准误	显著性	系数	标准误	显著性
大龄未婚男性(否)						
是	-0.248	0.148	0.093	-0.411	0.129	0.001
年龄(20~29 岁)						
30~39 岁	0.083	0.247	0.736	-0.172	0.254	0.498
40~49 岁	-0.227	0.244	0.352	-0.318	0.253	0.208
50~59 岁	-0.272	0.243	0.263	-0.419	0.253	0.097
60~69 岁	-0.340	0.259	0.188	-0.543	0.261	0.037
70~79 岁	-0.551	0.299	0.065	-0.748	0.316	0.018
80 岁及以上	-0.612	0.283	0.030	-0.716	0.297	0.016
外出打工地点(未外出)						
本村	-0.042	0.246	0.864	0.078	0.374	0.835
本乡	-0.951	0.500	0.057	-0.988	0.529	0.062
本县	0.143	0.248	0.563	-0.138	0.220	0.530
本市	-0.920	0.314	0.003	-1.006	0.316	0.001
本省	0.321	0.424	0.449	-0.570	0.497	0.252
外省	-0.169	0.146	0.248	-0.235	0.147	0.109
性别(男)						
女	-0.207	0.136	0.128	-0.157	0.139	0.260
受教育程度(未上过学)						
小学	-0.116	0.145	0.427	-0.028	0.152	0.852
初中及以上	0.440	0.379	0.246	0.511	0.395	0.196
年收入(0~1000 元)						
1001~2000 元	-0.447	0.201	0.027	-0.307	0.205	0.134
2001~3000 元	-0.241	0.157	0.126	-0.274	0.155	0.078
3001~5000 元	-0.326	0.166	0.050	-0.364	0.165	0.027
5001 元及以上	-0.496	0.153	0.001	-0.490	0.156	0.002
/cut1	-2.455	0.318		-2.663	0.334	
/cut2	0.355	0.299		0.271	0.311	
/cut3	1.240	0.286		1.165	0.299	
Number of obs	579			579		
Wald χ^2	41.6			51.47		
Prob>χ^2	0.0030			0.0001		
PseudoR^2	0.0400			0.0455		
Log pseudo likelihood	-376.29829			-350.014		

资料来源:2013 年 C 县农村调查。

与光棍相比，普通村民更加认同光棍对于村落和社会的负面影响。与村落中的普通村民相比，光棍关于自身对于村落或社会负面影响的认知更加淡化。这些发现与社会常理也是基本一致的。

年龄是影响认知的关键因素。认知状况、认知水平与生活经验之间具有十分密切的关系。与20多岁处于婚育高峰期的村民相比，年龄更大的村民在考虑光棍对于村落或社会的影响时有了更多的经验基础和理性思考，他们对于光棍影响的认知更少受刻板印象影响。我国传统村落文化是重土安迁，固定于土地上的村民深受传统文化的影响，对于非传统和非主流的光棍群体有可能更加严苛，更有可能认同或一定程度夸大光棍对于村落和社会的负面影响。

外出务工经历不仅提高村民们的收入水平，也开阔他们的眼界，使他们受到城市文明与市民思想观念的影响与熏陶。由此，他们对于光棍影响的认知会更加理性和深刻，对光棍群体的认知也就更加公正与平和。比如，常在外务工、与外界交流频繁的村民能够更清楚地理解光棍的产生原因不仅是个体的懒惰或"烂泥扶不上墙"，也与家庭负担重、地方经济落后和国家总体人口结构变化有关系，从而，他们对于光棍及其影响的看法或认知会发生改变，某些对于光棍的刻板印象或偏见能够发生变化。

此外，性别和受教育程度对于光棍影响认知的作用不明显，而不同收入的人群针对光棍影响认知存在明显差别，总体而言，收入更高的群体就光棍对村落或社会负面影响的认知越淡化。

三　结语

本节考察了村民和光棍关于光棍对于村落和社会影响的认知状况及其影响因素分析。结果发现，与普通村民相比，光棍关于自身对于村落和社会负面影响的认知明显淡化，而年龄越大的村民、有外出务工经历的村民和收入更高的村民关于光棍对于村落和社会负面影响的认知更加宽容。

村民对于光棍负面影响的认知更多是基于传统文化的影响，更多受刻板印象所左右，发展地方经济、鼓励村民进城务工以促进村民收入提高将会有效改变村民对于光棍的传统认识，从而能够改善村落中光棍的生活环境和生活质量，一定程度上减少光棍问题对于村落和社会的负面影响。当前农村光棍主要并不是人口控制政策所产生的后果，但是，未来人口控制政策实施而产生的农村光棍将逐渐增多和不断累积，贫困地区农村光棍问题将更加急迫和严峻。这种情况需要国家、政府、社会和普通民众高度重视：相关法律、规章和制度需要加以完善；基层的制度执行程序也需要加以规范；城乡居民需要更多了解光棍问题的前因后果，打破对于光棍的刻板印象，改变对于光棍问题的认知。

第四节　小结与讨论

一　小结

C县农村大龄未婚男性的生活质量总体不高，客观生活质量和主观生活质量都比较低。大龄未婚男性生活支持受父母在世情况和与父母同住情况的显著影响。生理、心理、家庭收入和社会交往等显著影响他们的生活总体满意度。婚姻家庭支持是人们生活支持的最直接来源，大龄未婚男性没有配偶和子代，随着父母的逐渐变老和最终离世，家庭支持不断弱化直至消失。从大龄未婚男性生命历程角度看，父母都去世后，其生活支持大受影响，生活质量将会有一定程度的下降。与正常婚配男性相比，大龄未婚男性不仅年老前生活质量处于绝对劣势，年老后养老照料也存在更大困难。

与同龄已婚男性相比，当地中老年未婚男性不仅在个体素质、个体收入和消费、生活支持、日常交往和社会保障等诸多方面处于明显劣势地位，而且他们的养老意愿更加凸显依赖社会养老保障制度和福利制度的刚性。家庭是我国社会结构中最重要的基本组成，家庭支持是个体生存、生活和发展的最基本支持。贫困地区农村中老年未婚男性能够完成婚配的可能性已经不大，由于缺失来自配偶和子女的家庭支持，他们对于年老后的养老生活缺乏信心，只能寄希望于国家、政府、集体和社会养老福利制度。

村民关于光棍对村落和社会影响的认知不存在显著性别差异和年龄差异。但是，与普通村民的认知相比，大龄未婚男性关于自身对于村落和社会负面影响的认知明显淡化。而年龄越大的村民、有外出务工经历、个人年收入更高的村民关于光棍对于村落和社会负面影响的认知更加宽容。

二　讨论

增加未婚男性经济收入、提高其经济状况满意度是应对大龄未婚男性问题的重要途径。虽然农村大龄未婚男性生活质量较低，客观生活质量与已婚男性相比也处于明显劣势，但是他们的主观生活质量与已婚男性没有显著差别，特别是社会交往满意度自评相对较好。促进区域经济发展、提高大龄未婚男性收入水平是减少其负面影响的重要途径。

村落中人们对于光棍负面影响的认知更多是基于传统文化的影响，更多受到刻板印象的左右，发展地方经济、促进村民收入快速显著提高和鼓励村民走出村落进城务工将会有效改善村民对于光棍的传统认识，这样就能够最终达到改善村落中大龄未婚男性的生活环境和生活质量，从而一定程度上减少光棍问题对于村落和社会的负面影响的目的。光棍问题需要国家和社会共同关注、及早准备和充分应对。

第六章　结语

第一节　通婚圈变动加重村落男性婚姻困境

一　总结

（一）C 县农村通婚圈的变动及其原因

随着时代的变迁或初婚年代的后移，全国农村通婚圈在扩大，C县农村男性通婚圈也在扩大，其中，跨省婚比例的增多和村内婚比例的减小是通婚圈扩大的两个主要表现。家庭联产承包责任制的施行是20 世纪 80 年代 C 县农村男性通婚圈扩大的重要影响因素；外出务工是20 世纪 90 年代之后农村通婚圈尤其是 C 县农村男性通婚圈扩大的最重要影响因素。1984 年左右，C 县农村逐步分产到户，农民生活水平有了很大提高。在面对当地女性婚姻外迁多于外地女性婚姻内迁所导致的本地婚姻市场女性资源缺乏问题上，C 县婚姻困难男性将目光投向了云南、贵州和四川等西南地区。20 世纪 90 年代前后娶云、贵、川女性为妻的 C 县农村男性绝大多数处于当地经济和家庭条件最差的村落底层，在当地婚姻市场中他们是受到婚姻挤压最严重的人群。

目前，C 县农村面临婚姻困难的男性从云、贵、川"领"回媳妇的情况已经大大减少。一方面是区域经济发展对比状况发生了变化，20世纪90年代，与云、贵、川等山区村落相比，C县农村在生活水平上还有一定优势，而现在这种优势已经很不明显，因此C县对云、贵、川等西南省区的山村适婚年龄女性的吸引力在下降。另一方面，更加年轻的C县适婚年龄男性都长期在北京等外省市打工，务工范围扩展的同时婚恋交往范围扩大，更加年轻的C县男性已经在更广阔的婚姻市场上开展竞争，他们的新娘来自内蒙古、山西、东北三省、河南和山东的情况已不少见。

概括而言，家庭贫困和地区贫困是C县农村男性不得不面对的在婚姻市场上的竞争劣势，他们唯有在更广阔的婚姻市场里面，挖掘出本地区的相对优势或者个体人力资本的相对优势，才能够克服婚配困难、完成婚姻大事。这一婚姻市场竞争过程本身促成了C县农村男性通婚圈的扩大，尤其是C县农村男性跨省婚的显著增加。

（二）C县农村男性婚配困难问题的表现

大龄未婚比例偏高、议婚机会偏少和结婚花费偏多是C县农村男性婚配困难的三方面重要表现。首先，大龄未婚的较高比例是男性婚配困难的直接表现。C县农村的男性大龄未婚比例要高于全国农村平均水平，男性婚配困难问题比较严重，而且随着时间的推移，C县农村男性大龄未婚问题严重程度在加剧，男性婚配困难问题已经成为C县农村长期严重的社会问题。其次，议婚机会少是男性婚配困难的具体表现。C县农村大龄未婚男性严重缺乏议婚机会，自主谈对象、被介绍谈对象和被介绍入赘的机会都很少。最后，结婚花费高是男性婚配困难的重要经济表现。包括彩礼、建房购房和婚礼在内的结婚花费迅速提高，男性结婚花费的不断攀升远远超过了C县农村家庭收入增长情况，成为当地农村家庭的一项沉重经济负担。为了儿子的婚姻与家庭幸福，C县农村部分父母不但要在儿子结婚事务上提供全力财物支持，还必须为了儿子婚后的家庭稳定而继续提供长期生活资金支持。

（三）C县农村通婚圈变动与男性婚配困难问题的关系

20世纪80年代以来，C县农村女性嫁给本村男性的比例显著减少而向外省婚姻流动明显增多，向更发达城乡地区婚姻迁移的特征突出。C县农村女性近距离通婚（村内通婚）比例减少和远距离通婚（外省通婚）比例增大共同导致了C县农村婚姻市场女性资源短缺。受到婚姻挤压的C县农村男性主要通过从外地婚姻市场（主要是外省）引进新娘来解决婚姻问题。20世纪90年代的C县农村男性主要去贵州、云南和四川等较C县更为贫困的西南山区"领"回新娘；20世纪90年代末期尤其是2000年之后，C县农村男性主要在进城务工过程中与外省女性结婚。

C县农村女性通婚圈的变动加大了男性的婚配困难，为了应对男性婚配困难，C县男性被迫扩大了通婚圈，他们与外省女性结婚的比例增多。在男性通婚圈扩大的过程中，有一部分男性仍无法完成婚配而成为大龄未婚或终身不婚者，还有一部分陷入了婚姻问题的泥沼。陷入婚姻问题泥沼的人群主要是妻子来自外省的部分C县男性，他们由于被骗婚而饱受感情欺骗、金钱损失、家庭不幸和舆论压力等多重伤害。有些被骗婚的男性自暴自弃、破罐破摔，丧失了生活的积极态度，还有一些被骗婚男性不堪压力而变得精神恍惚，甚至身心健康严重受损从而丧失劳动和生活能力。同时，被骗婚男性的父母也承受着很大的压力，家庭幸福蒙上阴影。

与外省女性结婚并且在调查时仍保持结婚状态的C县农村婚配困难男性也面临一定的婚姻风险：他们中的很多人与外省女性的结合并没有履行法律程序，即没有与外省媳妇领取结婚证。很多嫁入C县农村的外省女性不领取结婚证，有的外省女性和C县农村男性共同生活不到一个月、几个月、半年、一两年甚至三四年之后就消失不见，有的外省女性甚至会抛弃与C县农村男性生育的孩子而离家不归。可以说，在C县农村，与外省女性通婚的男性很多都在承受着潜在的婚姻（事实婚姻——同居）随时破裂的风险，他们随时会落入人财两空的结局。

较高的婚姻失败比例使得 C 县农村男性清楚地认识到外省通婚的潜在风险，尽管娶外省女人的婚姻花费更低，C 县男性还是以娶本地女性为首选，数量相对短缺的本地女性在婚姻市场上占据了优势地位，男性结婚花费逐渐攀升。本地女性婚前"要车、要楼"的比例显著增加，本地婚姻市场上只有综合条件较好的男性才能够负担，综合条件较差或很差的底层男性更加负担不起本地婚姻市场上的新娘要价，他们唯有将目光投向本地婚姻市场之外。

（四）C 县农村大龄未婚男性生活质量的若干影响

C 县农村大龄未婚男性的客观生活质量和主观生活质量都比较低。大龄未婚男性的生活支持受到父母在世情况和与父母同住情况的显著影响。婚姻家庭支持是人们生活支持的最直接来源，大龄未婚男性没有配偶和子代，随着父母的逐渐变老和最终离世，家庭支持不断弱化直至消失。与正常婚配男性相比，大龄未婚男性不仅年老前生活质量处于绝对劣势，而且年老后养老照料也将存在巨大困难。

与同龄已婚男性相比，当地中老年未婚男性不仅在个体素质、个体收入和消费、生活支持、日常交往和社会保障等诸多方面处于明显劣势地位，而且他们的养老意愿更加凸显依赖社会养老保障制度和福利制度的刚性。贫困地区 C 县农村中老年未婚男性能够完成婚配的可能性已经不大，由于缺失来自配偶和子女的家庭支持，他们对于年老后的养老生活缺乏信心，只能寄希望于国家、政府、集体和社会养老福利制度。

C 县村民关于大龄未婚男性对村落和社会影响的认知不存在显著性别差异和年龄差异。但是，与其他村民相比，大龄未婚男性关于自身对于村落和社会负面影响的认知明显淡化，而年龄越大的村民、有外出务工经历、个人年收入更高的村民关于光棍对于村落和社会负面影响的认知更加宽容。

二　讨论

20 世纪 90 年代以后，C 县农村女性外嫁增多、通婚圈扩大。她们跨省通婚的情况已经不局限在北京的延庆、怀柔和昌平等远郊区县，目前，她们与山东、河南、江苏、内蒙古和山西等周边省份男性通婚的情况已不罕见。与此同时，男性与本地女性缔结婚姻的机会减少，随着初婚年代的后移，C 县农村男性与本村、本乡女性通婚的比例逐渐减少，他们被迫在本县、本市、本省和外省等更广地域范围内寻找配偶，通婚圈被动扩大。

实证分析也证实了 C 县农村女性通婚圈扩大、本地适婚女性短缺导致男性被迫扩大择偶空间范围的两大结果：一是男性的晚婚；二是男性通婚圈扩大后的特殊婚姻形式。20 世纪 80~90 年代，与云南、贵州和四川等外省女性结婚的 C 县农村男性的初婚年龄普遍较高，他们中的大多数都在 30 岁以上才结婚，他们与外省女性结婚是在本地婚姻市场上竞争失利的被迫替代选择。同时，部分婚配困难男性不得不接受入赘、与丧偶或离异女性结婚、老妻少夫或同居（不领结婚证）等非寻常婚姻嫁娶方式。21 世纪以来，尤其是近几年，C 县面临婚配困难问题的男性通过在城市打工这一途径解决了婚姻问题，他们的结婚对象也逐渐扩展到了东北三省、山东、河南、内蒙古、山西和陕西等省外地区。C 县婚配困难男性中还出现了"准婚姻迁移"（结婚后还需等待若干年才能落户的婚姻迁移）现象，比如，有的 C 县农村男性与北京郊县综合条件较差（部分有智力或肢体残疾）的女性结婚，这部分男性在与北京郊县农村女性结婚时间超过一定期限后才可以落户北京。

实证分析也证实了 C 县农村两性通婚圈的差异变动加剧了男性婚配困难，不同素质男性的通婚圈和婚姻结果有不同变动。个体素质较高并且家庭条件较好的男性不存在婚配困难问题，他们能够按时完成婚配，他们的通婚圈基本不变或者主动扩大。个体素质一般且家庭条件一般的男性面临一定程度的婚配压力，由于本地适婚女性相对短缺，他们被迫需要在更大范围内寻找婚姻机会，存在一定的婚姻困难，他们的通婚圈变动情况属于被动扩大。个体素质最低或家庭条件最差的男性面临着最为严重的婚配困难，他们陷入大龄未婚、严重晚婚和不婚的情形较多。同时，他们也面临着更大的骗婚风险，他们的个体身心健康和原生家庭幸福更显脆弱，他们是当地婚姻市场上婚姻挤压的重要受影响群体。

除了验证研究假设之外，实证分析还发现，C 县农村男性的婚配困难问题还会影响到当地少年儿童的健康成长。那些与外省女性结婚（或同居）的 C 县农村男性会面临着较大的婚姻关系破裂（或同居结束）风险，他们与外省女性生育的子女也面临着很大的成长于缺损家庭的风险。由于嫁到 C 县农村的外省女性离开当地，她们与当地男性所生育的少年儿童也随之陷入缺损家庭，这些少年儿童的身心健康、日常生活、教育和社会交往都面临着很多问题，他们的健康成长受到很大负面影响。

三 建议

首先，国家和政府需要进一步缩小城乡间和地区间的发展程度差异，减小城乡间和地区间的经济和社会发展不平衡状况，提高落后农村地区的经济发展水平和人民收入水平，从而增加婚姻困难男性的经济收入，提高他们克服婚配困难找到配偶的可能性。对业已存在的大龄未婚男性和终身不婚男性而言，提高他们的经济状况满意度是应对贫困地区农村男性婚配困难和相关社会问题的重要途径。村落中人们对于光棍负面影响的认知更多是基于传统文化的影响，受到刻板印象的左右，发展地方经济、促进村民收入快速显著提高和鼓励村民走出村落进城务工将会有效改善村民对于光棍的传统认识，这样就能够最终达到改善村落中大龄未婚男性的生活环境和生活质量，从而一定程度上减少光棍问题对于村落和社会的负面影响的目的。

其次，国家和政府需要采取更有力的措施来做好农村中业已存在的中老年未婚男性的生活保障和社会救助。一直以来，国家对于农村鳏寡孤独人口提供"五保"供养。然而 C 县农村调研发现，基层政府对中老年光棍的社会保护略显不足，部分生活困难中老年光棍仍未能获得"低保"等社会保障的支持，村落民众及基层干部对于中老年光棍的刻板印象是重要原因。部分中老年光棍遭遇重大疾病和生活困难时，得不到及时有效救助的情况时有发生。基层民政部门，尤其是村和乡镇一级政府需要注意改善中老年光棍的生活困难救助和社会保障。

再次，针对农村婚配困难男性群体及其引发的社会问题，国家和政府亟须采取系统性和前瞻性的社会政策和应对措施。尽管当前贫困地区农村大龄未婚男性的产生不是主要源于人口控制政策的实行，但是，未来几十年里，随着人口控制政策实施而产生的大龄未婚男性的出现、积累和沉淀，贫困地区农村男性大龄未婚、失婚问题将更加急迫和严峻。国家、政府和全社会应高度重视，相关法律法规、社会保障制度和实际应对方法需要尽快制定和完善，防止大龄未婚男性问题逐渐积聚，最终成为对经济可持续发展、社会和谐和公共安全产生严重负面影响的大问题。

最后，国家和政府还需要关注农村婚配困难男性问题诱发的派生家庭问题。农村男性婚配困难问题不但涉及大龄未婚男性和终身不婚男性，还对男性婚配困难家庭有很多负面影响，婚配困难男性的父母或其他家庭成员（包括部分被外省女性离弃的子女）也承受很大的生活和舆论压力。国家和政府应不仅关心以大龄未婚男性为代表的男性婚配困难群体，还要关心受到影响的老人和少年儿童，从生活、学习和养老等多方面，以低保、五保、临时社会救助等多种形式给予这些家庭以全面和系统的支持。

第二节　破解村落婚姻困境的内涵与举措

本研究于 2015 年 11 月结项。以下主要就 2015 年底至今的有关农村大龄未婚男性相关研究进行补充追踪，并在此基础上阐释笔者的新思考。

一　有关农村大龄未婚男性的最新数据和相关研究的最新信息

2021 年 5 月 11 日，国家统计局公布的第七次全国人口普查主要数据结果显示：2020 年，中国男女人口分别为 72334 万人和 68844 万人，男性比女性多 3490 万人。虽然截至目前，并未有研究详细分析这多出的 3490 万男性的婚姻状态究竟是未婚还是丧偶或离婚，也并未见到有关这 3490 万男性人口的年龄构成和城乡分布的权威数据，但是，我国男性婚姻挤压的严重程度已经被再次证实，男性婚配困难问题再次引起全社会的广泛关注。

2015 年 10 月至 2023 年 5 月，在中国知网上可查询到的有关农村大龄未婚男性的学术期刊论文约 30 篇。这些论文主要从以下六个维度研究农村大龄未婚男性群体：一是农村大龄未婚男性的年龄界定（果臻、杨柳清、李树茁，2022）；二是婚配困难相关方面，包括婚姻困境（沙海峰、司亚勤，2017）、择偶困境及心理应对（刘慧君、苟欢迎，2018），非常态婚姻行为（汪静、何威，2020），婚配梯度（黄佳鹏，2019），婚姻困境（孙中民、李玉娟，2020；陆卫群、田昆、玉钊华，2021），婚配危机（王向明，2020）和婚姻挤压（陆卫群、玉钊华，2020）；三是生存质量相关方面，包括商业性行为或性风险和性实践（杨雪燕、王珺、伊莎贝尔·阿塔尼，2016；张群林、孟阳，2016；尹旦萍，2022）、生存质量（刘慧君，2017）、主观福利（马汴京，2017）、生活现状与需求及幸福感（陆卫群、赵列，2018；黄璐琳、陆卫群，2021）和养老脆弱性（刘慧君、谢晓佩，2017）；四是社会排斥与社会支持相关方面，包括社会支持政策（王磊，2016），社会排斥和污名化（孟阳、李树茁，2017），扶贫策略（栗志强，2018）和预防返贫（杨娟、张琳、余思妍、陈慧明，2022）；五是风险行为方面，包括网络性行为（王莹、刘慧君、苟欢迎，2019）、死亡研究（果臻、梁海俐、李树茁，2018）和养老风险（李树茁、孟阳、杨博，2019）；六是群体发展相关方面，包括家户结构（王跃生，2018）、群体的贫困治理（赖志杰，2021）和可持续生计策略（汪小倩、路幸福，2021）。总体看来，结婚困难、生活质量和社会支持等仍是研究农村大龄未婚男性的主要方面。

在上述文献中，与本研究总体思路接近的研究是黄佳鹏（2019）针对鄂西农村的调研，他发现："打工潮兴起后，鄂西农村女性资源大量外流，全国婚姻市场逐步取代传统通婚圈。""农村女性资源大量外流"与本研究发现基本一致，"全国婚姻市场逐步取代传统通婚圈"与本研究发现"女性通婚圈扩大"和"男性通婚圈被动扩大"基本一致。他认为："对于地处婚姻市场洼地的中西部农业型地区而言，成功婚配需要家庭的物质积累与男性自身的综合素质，因而'代际合力'成为农村男性婚配机会的核心要素，合力的强弱程度构成了这一群体内部不同的婚配梯度。"与本研究指出的"农村大龄未婚男性在个体素质和经济条件等诸多方面的全面弱势是他们处于大龄未婚状态的重要原因"相比，该研究对农村男性婚配困难原因的解释更加强调家庭支持或所谓的"代际合力"。

另外，王跃生（2018）使用 1982~2010 年的历次全国人口普查数据，通过分析农村大龄未婚男性的家户结构，对该群体不同生命历程阶段的生活方式进行了深入分析。研究发现："多数老年未婚男性以独居为主，这就要求社会保障和社会福利机构采取措施给予其必要生活协助。"与本研究主要基于调查数据分析得出的有关大龄未婚男性社会支持建议相比，该研究建议因基于普查数据的分析而更为严谨可靠。

二 研究项目结束以来的新思考

性别结构失衡是我国人口发展的长期重大结构性问题，对国家经济社会可持续健康发展都将产生深远影响。2011年至今，笔者一直关注农村男性婚配困难问题并持续思考有关农村大龄未婚男性相关的以下三个问题。

首先，农村男性婚姻困难的严重程度是否进一步加大？本研究报告强调："当前农村已经存在的大龄未婚男性主体并非源于人口控制政策。"但是，进入2023年，20世纪80年代出生的人群已经全部超过33周岁，1980~1982年出生人口也已年满40周岁。即便按宽泛标准、以30周岁为大龄未婚男性的年龄起点看，人口控制政策实行对农村出生性别比偏高和男性婚配困难问题的影响自2010年始就已经逐步且持续地显现，农村婚配性别比失衡及男性婚姻挤压问题已经进入加速累积期。以华北冀鲁豫苏的农村地区为观察案例，这些地区近20年来的高额彩礼现象愈演愈烈，这是农村男性婚配困难问题持续恶化的直接体现。作为男性婚配困难问题及其后果之一的男性大龄未婚和终身不婚现象已经成为深刻影响社会经济健康可持续发展和社会公共安全的重大社会问题。

其次，人口流动、通婚圈变动与男性婚配困难之间的关系有哪些新变化？这些变化的社会后果或政策含义是什么？第七次全国人口普查①显示，我国城镇人口已经达到9亿人，乡村人口仅有5亿人，城

---

① 国家统计局：《第七次全国人口普查主要数据》，http://www.stats.gov.cn/tjsj/pcsj/rkpc/d7c/202111/P020211126523667366751.pdf。

镇人口比重达到了 63.89%，传统"乡村中国"已经转变为现代"城镇中国"。但是，目前我国农村户籍人口还有 7.6 亿人①。这说明农村约有 2.6 亿人长期在城市工作和生活。劳动年龄人口与适婚年龄人口有很大重合，2.6 亿城市务工或工作的农村户籍人口意味着农村居民，特别是农村女性通婚圈扩大的概率大大提高。相对于男性而言，农村女性更具婚姻迁移优势。未来 10 年，伴随着 20 世纪 80 年代出生人口步入 50 周岁，将有更多农村劳动力特别是中老年男性劳动力从城市返回农村或乡镇，村镇婚姻市场的女性短缺和男性挤压将更加严重，大龄未婚和终身不婚等男性婚配困难相关问题将更为严峻。这一前景亟须研究者和政策制定者高度重视、前瞻研究布置和妥善应对。

最后，如何看待男性婚配困难与买卖婚姻、拐卖妇女的关系？2022 年初曝光的铁链女、铁笼女事件受到社会各界的高度关注。本书提到："远赴云、贵、川等地山区农村'领'回妻子是 20 世纪 90 年代 C 县婚姻困难男性解决婚配的最主要途径之一，但是，目前这种情况已经大大减少。"回忆实地调研时的场景，笔者与被"领"媳妇（某被调查村的村干部之妻）进行了正常的现场交流，亲见其夫妻和睦家庭和谐。因此，当时笔者并未对"领"媳妇是否涉及买卖婚姻或拐卖妇女给予更多注意和更加深入的思考，而是更多地将其视为农村男性面对结婚困难、努力完成婚配的一项重要选择或应对举措。现在看来，所谓"领"媳妇的内涵是丰富的，其中必然既有相对寻常的男娶女嫁，也极有可能存在买卖婚姻甚至拐卖妇女的情况。我国性别失衡与男性婚配困难问题是未来较长时期内存在的重大人口结构性问题和重要社会问题。目前，国家正在从法律层面持续加大对

---

① 《十三届全国人大五次会议　李克强总理记者会现场实录》，中国政府网，2022 年 3 月 11 日。

相关问题的治理力度，未来的拐卖妇女和买卖婚姻问题将会被有效遏制。当然，这些问题的逐步解决和完全消失需要长期和持久的努力。

三　村落男性婚姻困境的破解之道

如何"破解村落男性婚姻困境"？或者"破解村落婚姻困境之路"究竟该如何走？笔者提出以下几点思考。

首先，村落男性婚姻困境的问题实质是什么？笔者认为，村落男性婚姻困境或婚配困难现象在婚姻制度、人口性别结构与经济社会发展不平衡和城乡发展不均衡等综合作用下发生。我国的男婚女嫁、男高女低和男强女弱的传统婚育文化和传统观念习俗仍为民众广泛接受和遵循。现实婚姻市场竞争中，男性很少上娶和女性几乎不下嫁的传统惯性仍然强大，性别结构失衡进一步加剧了社会底层男性的婚配困难。从这一点看，村落男性婚姻困境并无特别有效的破解之道。

其次，破解村落男性婚姻困境的具体含义是什么？或者，怎样的破解村落男性婚姻困境之路是有效果的或有意义的？对村落中业已存在的错过最佳婚期或最终完成婚配几无可能的失婚男性，政府与社会能够做的只是尽量保障其生活并改善其生活质量。对于村落中处于最佳婚龄期或仍有较高概率完成婚配的年轻未婚男性，有关政府部门与社会各界则须采取统筹协调、多管齐下并形成合力的政策思路，从提高村落男性的个体人力资本、家庭经济条件和农村经济社会发展水平等多方面发力。当前，国家正在通过推进城乡高质量融合发展来贯彻落实乡村振兴战略。这从宏观层面为破解村落婚姻困境提供了政策红利和机遇。

具体而言，一要着力弱化农村婚姻文化中的论财之风，着力降低高额彩礼和高额结婚费用的攀升态势。二要借助国家实施乡村振兴战略、推进城乡融合发展的机遇，提高男性个体、家庭和村落的经济条件或富裕程度，提高村落男性婚配成功的概率。三要鼓励村落男性外出务工、城市工作或创业，在更广阔的婚姻市场上搜寻潜在配偶，提高其完成婚配的可能性。四要支持已经处于大龄未婚的男性采用"权宜"之策，比如，创造条件帮助他们与离婚或丧偶女性、年龄更大的女性和有子女的离异或丧偶女性结合，提高这类村落男性群体的成婚概率。当然，这部分男性人群的"权宜"婚姻面临着更高的潜在风险，即婚姻不稳定、婚姻不和谐或婚姻易产生矛盾等。这些都需要村落、社区和相关部门与人群予以长期密切关注和随时提供有关支持，特别是要严防针对村落婚姻困难男性群体的形形色色的骗婚。

最后，时间是最好的良药，有力缓解村落男性婚配困境的前景是光明的。第七次全国人口普查数据显示：2020 年我国出生人口性别比为 111.3，较 2010 年下降 6.8；2020 年总人口性别比为 105.07，与 2010 年基本持平，略有降低。我国性别失衡情况已经在缓解，人口性别结构持续改善。目前，我国已经全面建成小康社会，胜利实现了第一个百年目标，正处于实现共同富裕的第二个百年目标新征程中。在推进城乡融合发展、实施乡村振兴战略历史进程中，村落男性的婚姻困境有望逐步得到缓解，直至最终得到基本解决。

参考文献

［1］陈慧：《中国剩男问题的韩国经验研究》，《前沿》2010年第6期。

［2］陈友华、米勒·乌尔里希：《中国婚姻挤压研究与前景展望》，《人口研究》2002年第3期。

［3］陈友华：《"光棍阶层"就要出现》，《百科知识》2006年第9期。

［4］赤城县人口普查办公室：《河北省赤城县1990年人口普查资料（电子计算机汇总）》，1991年12月。

［5］崔燕珍：《农村人口外出流动对当地婚嫁行为的影响——以崔村的个案研究为例》，《中国青年研究》2007年第1期。

［6］定宜庄、胡鸿保：《清代内务府高佳世家的婚姻圈》，《清史研究》2005年第3期。

［7］房若愚：《新疆族际通婚圈的文化成因》，《西北人口》2007年第3期。

［8］郭虹：《当前农村婚姻流动的特点及其社会影响》，《社会科学研究》1992年第2期。

［9］郭虹：《男性婚姻剥夺与独身者社会保障——农村社会保障的新课题》，《社会科学研究》1995年第3期。

［10］郭秋菊、靳小怡：《婚姻状况对农村男性养老意愿的影响研究——基于安徽乙县的调查分析》，《人口与发展》2011年第1期。

［11］郭志刚、邓国胜：《婚姻市场理论研究——兼论中国生育率下降过程中的婚姻市场》，《中国人口科学》1995年第3期。

［12］果臻、梁海俐、李树茁：《性别失衡背景下中国大龄未婚男性死亡研究》，《中国人口科学》2018年第6期。

［13］果臻、杨柳清、李树茁：《中国农村大龄未婚男性的年龄界定研究》，《中国人口科学》2022年第3期。

［14］何海宁：《贵州牌坊村：282条光棍的心灵史》，《乡镇论坛》2007年第18期。

［15］黄佳鹏：《代际合力、婚姻市场与婚配梯度——以鄂西茅坪村大龄未婚男性群体为例》，《南京农业大学学报》（社会科学版）2019年第2期。

［16］黄璐琳、陆卫群：《基于生态系统理论视角下农村大龄未婚男性的生活现状分析》，《山西农经》2021年第7期。

［17］黄佩芳：《嬗变中的东部发达地区农村人口性别比例及家庭结构和婚姻圈——以浙江省萧山后坛村为例》，《中华女子学院学报》2004年第2期。

［18］黄润柏：《村落视野下壮族通婚圈的嬗变——壮族婚姻家庭研究之一》，《广西民族研究》2010年第4期。

［19］黄兴球：《仫佬族银姓宗族及其婚姻圈》，《思想战线》2003年第3期。

［20］吉平、张恺悌、刘大为：《北京郊区农村人口婚姻迁移浅析》，《中国社会科学》1985年第3期。

［21］姜全保、果臻、李树茁、Marcus W. Feldman：《农村大龄未婚男性家庭生命周期研究》，《中国人口科学》2009年第4期。

[22] 姜全保、李波:《性别失衡对犯罪率的影响研究》,《公共管理学报》2011年第1期。

[23] 姜全保、李晓敏、Marcus W. Feldman:《中国婚姻挤压问题研究》,《中国人口科学》2013年第5期。

[24] 靳小怡、郭秋菊:《农村大龄未婚男性的代际经济支持研究》,《西北人口》2011年第4期。

[25] 赖志杰:《后脱贫时代农村大龄未婚男性群体的贫困治理——基于可行能力的视角》,《中国公共政策评论》2021年第2期。

[26] 雷洁琼主编《改革以来中国农村婚姻家庭的新变化》,北京大学出版社,1994。

[27] 李凤兰、杜云素:《透视农村大龄未婚青年择偶难问题》,《华中农业大学学报》(社会科学版)2009年第1期。

[28] 李树茁、姜全保、伊莎贝尔·阿塔尼,费尔德曼(法国):《中国的男孩偏好和婚姻挤压——初婚与再婚市场的综合分析》,《人口与经济》2006年第4期。

[29] 李树茁、李卫东:《性别失衡背景下应对资源与未婚男性农民工的心理失范》,《人口与发展》2012年第4期。

[30] 李树茁、孟阳、杨博:《贫困、婚姻与养老——农村大龄未婚男性家庭发展的风险与治理》,《南京社会科学》2019年第8期。

[31] 李卫东、胡莹:《未婚男性农民工心理失范的调查研究》,《西安交通大学学报》(社会科学版)2012年第1期。

[32] 李艳、李树茁、刘鑫财:《农村大龄未婚男性社会支持影响因素研究》,《预测》2015年第5期。

[33] 李艳、李树茁、彭邕:《农村大龄未婚男性与已婚男性心理福利的比较研究》,《人口与发展》2009年第4期。

[34] 李艳、李树茁:《中国农村大龄未婚男青年的压力与应对——

河南 YC 区的探索性研究》，《青年研究》2008 年第 11 期。

[35] 李艳、李卫东、李树苗：《分家、代内剥夺与农村男性的失婚》，《青年研究》2014 年第 3 期。

[36] 李艳、帅玉良、李树苗：《农村大龄未婚男性的社会融合问题探析》，《中国农村观察》2012 年第 6 期。

[37] 李咏华：《我国人口的早婚、大龄未婚和终身不婚状况》，《人口与经济》1986 年第 4 期。

[38] 李煜、陆新超：《择偶配对的同质性与变迁——自致性与先赋性的匹配》，《青年研究》2008 年第 6 期。

[39] 栗志强：《社会工作视角下的农村"大龄未婚男性"扶贫策略研究——基于豫南 W 村的调查》，《社会政策研究》2018 年第 1 期。

[40] 刘传江：《择偶范围与农村通婚圈》，《人口与经济》1991 年第 4 期。

[41] 刘慧君、苟欢迎：《从婚配经历看农村大龄未婚男性的择偶困境及心理应对——基于陕南地区的调查研究》，《人口与社会》2018 年第 4 期。

[42] 刘慧君、谢晓佩：《农村大龄未婚男性养老选择的代际差异及其养老脆弱性》，《人口与社会》2017 年第 3 期。

[43] 刘慧君：《脆弱性视角下农村大龄未婚男性的生存质量：现状与未来——基于陕南地区的调查研究》，《人口与社会》2017 年第 1 期。

[44] 刘利鸽、靳小怡：《中国农村未婚男性的婚姻策略分析》，《西安交通大学学报》（社会科学版）2012 年第 1 期。

[45] 刘爽、梁海艳：《90 年代以来中国夫妇婚龄差变化趋势及原因探讨》，《青年研究》2014 年第 4 期。

[46] 刘廷华：《论剩男剩女现象的制度原因》，《宜宾学院学报》，

2010 年第 3 期。

[47] 刘中一：《大龄未婚男性与农村社会稳定——出生性别比升高的社会后果预测性分析之一》，《青少年犯罪问题》2005 年第 5 期。

[48] 陆卫群、田昆、玉钊华：《农村大龄未婚男性的婚姻困境——基于社会网络视角的认识》，《合肥师范学院学报》2021 年第 2 期。

[49] 陆卫群、玉钊华：《农村大龄未婚男性婚姻挤压状况及其影响因素研究——基于贵州 5 县市实地调查》，《河北青年管理干部学院学报》2020 年第 6 期。

[50] 陆卫群、赵列、石含钐：《贫困地区农村大龄未婚男性生活现状及需求调查》，《农村经济与科技》2018 年第 3 期。

[51] 陆卫群、赵列：《农村大龄未婚男性主观幸福感及影响因素分析——基于贵州 1037 名男性的调查》，《西北人口》2018 年第 3 期。

[52] 陆益龙：《户籍隔离与二元化通婚圈的形成——基于一个城郊镇的分析》，《开放时代》2001 年第 9 期。

[53] 马汴京：《大龄未婚对农村男性主观福利影响评估研究——来自 CGSS2010 的经验证据》，《南方人口》2017 年第 3 期。

[54] 马斗成、马纳：《宋代眉山苏氏婚姻圈试探》，《天津社会科学》2002 年第 2 期。

[55] 满永：《关系圈与婚姻圈：当代乡土中国的婚姻形成》，《洛阳师范学校学报》2005 年第 1 期。

[56] 孟阳、李树苗：《被"污名化"的农村大龄未婚男性》，《文化纵横》2017 年第 3 期。

[57] 孟阳、李树苗：《性别失衡背景下农村大龄未婚男性的社会排斥——一个分析框架》，《探索与争鸣》2017 年第 4 期。

［58］齐亚强、牛建林：《新中国成立以来我国婚配模式的变迁》，《社会学研究》2012 年第 1 期。

［59］祁进玉、何薇、宗洋、马迪、马小霞：《土族通婚圈的实地调查与分析——以大庄村为个案》，《青海民族大学学报》（社会科学版）2012 年第 1 期。

［60］邱泽奇、丁浩：《农村婚嫁流动》，《社会学研究》1991 年第 3 期。

［61］沙海峰、司亚勤：《贫困农村大龄未婚男性婚姻困境及社会影响探析》，《中国集体经济》2017 年第 9 期。

［62］石人炳：《婚姻挤压和婚姻梯度对湖北省初婚市场的影响》，《华中科技大学学报》（社会科学版）2005 年第 4 期。

［63］石人炳：《青年人口迁出对农村婚姻的影响》，《人口学刊》2006 年第 1 期。

［64］孙秀艳：《青年择偶标准的历史演变和现实思考》，《社会》2002 年第 4 期。

［65］孙中民、李玉娟：《农村大龄未婚男性生存困境及对策研究——基于河南省驻马店市问卷调查》，《湖北农业科学》2020 年第 18 期。

［66］谭琳、苏珊·萧特、刘惠：《"双重外来者"的生活——女性婚姻移民的生活经历分析》，《社会学研究》2003 年第 2 期。

［67］唐利平：《人类学和社会学视野下的通婚圈研究》，《开放时代》2005 年第 2 期。

［68］田先红：《碰撞与徘徊：打工潮背景下农村青年婚姻流动的变迁——以鄂西南山区坪村为例》，《青年研究》2009 年第 2 期。

［69］汪静、何威：《农村大龄未婚男性非常态婚育行为研究》，《青年研究》2020 年第 4 期。

［70］汪盛华、汪胜华、吴明清、郭祖铭：《湖北宣恩县长潭河侗族

乡陈家台村为何光棍多》，《民族大家庭》2008年第1期。

[71] 汪小倩、路幸福：《农村大龄未婚男性可持续生计问题及策略选择——基于皖西北F村的调查》，《合肥学院学报（综合版）》2021年第4期。

[72] 王蕾：《中国都市"三高""剩女"的婚恋困境研究——以电视剧〈大女当嫁〉为例》，《华南师范大学》（社会科学版）2012年第3期。

[73] 王磊（a）：《农村大龄未婚男性的生活质量及其影响因素分析——以冀北地区调查为基础》，《人口学刊》2012年第2期。

[74] 王磊（b）：《贫困地区农村大龄未婚男性的议婚经历、认知与计划——以冀北调查为基础》，《河北师范大学学报》（哲学社会科学版）2012年第4期。

[75] 王磊（c）：《贫困地区农村大龄青年未婚失婚影响因素分析》，《当代青年研究》2012年第12期。

[76] 王磊：《农村大龄未婚男性的社会支持政策分析》，《北京工业大学学报》（社会科学版）2016年第3期。

[77] 王磊：《农村大龄未婚男性研究综述》，《中国人口年鉴》，2010。

[78] 王向阳：《姻缘难觅：转型期农村大龄未婚男性婚配危机及其解释——基于关中扶风X村的田野调研》，《兰州学刊》2020年第11期。

[79] 王莹、刘慧君、苟欢迎：《农村大龄未婚男性网络涉性行为影响因素分析》，《中国公共卫生》2019年第12期。

[80] 王跃生：《大龄未婚、失婚男性的居住方式和养老状况——以冀西北农村调查为基础》，《中国社会科学院研究生院学报》2012年第5期。

[81] 王跃生：《农村大龄未婚男性家户结构及变动分析——以1982年以来人口普查数据为基础》，《思想战线》2018年第5期。

[82] 王跃生：《社会变革与婚姻家庭变动：20 世纪 30～90 年代的冀南农村》，生活·读书·新知三联书店，2006。

[83] 王跃生：《十八世纪后期中国男性晚婚及不婚群体的考察》，《中国社会经济史研究》2001 年第 2 期。

[84] 王志刚：《中国女性终身不婚率的初步研究》，《中国人口科学》1991 年第 3 期。

[85] 韦浩明：《广西贺州枫木村壮族婚姻圈个案考察》，《百色学院学报》2007 年第 4 期。

[86] 韦艳、靳小怡、李树苗：《农村大龄未婚男性家庭压力和应对策略研究——基于 YC 县访谈的发现》，《人口与发展》2008 年第 5 期。

[87] 韦艳、张力：《农村大龄未婚男性的婚姻困境：基于性别不平等视角的认识》，《人口研究》2011 年第 5 期。

[88] 吴彩霞、李艳、靳小怡：《农村大龄未婚男性社会资本研究——基于借贷网络的视角》，《人口与经济》2012 年第 1 期。

[89] 伍海霞：《农村男性大龄未婚的影响因素分析——来自河北 CC 县调查的发现》，《人口与发展》2013 年第 3 期。

[90] 新山：《婚嫁格局变动与乡村发展——以康村通婚圈为例》，《人口学刊》2000 年第 1 期。

[91] 徐安琪：《择偶标准：五十年变迁及其原因分析》，《社会学研究》2000 年第 6 期。

[92] 许军、梁学敏：《延边州农村大龄未婚男青年情况调查报告》，《人口学刊》2007 年第 4 期。

[93] 杨博、阿塔尼·伊莎贝尔、张群林：《大龄未婚男性流动人口的风险性行为及影响因素》，《西安交通大学学报》（社会科学版）2012 年第 1 期。

[94] 杨华：《农村婚姻市场中的结构性因素——基于湘南水村"光

棍汉"的调查》,《江西师范大学学报》(哲学社会科学版)
2008 年第 2 期。

［95］ 杨娟、张琳、余思妍、陈慧明:《后扶贫时代预防返贫的长效
机制研究——以农村大龄未婚男性为分析样本》,《南方论刊》
2022 年第 4 期。

［96］ 杨雪燕、伊莎贝尔·阿塔尼、李树茁:《性别失衡背景下大龄
未婚男性的商业性行为——基于中国农村地区的研究发现》,
《人口学刊》2013 年第 1 期。

［97］ 杨雪燕、王珺、伊莎贝尔·阿塔尼:《婚姻挤压和流动背景下
大龄未婚男性的商业性行为:基于中国西安的调查发现》,《西
安交通大学学报》(社会科学版) 2016 年第 2 期。

［98］ 杨雪燕、伊莎贝尔·阿塔尼、李树茁、袁晓天:《中国农村大
龄未婚男性的自慰行为——基于性别失衡背景的研究发现》,
《人口与发展》2011 年第 3 期。

［99］ 杨雪燕、伊莎贝拉·阿塔尼、李树茁:《大龄未婚男性的男男
性行为及其对公共安全的意义:基于中国农村性别失衡背景的
研究发现》,《中国软科学》2012 年第 5 期。

［100］ 叶文振、林擎国:《中国大龄未婚人口现象存在的原因及对策
分析》,《中国人口科学》1998 年第 4 期。

［101］ 尹旦萍:《失序的欢愉:农村大龄未婚男性的性实践考察及思
考》,《山东女子学院学报》2022 年第 4 期。

［102］ 于学军:《论我国婚姻市场"挤压"的人口学因素》,《人口
学刊》1993 年第 2 期。

［103］ 岳岭:《姻缘难觅——中国农村人口性比例失调与"光棍"大
军的形成》,《青年研究》1995 年第 1 期。

［104］ 张春汉、钟涨宝:《农村大龄未婚青年成因分析——来自湖北
潜江市 Z 镇 Y 村的个案分析》,《青年探索》2005 年第 1 期。

［105］张群林、孟阳:《婚姻挤压下农村大龄未婚男性的多伴侣行为研究》,《中国性科学》2015年第9期。

［106］张群林、孟阳:《农村大龄未婚男性的性风险及其影响因素:基于KAP的实证分析》,《西安交通大学学报》(社会科学版)2016年第2期。

［107］张群林、杨博:《性别失衡背景下农村大龄未婚男性:性心理、性实践与性影响》,《青年研究》2014年第4期。

［108］张群林、伊莎贝尔·阿塔尼、杨雪燕:《中国农村大龄未婚男性的性行为调查和分析》,《西安交通大学学报》(社会科学版)2009年第6期。

［109］张思锋、唐燕、张园:《农村大龄未婚男性社会保障需求与供给分析》,《人口与经济》2011年第6期。

［110］张翼:《中国阶层内婚制的延续》,《中国人口科学》2003年第4期。

［111］赵晓峰:《农村青年单身为哪般?》,《江西师范大学学报》(哲学社会科学版)2008年第2期。

［112］郑维东、任强:《中国婚姻挤压的现状与未来》,《人口学刊》1997年第5期。

［113］周皓、李丁:《我国不同省份通婚圈概况及其历史变化——将人口学引入通婚圈的研究》,《开放时代》2009年第7期。

［114］周长城、刘红霞:《生活质量指标建构及其前沿述评》,《山东社会科学》2011年第1期。

［115］C. CindyFan and Youqin Huang. 1998. "Waves of Rural Brides: Female Marriage Migration in China," *Annals of the Association of American Geographers*, Vol. 88, No. 2: pp. 227-251.

［116］Elmer Spreitzer & Lawrence E. Riley . 1974. "Factors Associated with Singlehood." *Journal of Marriage and Family*, Vol. 36,

No. 3, pp. 533-542.

[117] Hudson, Valerie M., and Andrea M. den Boer, *Bare Branches*: *The Security Implications of Aisa's Surplus Male Population*. Cambridge: MIT Press. 2004.

[118] Jiaosheng He and Jim Pooler. 2002. "The Regional Concentration of China's Interprovincial Migration Flows, 1982 - 1990." *Population and Environment*, Vol. 24, No. 2: pp. 149-182.

[119] Kalmijn, Matthijs. 1994. "Assortative Mating by Cultural and Economic Occupational Status." *The American Journal of Sociology* 100 (2).

[120] Kristi Williams, & Debra Umberson. 2004. "Marital Status, Marital Transitions and Health: A Gendered Life Course Perspective." *Journal of Health and Social Behavior*, Vol. 45, No. 1, pp. 81-98.

[121] Mare, Robert D. 1991. "Five Decades of Educational Assortative Mating." *American Sociological Review* 56 (1).

[122] Mary O'Brien. 1991. "Never Married Older Women: The Life Experience." *Social Indicators Research*, Vol. 24, No. 3, pp. 301-315.

[123] Nancy E. Riley. 1994. "Interwoven Lives: Parents, Marriage, and Guanxi in China," *Journal of Marriage and Family*, Vol. 56, No. 4: pp. 791-803.

[124] Pat M. Keith & André Nauta. 1988. "Old and Single in the City and in the Country: Activities of the Unmarried." *Family Relations*, Vol. 37, No. 1, pp. 79-83.

[125] Robert H. Coombs, 1991. "Marital Status and Personal Well-Being: A Literature Review." *Family Relations*, Vol. 40, No. 1, pp. 97-102.

[126] Steven Stack & J. Ross Eshleman. 1998. "Marital Status and Happiness: A 17-Nation Study." *Joural of Marriage and Family*, Vol. 60, No. 2, pp. 527-536.

[127] Weiguo Zhang, 2000. "Dynamics of Marriage Change in Chinese Rural Society in Transition: A Study of a Northern Chinese Village," *Population Studies*, Vol. 54, No. 1: pp. 57-69.

[128] Xu, Xiaohe, Jianjun Ji &Yuk—Ying Tung. 2000. "Social and Political Assortative Mating in Urban China." *Journal of Family Issues* 21.

附录一 调查问卷[*]

2013 年 C 县农村调查问卷

第一部分 家庭成员

101 家庭人口数:[   ]人

问题及选项	1	2	3	4	5	6	7	8	9
102 与本人关系:0 本人 1 配偶 2 子女 3 父母/公婆 4 祖父母 5 媳婿 6 孙子女 7 兄弟姐妹 8 嫂或弟媳 9 侄子 10 其他(请注明:___)	[0]	[ ]	[ ]	[ ]	[ ]	[ ]	[ ]	[ ]	[ ]
103 性别:1 男 2 女	[ ]	[ ]	[ ]	[ ]	[ ]	[ ]	[ ]	[ ]	[ ]
104 年龄(周岁)	[ ]	[ ]	[ ]	[ ]	[ ]	[ ]	[ ]	[ ]	[ ]
105 受教育程度: 1 未上过学 2 小学 3 初中 4 高中/中专 5 大学专科 6 大学本科及以上	[ ]	[ ]	[ ]	[ ]	[ ]	[ ]	[ ]	[ ]	[ ]
106 身体状况:1 健康 2 一般 3 不好,有慢性病 4 不好,有残疾	[ ]	[ ]	[ ]	[ ]	[ ]	[ ]	[ ]	[ ]	[ ]

---

* 所有问卷,保持原样,未做修改完善。

续表

问题及选项	1	2	3	4	5	6	7	8	9
107 生活自理程度:1 能自理,能劳动 2 能自理,不能劳动 3 不能自理,需人照料 4 未成年	[ ]	[ ]	[ ]	[ ]	[ ]	[ ]	[ ]	[ ]	[ ]
108 职业:1 务农 2 养殖 3 打工 4 待业/家务 5 个体户 6 学生 7 工匠 8 私营企业主 9 村干部 10 乡镇干部 11 工人 12 教师/医生 13 其他	[ ]	[ ]	[ ]	[ ]	[ ]	[ ]	[ ]	[ ]	[ ]
109 目前工作状况:1 全日工作 2 部分工作 3 不工作 4 已退休	[ ]	[ ]	[ ]	[ ]	[ ]	[ ]	[ ]	[ ]	[ ]
110 该成员平时或外出回家后:									
110.1 是否与您同吃:1 是 2 否	[9]	[ ]	[ ]	[ ]	[ ]	[ ]	[ ]	[ ]	[ ]
110.2 是否与您同住:1 是 2 否	[9]	[ ]	[ ]	[ ]	[ ]	[ ]	[ ]	[ ]	[ ]
110.3 是否与您共收支:1 是 2 否	[9]	[ ]	[ ]	[ ]	[ ]	[ ]	[ ]	[ ]	[ ]
111 该家庭成员最近 6 个月内是否住在户内:1 是 2 否	[ ]	[ ]	[ ]	[ ]	[ ]	[ ]	[ ]	[ ]	[ ]
112 本户户主是谁	0 本人　1 配偶　2 父亲　3 母亲　4 公公/岳父 5 婆婆/岳母　6 祖父 7 祖母　8 兄弟　9 儿子 10 女儿　11 其他								[ ]
113 本户当家人是谁									[ ]
114 身高:厘米	[ ]	[ ]	[ ]	[ ]	[ ]	[ ]	[ ]	[ ]	[ ]
115 体重:斤	[ ]	[ ]	[ ]	[ ]	[ ]	[ ]	[ ]	[ ]	[ ]
116 婚姻状况 1 未婚　　　2 初婚有配偶 3 再婚有配偶　4 丧偶 5 离婚　　　6 同居	[ ]	[ ]	[ ]	[ ]	[ ]	[ ]	[ ]	[ ]	[ ]

第二部分　个人婚姻状况

201 结婚年龄(周岁)		[ ]岁
202 配偶结婚年龄(周岁)		[ ]岁

197

203 配偶的身体状况	1 健康 2 一般 3 不好,有慢性病 4 不好,有残疾	[ ]
204 配偶的生活自理程度	1 能自理,能劳动 2 能自理,不能劳动 3 不能自理,需人照料	[ ]
205 配偶的受教育程度	1 未上过学 2 小学 3 初中 4 高中/中专 5 大学专科 6 大学本科及以上	[ ]
206 配偶的职业	1 务农 2 养殖 3 打工 4 待业/家务 5 个体户 6 学生 7 工匠 8 私营企业主 9 村干部 10 乡镇干部 11 工人 12 教师/医生 13 其他	[ ]
207 配偶的目前工作状况	1 全日工作 2 部分工作 3 不工作 4 已退休	[ ]
208 配偶(妻子)是哪里人	1 本村 2 本乡镇 3 本县区 4 本市 5 本省 6 外省(选 6 请注明:____)	[ ]
209 配偶父母家离您父母家多远	单位:里	[ ]
210 您与配偶的结识途径	1 父母包办 2 亲友介绍 3 媒人 4 自己认识 5 其他	[ ]
211 配偶的决定权	1 父母包办 2 完全自主 3 父母与自己共同决定 4 自己做主、父母同意 5 父母做主、本人同意	[ ]
212 结婚时配偶的家庭条件	1 比本人家庭条件好 2 与本人家庭条件差不多 3 比本人家庭条件差	[ ]
213 结婚的花费(单位:元) 213.1 彩礼: 213.2 盖房: 213.3 装修: 213.4 婚礼: 213.5 其他:	注:男方:付出的彩礼;女方:得到的纯彩礼 注:其他包括,男方:给女方的媒钱、衣服、首饰和改口费等;女方:彩礼之外娘家额外办的嫁妆等	[ ] [ ] [ ] [ ] [ ] [ ]
214 结婚花费与别人相比	1 比别人多 2 比别人少 3 差不多	[ ]

第三部分　父亲或公公的婚姻状况

301 父亲(公公)姓名		[　　]
302 父亲(公公)是否在世	1 在世　2 不在世	[　　]
303 父亲(公公)的结婚年龄		[　　]
304 母亲(婆婆)是否在世	1 在世　2 不在世	[　　]
305 母亲(婆婆)的结婚年龄		[　　]
306 父亲(公公)的受教育程度	1 未上过学　2 小学　3 初中　4 高中/中专　5 大学专科　6 大学本科及以上	[　　]
307 母亲(婆婆)的受教育程度	1 未上过学　2 小学　3 初中　4 高中/中专　5 大学专科　6 大学本科及以上	[　　]
308 母亲(婆婆)是哪里人	1 本村　2 本乡镇　3 本县区　4 本市　5 本省　6 外省(选 6 请注明:____)	[　　]
309 母亲(婆婆)的娘家距离父亲(公公)父母家多远	单位:里	[　　]
310 父母(公婆)结识途径	1 父母包办　2 亲友介绍　3 媒人　4 自己认识　5 其他	[　　]
311 父亲(公公)婚姻决定权	1 父母包办　2 完全自主　3 父母与自己共同决定　4 自己做主、父母同意　5 父母做主、本人同意	[　　]
312 母亲(婆婆)的家庭条件	1 比父亲(公公)家庭条件好　2 与父亲(公公)家庭条件差不多　3 比父亲(公公)家庭条件差	[　　]

第四部分　家庭经济情况

401 您曾经或正在打工吗	1 是　2 否　(选 2 跳问 407)	[　　]
402 您第一次外出打工是什么时候		[　　]年

403 您主要在哪里打工	1 本村 2 本镇/乡 3 本县 4 本市 5 本省 6 外省 （请注明：____）	[　　]
404 您打工时所从事的主要行业：(可复选)	1 建筑装修　2 运输　3 烧锅炉　4 餐饮　5 保安　6 废品收购　7 小商贩　8 其他	[　][　] [　][　]
405 过去一年您打工时间合计有几个月　　　（不足一个月按一个月计）		[　　]月
406 您外出打工累计有多长时间　　　　（超过半年按 1 年计）		[　　]年
407 您目前的收入主要来自	1 粮食种植　2 蔬菜种植　3 养殖　4 打工　5 办厂或开店　6 其他	[　　]
408 您家去年年收入约为 　　其中，您个人收入为		[　　]元 [　　]元
409 您家的耕地面积		[　]亩[　]分
410 您的土地主要由谁耕种	1 自己　2 父母或兄弟　3 租给别人　4 租出一部分，自己种一部分　5 其他	[　　]
411 您现在的住房是自己的还是租别人的	1 自己　2 租别人　（选 2 跳问 415）	[　　]
412 您现在住房的产权属于谁	1 自己　2 父母　3 其他	[　　]
413 该房何时所建		[　　]年
414 该房主要由谁出资所建	1 自己（自己丈夫）　2 父母（公婆）　3 自己（自己丈夫）和父母（公婆）　4 其他	[　　]
415 该房共有几间		[　　]间
416 该房为何种结构	1 土房　2 土砖房　3 砖瓦房　4 楼房	[　　]
417 您是否有存款	1 有　2 无	[　　]
418 您是否有欠债	1 有　2 无	[　　]
419 您（您丈夫）20 岁左右时的家经济条件在村里属什么水平	1 高于平均水平　2 平均水平　3 低于平均水平	[　　]
420 您（您丈夫）家现在的经济条件在村里属什么水平		[　　]
421 除种地外，您还有什么手艺(可复选)	1 木工 2 砖瓦工　3 开汽车　4 电焊　5 房屋装修　6 厨师 7 餐饮服务　8 纺织　9 电脑打字　10 其他	[　][　] [　][　]
422 您觉得自己过得怎么样	1 很好　2 好　3 一般　4 差　5 很差	[　　]
423 您对自己的经济状况满意吗	1 很满意　2 满意　3 一般　4 不满意　5 很不满意	[　　]

		续表
424 您认为大龄未婚男性群体对村里的影响	1 很好　2 好　3 一般　4 坏　5 很坏	[　　]
425 您认为大龄未婚男性群体对社会的影响	1 很好　2 好　3 一般　4 坏　5 很坏	[　　]

第五部分　兄弟姐妹状况

501 包括自己在内,您(您丈夫)共有几个兄弟姐妹	问夫妻双方中丈夫的兄弟姐妹	兄弟[　]姐妹[　]
502 您(您丈夫)在兄弟中排行第几	问夫妻双方中丈夫的兄弟姐妹	[　　]
503 您(您丈夫)在兄弟姐妹中排行第几	问夫妻双方中丈夫的兄弟姐妹	[　　]
504 包括自己在内,您(您妻子)共有几个兄弟姐妹	问夫妻双方中妻子的兄弟姐妹	兄弟[　]姐妹[　]
505 您(您妻子)在兄弟中排行第几	问夫妻双方中妻子的兄弟姐妹	[　　]
506 您(您妻子)在兄弟姐妹中排行第几	问夫妻双方中妻子的兄弟姐妹	[　　]

您（您丈夫）兄弟姐妹的情况（问夫妻双方中丈夫的兄弟姐妹）

问题及选项	1	2	3	4	5	6	7
507 性别:　1 男　2 女	[　]	[　]	[　]	[　]	[　]	[　]	[　]
508 是否在世:1 是　2 否	[　]	[　]	[　]	[　]	[　]	[　]	[　]
509 年龄(周岁,如已经死亡则记录冥寿)	[　]	[　]	[　]	[　]	[　]	[　]	[　]
510 受教育程度:1 未上学　2 小学　3 初中 4 高中/中专　5 大学专科　6 大学本科及以上	[　]	[　]	[　]	[　]	[　]	[　]	[　]
511 身体状况:1 健康　2 一般　3 不好,有慢性病　4 不好,有残疾	[　]	[　]	[　]	[　]	[　]	[　]	[　]

问题及选项	1	2	3	4	5	6	7
512 生活自理程度:1 能自理,能劳动　2 能自理,不能劳动 3 不能自理,需人照料　4 未成年(选 4 则跳问下一兄弟姐妹)	[ ]	[ ]	[ ]	[ ]	[ ]	[ ]	[ ]
513 职业:1 务农　2 养殖　3 待业/家务　4 打工　5 个体户 6 学生　7 工匠　8 私营企业主 9 村干部　10 乡镇干部　11 工人　12 教师/医生　13 其他	[ ]	[ ]	[ ]	[ ]	[ ]	[ ]	[ ]
514a 婚姻状况:1 未婚　2 初婚有配偶　3 再婚有配偶　4 丧偶　5 离婚　6 同居(选 1 或 6 跳问下一家庭成员)	[ ]	[ ]	[ ]	[ ]	[ ]	[ ]	[ ]
514b 结婚年龄　　(周岁)	[ ]	[ ]	[ ]	[ ]	[ ]	[ ]	[ ]
514c 配偶结婚年龄　　(周岁)	[ ]	[ ]	[ ]	[ ]	[ ]	[ ]	[ ]
514d 配偶的受教育程度:1 未上过学　2 小学 3 初中　4 高中/中专　5 大学专科　6 大学本科及以上	[ ]	[ ]	[ ]	[ ]	[ ]	[ ]	[ ]
514e 配偶的职业:1 务农　2 养殖　3 待业/家务 4 打工　5 个体户　6 学生　7 工匠　8 私营企业主　9 村干部　10 乡镇干部　11 工人 12 教师/医生　13 其他	[ ]	[ ]	[ ]	[ ]	[ ]	[ ]	[ ]
514f 配偶是哪里人:1 本村　2 本乡镇　3 本县区　4 本市　5 本省　6 外省(选 6 请注明:____)	[ ]	[ ]	[ ]	[ ]	[ ]	[ ]	[ ]
514g 配偶父母的家距离兄弟姐妹父母家多远:单位(里)	[ ]	[ ]	[ ]	[ ]	[ ]	[ ]	[ ]
514h 配偶的结识途径:1 父母包办　2 亲友介绍 3 媒人　4 自己认识　5 其他	[ ]	[ ]	[ ]	[ ]	[ ]	[ ]	[ ]
514i 配偶的决定权:1 父母包办　2 完全自主 3 父母与自己共同决定　4 自己做主、父母同意 5 父母做主、本人同意	[ ]	[ ]	[ ]	[ ]	[ ]	[ ]	[ ]
514j 配偶的家庭条件:1 比本人家庭条件好 2 与本人家庭条件差不多　3 比本人家庭条件差	[ ]	[ ]	[ ]	[ ]	[ ]	[ ]	[ ]

第六部分　子女状况

601 您有几个孩子？　　　　儿子〔　　〕女儿〔　　〕

子女状况	1	2	3	4	5	6	7
602 这个孩子的性别：1 男　2 女	〔　〕	〔　〕	〔　〕	〔　〕	〔　〕	〔　〕	〔　〕
603 这个孩子的年龄	〔　〕	〔　〕	〔　〕	〔　〕	〔　〕	〔　〕	〔　〕
604 这个孩子是您：1 亲生　2 继养　3 抱养	〔　〕	〔　〕	〔　〕	〔　〕	〔　〕	〔　〕	〔　〕
605 这个孩子在世吗：1 是　2 否（选 2 跳问下一子女）	〔　〕	〔　〕	〔　〕	〔　〕	〔　〕	〔　〕	〔　〕
606 这个孩子的受教育程度：1 未上过学　2 小学　3 初中　4 高中/中专　5 大学专科　6 大学本科及以上	〔　〕	〔　〕	〔　〕	〔　〕	〔　〕	〔　〕	〔　〕
607 这个孩子的职业：1 务农　2 养殖　3 待业/家务　4 打工　5 个体户　6 学生　7 工匠　8 私营企业主　9 村干部　10 乡镇干部　11 工人　12 教师/医生　13 其他	〔　〕	〔　〕	〔　〕	〔　〕	〔　〕	〔　〕	〔　〕
608a 婚姻状况：1 未婚　2 初婚有配偶　3 再婚有配偶　4 丧偶　5 离婚　6 同居（选 1 或 6 跳问下一子女）	〔　〕	〔　〕	〔　〕	〔　〕	〔　〕	〔　〕	〔　〕
608b 结婚年龄	〔　〕	〔　〕	〔　〕	〔　〕	〔　〕	〔　〕	〔　〕
608c 配偶的结婚年龄	〔　〕	〔　〕	〔　〕	〔　〕	〔　〕	〔　〕	〔　〕
608d 配偶的受教育程度：1 未上过学　2 小学　3 初中　4 高中/中专　5 大学专科　6 大学本科及以上	〔　〕	〔　〕	〔　〕	〔　〕	〔　〕	〔　〕	〔　〕
608e 配偶的职业：1 务农 2 养殖　3 待业/家务　4 打工　5 个体户　6 学生　7 工匠　8 私营企业主　9 村干部　10 乡镇干部　11 工人　12 教师/医生　13 其他	〔　〕	〔　〕	〔　〕	〔　〕	〔　〕	〔　〕	〔　〕
608f 配偶是哪里人：1 本村　2 本乡镇　3 本县区　4 本市　5 本省　6 外省（选 6 请注明：＿＿＿）	〔　〕	〔　〕	〔　〕	〔　〕	〔　〕	〔　〕	〔　〕
609g 配偶父母的家距离您家多远：单位（里）	〔　〕	〔　〕	〔　〕	〔　〕	〔　〕	〔　〕	〔　〕

子女状况	1	2	3	4	5	6	7
608h 配偶的结识途径:1 父母包办　2 亲友介绍 3 媒人　4 自己认识　5 其他	[ ]	[ ]	[ ]	[ ]	[ ]	[ ]	[ ]
608i 配偶的决定权:1 父母包办　2 完全自主 3 父母与自己共同决定　4 自己做主、父母同意 5 父母做主、本人同意	[ ]	[ ]	[ ]	[ ]	[ ]	[ ]	[ ]
608j 配偶的家庭条件:1 比本人家庭条件好 2 与本人家庭条件差不多　3 比本人家庭条件差	[ ]	[ ]	[ ]	[ ]	[ ]	[ ]	[ ]
608k 这个孩子结婚的花费(单位:元)							
608k.1 彩礼	[ ]	[ ]	[ ]	[ ]	[ ]	[ ]	[ ]
608k.2 盖房	[ ]	[ ]	[ ]	[ ]	[ ]	[ ]	[ ]
608k.3 装修	[ ]	[ ]	[ ]	[ ]	[ ]	[ ]	[ ]
608k.4 婚礼	[ ]	[ ]	[ ]	[ ]	[ ]	[ ]	[ ]
608k.5 其他	[ ]	[ ]	[ ]	[ ]	[ ]	[ ]	[ ]
608l 这个孩子结婚花费与别人相比:1 比别人多 2 比别人少　3 差不多	[ ]	[ ]	[ ]	[ ]	[ ]	[ ]	[ ]

第七部分　目前生活状况与未来生活打算

701 您的个人每月基本生活花费	单位:元	[ ]
702 您的家庭每月基本生活花费	单位:元	[ ]
703 您个人日常生活中的最大支出	1 吃饭　2 买衣服　3 抽烟　4 喝酒　5 打牌 6 礼金　7 医药　8 其他	[ ]
704 农忙时主要有谁帮助您	1 无人　2 配偶　3 子女　4 父母/公婆　5 兄弟　6 侄子外甥　7 姐妹　8 媳婿　9 邻居 10 其他	[ ]
705 一日三餐您如何解决	1 自己做　2 配偶做　3 子女做　4 父母/公婆做　5 兄弟(媳)做　6 侄子外甥做　7 姐妹(婿)做　8 媳婿做　9 其他	[ ]

续表

706 平时主要有谁给您洗衣服	1 无人　2 配偶　3 子女　4 父母/公婆　5 兄弟　6 侄子外甥　7 姐妹　8 媳婿　9 邻居　10 其他	[	]
707 您生病时谁照顾您	1 无人　2 配偶　3 子女　4 父母/公婆　5 兄弟　6 侄子外甥　7 姐妹　8 媳婿　9 邻居　10 其他	[	]
708 您是否参加了新型农村合作医疗	1 是　2 否	[	]
709 您是否为低保户	1 是　2 否	[	]
710 您是否为五保户	1 是　2 否	[	]
711 您生活的主要来源	1 劳动收入　2 离/退休金　3 低保　4 五保　5 家庭其他成员供养　6 其他	[	]
712 您年老后希望由谁提供生活费用	1 自己　2 配偶　3 儿子　4 女儿　5 子女共同　6 村集体　7 敬老院/福利院　8 社会养老保险　9 其他　10 没想过	[	]
713 您年老生活不能自理时靠谁照料		[	]
714 您是否开始为(将来)养老存钱	1 是　2 否	[	]
715 您是否参加社会养老保险	1 是　2 否	[	]

第八部分　与人交往情况

801 平时谁对您帮助最大	1 配偶　2 父母　3 子女　4 兄弟　5 姐妹　6 邻居　7 亲戚　8 朋友　9 无人　10 其他	[	]
802 您和村里人相处得如何	1 很好　2 好　3 一般　4 不好　5 很不好	[	]
803 您是否经常去邻居家串门	1 经常　2 偶尔　3 从不	[	]
804 您空闲时都做什么(可复选)	1 打牌　2 串门　3 村口聊天　4 逛街　5 看电视/听收音机　6 看书/报纸/杂志　7 自己待着　8 抽烟　9 喝酒　10 其他	[ ][ ] [ ][ ]	
805 请问您有无这些行为(可复选)	1 喝酒　2 抽烟　3 打牌或打麻将　4 打抱不平　5 找小姐　6 都没有	[ ][ ] [ ][ ]	

205

806 您是不是经常感到寂寞	1 是　2 否	[　　]
807 您有心事时会不会和别人讲	1 会　2 不会(选 2 跳问 809)	[　　]
808 您有心事时会和谁讲(可复选)	1 配偶　2 父母　3 子女　4 兄弟　5 姐妹 6 朋友　7 亲戚　8 其他(请注明:____)	[　][　] [　][　]
809 最近一年您是否与村里人发生过矛盾	1 是　2 否(选 2 跳问 811)	[　　]
810 主要因为什么事情发生矛盾	1 农业种植　2 村里福利分配　3 日常生活 4 其他(请注明:____)	[　　]
811 您有关系好的异性朋友吗	1 有　2 没有	[　　]
812 您有没有感到被村里人瞧不起	1 经常　2 很少　3 没有(选 3 跳问 901)	[　　]
813 遇到这种情况您是否很生气	1 是　2 否　3 无所谓	[　　]

第九部分　谈婚论嫁情况

901 您谈过对象吗	1 谈过　2 没谈过　(选 2 跳问 903)	[　　]
902 您第一次谈对象时多大年龄		[　　]岁
903 亲朋邻居是否为您介绍过对象	1 是　2 否　(选 2 跳问 911)	[　　]
904 第一次给您介绍对象时,您多大年龄		[　　]岁
905a 到现在为止,亲朋邻居等总共给您介绍过几个对象		[　　]个
905b 给介绍人支付的介绍对象费用		[　　]元
906 介绍对象时有没有被骗过	1 有　2 无　(选 2 跳问 909)	[　　]

续表

907 介绍对象时被骗过几次		[ ]次
908 介绍对象时被骗的钱物总共有多少		[ ]元
909 您处对象最长持续了多久		[ ]月
910 没成功的原因	1 对方父母反对　2 对方本人不同意　3 自己父母反对　4 自己不同意　5 其他（请注明：____）	[ ]
以下只问未婚男性		
911 您到现在没有结婚的主要原因（可复选，按重要顺序排列）	1 经济条件差　2 家庭负担重　3 自己有病或有残疾　4 自己相貌差　5 身高条件不理想　6 家庭成分不好　7 自己眼光高　8 其他（请注明：____）	[ ][ ] [ ][ ] [ ][ ]
912 如果要您做上门女婿，您能接受吗	1 能　2 不能	[ ]
913 是否有人介绍您做上门女婿	1 是　2 否　　（选 2 跳问 916）	[ ]
914 当时您多大年龄		[ ]岁
915 最后为什么没成	1 女方父母反对　2 女方本人不同意　3 自己父母反对　4 自己不同意　5 其他（请注明：____）	[ ]
916 您现在还有没有结婚的打算	1 有（选 1 跳问 918）　2 无	[ ]
917 您为什么没有这个打算	1 自己年龄大了　2 经济条件差　3 有病或有残疾　4 其他（请注明：____）	[ ]
918 您目前是否在为找对象存钱	1 是　2 否	[ ]
919 您对完成婚事有没有信心	1 有　2 无	[ ]

F 访谈员填写：

F1 被访者沟通能力	1 很好　2 好　3 一般　4 不好　5 很不好	[　　]
F2 被访者家庭环境整洁程度	1 很整洁　2 整洁　3 一般　4 不整洁　5 很不整洁	[　　]
F3 被访者本人穿着整洁程度	1 很整洁　2 整洁　3 一般　4 不整洁　5 很不整洁	[　　]
F4 被访者本人容貌整洁程度	1 很整洁　2 整洁　3 一般　4 不整洁　5 很不整洁	[　　]
F5 被访者本人总体精神状态	1 很精神　2 精神　3 一般　4 不精神　5 很不精神	[　　]

请在离开调查现场前核查一下是否有漏问问题。

2010 年调查问卷

第一部分　家庭成员

101 家庭人口数：[　　] 人

问题及选项	1	2	3	4	5	6	7	8	9
102 与本人关系:0 本人 1 配偶　2 子女 3 父母 4 祖父母　5 媳婿 6 孙子女 7 兄弟姐妹　8 嫂或弟媳　9 侄子 10 其他(请注明:＿＿)	[　]	[　]	[　]	[　]	[　]	[　]	[　]	[　]	[　]
103 性别:1 男　2 女	[　]	[　]	[　]	[　]	[　]	[　]	[　]	[　]	[　]
104 出生年月	[　]年 [　]月	[　]年 [　]月	[　]年 [　]月	[　]年 [　]月	[　]年 [　]月	[　]年 [　]月	[　]年 [　]月	[　]年 [　]月	[　]年 [　]月
105 民族:1 汉族　2 少数民族(请注明:＿＿)	[　]	[　]	[　]	[　]	[　]	[　]	[　]	[　]	[　]
106 受教育程度:1 未上过学　2 小学 3 初中　4 高中/中专 5 大学专科　6 大学本科及以上	[　]	[　]	[　]	[　]	[　]	[　]	[　]	[　]	[　]

续表

问题及选项	1	2	3	4	5	6	7	8	9
107 婚姻状况:1 未婚 2 初婚有配偶 3 再婚有配偶 4 丧偶 5 离婚 6 同居	[　]	[　]	[　]	[　]	[　]	[　]	[　]	[　]	[　]
108 身体状况:1 健康 2 一般 3 不好,有慢性病 4 不好,有残疾	[　]	[　]	[　]	[　]	[　]	[　]	[　]	[　]	[　]
109 生活自理程度: 1 能自理,能劳动 2 能自理,不能劳动 3 不能自理,需人照料 4 未成年(选 4 则跳问下一家庭成员)	[　]	[　]	[　]	[　]	[　]	[　]	[　]	[　]	[　]
110 职业:1 务农 2 养殖 3 打工 3 待业/家务 5 个体户 6 学生 7 工匠 8 私营企业主 9 村干部 10 乡镇干部 11 工人 12 教师/医生 12 其他(请注明:____)	[　]	[　]	[　]	[　]	[　]	[　]	[　]	[　]	[　]
111 目前工作状况: 1 全日工作 2 部分工作 3 不工作 4 已退休	[　]	[　]	[　]	[　]	[　]	[　]	[　]	[　]	[　]
112 该成员平时或外出回家后:112.1 是否与您同吃:1 是 2 否 112.2 是否与您同住: 1 是 2 否 112.3 是否与您共收支:1 是 2 否	[9] [9] [9]	[　] [　] [　]	[　] [　] [　]	[　] [　] [　]	[　] [　] [　]	[　] [　] [　]	[　] [　] [　]	[　] [　] [　]	[　] [　] [　]	[　] [　] [　]

113 本户户主是谁	0 本人　1 配偶　2 父亲　3 母亲　4 岳父　5 岳母 6 祖父　7 祖母　8 兄弟　9 儿子　10 女儿　11 其他 (请注明:____)	[　]
114 本户当家人是谁		[　]

209

第二部分　家庭经济情况

201 您曾经或正在打工吗	1 是　2 否(跳问 207)	[　　]
202 您第一次外出打工是什么时候		[　　]年
203 您主要在哪里打工	1 本村　2 本镇/乡　3 本县　4 本市　5 本省 6 外省(请注明:____)	[　　]
204 您打工时所从事的主要行业(可复选)	1 建筑装修　2 运输　3 烧锅炉　4 餐饮　5 保安 6 废品收购　7 小商贩　8 其他(请注明:____)	[　][　] [　][　]
205 过去一年您打工时间合计有几个月		[　　]月
206 您外出打工累计有多长时间		[　　]年
207 您目前的收入主要来自	1 粮食种植　2 蔬菜种植　3 养殖　4 打工 5 办厂或开店　6 其他(请注明:____)	[　　]
208 您家去年年收入约为: 其中,您个人收入为:		[　　]元 [　　]元
209 您家承包的耕地面积		[　]亩[　]分
210 您的土地主要由谁耕种	1 自己　2 父母或兄弟　3 租给别人　4 租出一部分,自己种一部分	[　　]
211 您现在的住房是自己的还是租别人的	1 自己　　　2 租别人(跳问 215)	[　　]
212 您现在住房的产权属于谁	1 自己　2 父母　3 其他(请注明:____)	[　　]
213 该房何时所建		[　　]年
214 该房主要由谁出资所建	1 自己　2 父母　3 自己和父母　4 其他(请注明:____)	[　　]
215 该房共有几间		[　　]间
216 该房为何种结构	1 土房　2 土砖房　3 砖瓦房　4 楼房	[　　]
217 您是否有存款	1 有　　　2 无	[　　]
218 您是否有欠债	1 有　　　2 无	[　　]

续表

219 20 岁左右时您家经济条件在村里属什么水平	1 高于平均水平 2 平均水平 3 低于平均水平	[ ]
220 您家现在的经济条件在村里属什么水平		[ ]
221 除种地外,您还有什么手艺(可复选)	1 木工 2 砖瓦工 3 开汽车 4 电焊 5 房屋装修 6 厨师 7 没有 8 其他(请注明:____)	[ ][ ] [ ][ ]

第三部分　家庭近亲状况

301 您父亲是否在世	1 是(跳问 305) 2 否	[ ]
302 您父亲哪年去世		[ ]年
303 您父亲去世时的年龄		[ ]岁
304 您父亲去世前与谁同住	1 配偶 2 独居 3 未婚子女 4 已婚子女 5 其他(请注明:____)	[ ]
跳问 309		
305 您父亲的年龄		[ ]岁
306 您父亲的身体状况	1 健康 2 一般 3 不好,有慢性病 4 不好,有残疾	[ ]
307 您父亲的生活自理程度	1 能自理能劳动 2 能自理,但不能劳动 3 不能自理,需人照料	[ ]
308 您父亲的生活费用主要来自	1 自己 2 配偶 3 儿子 4 女儿 5 退休金 6 低保 7 其他(请注明:____)	[ ]
309 您父亲结了几次婚		[ ]次
310 您父亲的受教育程度	1 未上过学 2 小学 3 初中 4 高中/中专 5 大学专科 6 大学本科及以上	[ ]
311 您父亲的工作类型	1 务农 2 养殖 3 待业/家务 4 打工 5 个体户 6 学生 7 工匠 8 私营企业主 9 村干部 10 乡镇干部 11 工人 12 教师/医生 13 其他(请注明:____)	[ ]
312 您父亲的家庭成分	1 贫农 2 下中农 3 中农 4 富农 5 地主 6 其他(请注明:____)	[ ]

313 您母亲是否在世	1 是(跳问 317)　2 否	[　　]	
314 您母亲哪年去世		[　　]年	
315 您母亲去世时的年龄		[　　]岁	
316 您母亲去世前与谁同住	1 配偶　2 独居　3 未婚子女　4 已婚子女 5 其他(请注明:＿＿)	[　　]	
跳问 321			
317 您母亲的年龄		[　　]岁	
318 您母亲的身体状况	1 健康　2 一般　3 不好,有慢性病　4 不好, 有残疾	[　　]	
319 您母亲的生活自理程度	1 能自理能劳动　2 能自理,不能劳动　3 不 能自理,需人照料	[　　]	
320 您母亲的生活费用主要 来自	1 自己　2 配偶　3 儿子　4 女儿　5 退休金 6 低保　7 其他(请注明:＿＿)	[　　]	
321 您母亲结了几次婚		[　　]次	
322 您母亲的受教育程度	1 未上过学　2 小学　3 初中　4 高中/中专 5 大学专科　6 大学本科及以上	[　　]	
323 您母亲的工作类型	1 务农　2 养殖　3 待业/家务　4 打工　5 个 体户　6 学生　7 工匠　8 私营企业主　9 村 干部　10 乡镇干部　11 工人　12 教师/医生 13 其他(请注明:＿＿)	[　　]	
324 您母亲的家庭成分	1 贫农　2 下中农　3 中农　4 富农　5 地主 6 其他(请注明:＿＿)	[　　]	
父母均去世者跳问 327			
325 目前您父母/父/母的居住 方式	1 独居　2 与未婚子女同住　3 与已婚子女同 住　4 其他(请注明:＿＿)	[　　]	
326 目前与您父母/父/母共同居住的人数(包括父母本人)		[　　]人	
327 您和父母相处得如何	1 很好　2 好　3 一般　4 不好　5 很不好	[　　]	
328 包括自己在内,您共有几个兄弟姐妹		兄弟[　　]姐妹[　　]	
329 您在兄弟中排行第几		[　　]	
330 您在兄弟姐妹中排行第几		[　　]	

问题及选项	1	2	3	4	5	6	7	8	9
331 性别:1 男　2 女	[　]	[　]	[　]	[　]	[　]	[　]	[　]	[　]	[　]
332 是否在世:1 是 2 否	[　]	[　]	[　]	[　]	[　]	[　]	[　]	[　]	[　]
333 受教育程度:1 未上学　2 小学　3 初中　4 高中/中专 5 大学专科　6 大学本科及以上	[　]	[　]	[　]	[　]	[　]	[　]	[　]	[　]	[　]
334 工作类型:1 务农 2 养殖　3 待业/家务 4 打工　5 个体户 6 学生　7 工匠　8 私营企业主　9 村干部 10 乡镇干部　11 工人　12 教师/医生 13 其他（请注明:____）	[　]	[　]	[　]	[　]	[　]	[　]	[　]	[　]	[　]
335 婚姻状况:1 未婚（跳问 339）　2 初婚有配偶　3 再婚有配偶　4 丧偶　5 离婚 6 同居	[　]	[　]	[　]	[　]	[　]	[　]	[　]	[　]	[　]
336 结婚年龄:	[　]岁	[　]岁	[　]岁	[　]岁	[　]岁	[　]岁	[　]岁	[　]岁	[　]岁
337 是否为招赘婚姻? 1 是 2 否	[　]	[　]	[　]	[　]	[　]	[　]	[　]	[　]	[　]
338 兄弟/姐妹的配偶是什么地方人？1 本村　2 本乡镇　3 本县　4 本市　5 本省 6 外省(请注明:____)	[　]	[　]	[　]	[　]	[　]	[　]	[　]	[　]	[　]
去世的兄弟/姐妹跳问 341									
339 兄弟/姐妹是否与父母分开生活？1 是 2 否(跳问 341)	[　]	[　]	[　]	[　]	[　]	[　]	[　]	[　]	[　]

问题及选项	1	2	3	4	5	6	7	8	9
340 与父母分开生活的原因:1 工作 2 上学 3 结婚 4 分家 5 参军 6 其他(请注明:___)	[ ]	[ ]	[ ]	[ ]	[ ]	[ ]	[ ]	[ ]	[ ]
该兄弟/姐妹在世跳问 345,去世跳问下一个兄弟/姐妹									
341 您是否与这个兄弟分家?1 是 2 否(跳问 345)	[ ]	[ ]	[ ]	[ ]	[ ]	[ ]	[ ]	[ ]	[ ]
342 婚后几年分家?1 办完婚事就分家 2 三个月以内 3 半年以内 4 一年以内 5 一至二年 6 二至三年 7 三年以上	[ ]	[ ]	[ ]	[ ]	[ ]	[ ]	[ ]	[ ]	[ ]
343 分家方式:1 分家与开生活同时进行 2 先分开生活后分家	[ ]	[ ]	[ ]	[ ]	[ ]	[ ]	[ ]	[ ]	[ ]
344 分家时父母是否在世?1 父母均在世 2 父亲在世 3 母亲在世 4 父母均去世	[ ]	[ ]	[ ]	[ ]	[ ]	[ ]	[ ]	[ ]	[ ]
该兄弟去世则跳问下一个兄弟/姐妹									
345 兄弟/姐妹现住地:1 本村 2 本乡镇 3 本县 4 本市 5 本省 6 外省(请注明:___)	[ ]	[ ]	[ ]	[ ]	[ ]	[ ]	[ ]	[ ]	[ ]

问题及选项	1	2	3	4	5	6	7	8	9
346 该兄弟/姐妹居住地区离您家大概有多远(公里)1 0　2 0~2　3 2~5　4 5~10　5 10~20　6 20~50　7 50~100　8 100 以上	[　]	[　]	[　]	[　]	[　]	[　]	[　]	[　]	[　]
347 您有事时找他/她商量吗 1 经常　2 偶尔　3 从不	[　]	[　]	[　]	[　]	[　]	[　]	[　]	[　]	[　]
348 您在急需用钱时向他/她求助吗 1 经常　2 偶尔　3 从不	[　]	[　]	[　]	[　]	[　]	[　]	[　]	[　]	[　]
349 您与这个兄弟/姐妹相处得如何 1 很好　2 好　3 一般　4 不好　5 很不好	[　]	[　]	[　]	[　]	[　]	[　]	[　]	[　]	[　]

第四部分　目前生活状况与未来生活打算

401 您每月维持基本生活大概要多少钱		[　]元
402 您日常生活中最大支出是什么	1 吃饭　2 买衣服　3 抽烟　4 喝酒　5 打牌　6 礼金　7 医药　8 其他(请注明:___)	[　]
403 农忙时主要有谁帮助您	1 父母　2 兄弟　3 姐妹　4 子女　5 邻居　6 无人帮助　7 其他(请注明:___)	[　]
404 一日三餐您如何解决	1 自己做　2 配偶做　3 父母做　4 子女做　5 买现成　6 其他(请注明:___)	[　]
405 平时主要有谁给您洗衣服	1 自己　2 配偶　3 父母　4 女儿　5 儿媳　6 姐妹　7 其他(请注明:___)	[　]

406 您生病时谁照顾您	1 无人　2 配偶　3 子女　4 父母　5 兄弟 6 姐妹　7 邻居　8 其他(请注明:___) 9 未得病	[　　]
407 您年老后希望由谁提供生活费用	1 自己　2 配偶　3 儿子　　4 女儿　5 子女 6 村集体　7 敬老院/福利院　8 没想过　9 其他(请注明:___)	[　　]
408 您年老生活不能自理时靠谁照料		[　　]
409 您是否开始为将来养老存钱(59 岁及以下者回答)	1 是　　2 否	[　　]
410 您是否参加了新型农村合作医疗	1 是　　2 否	[　　]
411 您是否为低保户	1 是　　2 否	[　　]
412 您是否为五保户	1 是　　2 否	[　　]
413 您对自己目前的经济状况满意吗	1 很满意　2 满意　3 一般　4 不满意　5 很不满意	[　　]

第五部分　与人交往情况

501 请告诉我平时与您交往的人员情况: 　501.1 本家兄弟姐妹有几个人 　501.2 邻居有几个人 　501.3 同学有几个人 　501.4 朋友有几个人 　501.5 亲戚有几个人 　501.6 其他人有几个人		[　　]人 [　　]人 [　　]人 [　　]人 [　　]人 [　　]人
502 平时谁对您帮助最大	1 父母　2 子女　　3 兄弟　　4 姐妹 5 邻居　6 朋友　7 亲戚　8 无人 9 其他(请注明:___)	[　　]
503 您和村里人相处得如何	1 很好　2 好　　3 一般　　4 不好 5 很不好	[　　]
504 您是否经常去邻居家串门	1 经常　2 偶尔　3 从不	[　　]

续表

505 您空闲时都做什么(可复选)	1 打牌　2 串门　3 聊天　4 逛街　5 看电视/听收音机　6 看书/报纸/杂志　7 自己待着　8 其他(请注明:____)	[　][　] [　][　]
506 请问您有无这些行为(可复选)	1 爱喝酒　2 爱打牌或打麻将　3 爱打抱不平　4 找小姐　5 都没有	[　][　] [　][　]
507 您是不是经常感到寂寞	1 是　2 否	[　]
508 您有心事时会不会和别人讲	1 会　2 不会(跳问510)	[　]
509 您有心事时会和谁讲(可复选)	1 配偶　2 父母　3 子女　4 兄弟　5 姐妹　6 朋友　7 亲戚　8 其他(请注明:____)	[　][　] [　][　]
510 最近一年您是否与村里人发生过矛盾	1 是　2 否(跳问512)	[　]
511 主要因为什么事情发生矛盾	1 农业种植　2 村里福利分配　3 日常生活　4 其他(请注明:____)	[　]
512 您有固定交往的女伴吗	1 有　2 没有	[　]
513 您有没有感到被村里人瞧不起	1 经常　2 很少　3 没有(跳问601)	[　]
514 遇到这种情况您是否很生气	1 是　2 否　3 无所谓	[　]

第六部分　谈婚论嫁问题

601 您谈过对象吗	1 谈过　2 没谈过(跳问604)	[　]
602 您第一次谈对象时多大年龄		[　]岁
603 那是什么时候		[　]年
604 亲朋邻居是否为您介绍过对象	1 是　2 否(跳问612)	[　]
605 亲朋邻居第一次给您介绍对象时,您多大年龄		[　]岁
606 到现在为止,亲朋邻居等总共给您介绍过几个对象		[　]个
607 介绍对象时有没有被骗过	1 有　2 无(跳问610)	[　]
608 介绍对象时被骗过几次		[　]次

609 介绍对象时被骗的钱物总共有多少		[ ]元
610 您处对象最长持续了多久		[ ]月
611 为什么最终没成	1 女方父母反对　2 女方本人不同意　3 自己父母反对　4 自己不同意　5 其他(请注明:____)	[ ]
612 您到现在没有结婚的主要原因(可复选、按重要顺序排列)	1 经济条件差　2 家庭负担重　3 自己有病或有残疾　4 自己相貌差　5 家庭成分不好　6 自己眼光高　7 其他(请注明:____)	[ ][ ] [ ][ ] [ ][ ]
613 如果要您做上门女婿,您能接受吗	1 能　2 不能	[ ]
614 是否有人介绍您做上门女婿	1 是　2 否(跳问 617)	[ ]
615 当时您多大年龄		[ ]岁
616 最后为什么没成	1 女方父母反对　2 女方本人不同意　3 自己父母反对　4 自己不同意　5 其他(请注明:____)	[ ]
617 您现在还有没有结婚的打算	1 有(跳问 619)　2 无	[ ]
618 您为什么没有这个打算	1 自己年龄大了　2 经济条件差　3 有病或有残疾　4 其他(请注明:____)	[ ]
619 您目前是否在为找媳妇存钱	1 是　2 否	[ ]
620 您对完成婚事有没有信心	1 有　2 无	[ ]
621 您的身高		[ ]厘米
622 您觉得自己过得怎么样	1 很好　2 好　3 一般　4 差　5 很差	[ ]

访谈员填列:

F1 被访者沟通能力	1 很好　2 好　3 一般　4 不好　5 很不好	[ ]
F2 被访者家庭环境整洁程度	1 很整洁　2 整洁　3 一般　4 不整洁　5 很不整洁	[ ]
F3 被访者本人穿着整洁程度	1 很整洁　2 整洁　3 一般　4 不整洁　5 很不整洁	[ ]

请在离开调查现场前核查有无漏问问题!谢谢!

附录二　访谈提纲与访谈记录

访谈提纲

一、被访谈对象的基本情况

二、村落的人口、社会和经济概况

三、村落及村民的婚姻状况

1. 通婚圈的时期变化，不同出生年代或结婚年代的村民的通婚圈

2. 结婚花费的时期变化及其与男性婚配结果或结婚难度变化的关系

3. 男性结婚或大龄未婚男性、终身不婚男性为完成婚配的努力过程

4. 影响男性结婚难或大龄未婚、终身不婚的个体因素和家庭因素

四、村民对村落男性婚姻困难和大龄未婚男性群体的评价与认识

1. 对大龄未婚男性社会影响的总体评价

2. 对村落中大龄未婚男性社会及社区影响的认识与评价

3. 对遭遇骗婚骗财的大龄未婚男性及其家庭情况的了解与评价

五、对未来村民婚姻行为或男性结婚困难等问题的认识

1. 对未来村落男性结婚困难的认识

2. 对已经存在的大龄未婚男性或终身不婚男性社会支持的认识

访谈记录

DE 镇 XY 村

个案编号：A-1

GK，男，52 岁，村主任。

全村 304 户共 876 人，全劳动力 560 多人，2470.4 亩耕地享受 "直补"，退耕（还林）地 627 亩，年人平均收入 2376 元。去年全村生了 14 个小孩，从村外娶回媳妇 3 人、嫁出去 3 人。村旁的砖厂雇了 30 多个 30~40 岁村民，大部分劳动年龄村民在北京建桥（铁路局 18 局）。常年在外打工 25 人，大部分都是季节工（北京及张家口、河北周边）。年轻人打工、工资月 4500~5000 元（季节工），平均打工年收入 2 万~3 万元。

最近几年娶媳妇的花费至少需要 15 万~16 万元。去年，本村新娶的 3 个媳妇儿 2 个是本县的、1 个是贵州的，其中，贵州媳妇儿结婚时年龄为 25 岁，她是本村村民通过打工认识的。

个案编号：A-2

LCM，属羊，59 岁，小学三年级文化程度，11 岁时就不上学了，11~14 岁放羊三年。

在达到适合结婚年龄时，家里有父、母、姥姥、一个姐姐、一个弟弟和四个妹妹，父亲腿部残疾，家庭负担很重。1981 年村里开始分生产队，家庭里面有 1000 元的就算有钱人家了，刚分开生产队的

时候一天才能挣 3 元钱。

弟弟，属鼠，41 岁，结婚时年龄超过 25 岁，在当时属于晚婚，弟媳是贵州人。弟弟娶媳妇主要是路费和在贵州当地的花费，弟弟领回弟媳的总花销达到了 1 万多元，而当时（1998 年左右）娶本地媳妇需要的彩礼通常为 200 元、最多 500 元。本地媳妇比外省媳妇贵（结婚成本）的原因是：关键还看家里条件，不仅仅看彩礼。

十多年前，村里娶贵州媳妇需要花 1 万多元，都要找亲戚借，每个亲戚借几百元，（然后）在贵州待一个多月，打点招待贵州媳妇的亲戚，那边就不需要再给彩礼了。

弟媳（贵州媳妇）嫁来村里时的年龄是 17 岁，她初中毕业。当时，年龄较大的身体也健康的部分村里男性也有人被介绍领去贵州、四川和湖南等南方地区找媳妇。

父亲 41 岁时生他，当时住在更破的房子里。目前，LCM 和老母亲（82 岁）共同居住的这个房子已经建了 40 年。当时建这个房也是为了娶媳妇用，为了建这个房子，他们借钱甚至借粮食吃饭。房子建成 4 年之后，LCM 23 岁时才第一次被介绍对象，介绍的第一个姑娘是大海陀乡（本县）人，LCM 自己去她家给她父母和家人"看"，最终没被"看"上。当时，LCM 家在村里面条件最差。介绍多次都没有成功，主要原因还是家庭条件差。

LCM 说："向阳村穷，三五十里地（范围之内的农村居民）不'给'（不把女人嫁入本村之意），以前村里还缺水，直到去年才安的自来水。现在，我经常外出打工挣钱，干活儿每天 70 元，早起在村口外面的国道上坐上松花江面包车去延庆做绿化、栽树，晚上再坐车回来。自己没有低保，老妈 82 岁、有低保（以前每季度 300 多元，最近一季度 240 多元），但耳朵不太好。"

个案编号：A-3

GH，男，61岁，初中肄业。23岁（1976年）结婚，媳妇来自小雕鹗（属于本镇），离向阳村7里地，系邻居介绍。当时结婚全部花销是600元，那时一般人家娶媳妇需要200~300元，并且都不办事（婚礼）。姐姐现年69岁，她嫁给了本镇李家堡（离向阳村17里地）。

目前，村里面60多岁的有7~8个男的没结过婚，其中残疾的就3个，剩下的都是家庭条件不好（家里子女多）、个人能力也不强的。村里60多岁的男人中没有去川、贵、云娶媳妇的。前十几二十年，村里30~40岁的男人去云、贵、川娶媳妇。现在，贵州那边领不过来（媳妇）了。现在，村里30~39岁没娶上媳妇的男人有9~10个。

他认为光棍的影响主要有以下几个方面。

1. 光棍素质不高，（村）外头影响不好。

2. 光棍没娶媳妇，自己花钱大手大脚，娶了媳妇以后自己花得少了，看媳妇儿花得太多时就心疼（媳妇）花钱。

3. 一般光棍领过来的媳妇，大部分没有（和媳妇）领证，女方过个三五月，觉得没意思、过不下去，家庭里面男人当不了老人的家，老人挺节俭，与光棍领回来的女人容易产生矛盾。

4. 这些女人，都是打工领回来的，都是远处的（非河北、非张家口），她们如果看到光棍家庭条件不好就走了。

5. 骗婚的情况，现在就少了，被骗的男人吃亏难受也不出来（从家里出来到村里面）说了。

6. 村子名声不好，女的不往这里给（嫁）了。

7. 下车国道，从国道到村有2500米，路都是河湾路，泥多土多，村里客观条件也不太好。

现在村里娶媳妇的情况及变化：

1. 如果结婚后住在村里面，结婚花费至少20万元，具体花费包括：建房五间（费用至少12万元）；购车1辆（至少小松花江面包车，价格在 3 万~4 万）；婚礼（3 万~4 万元）；彩礼（现在不能低于 5 万元）。

2. 现在说媳妇都是自己搞，不需要媒人了，都是村民自己外出打工的时候认识的。

3.（家里）再有钱（个人）没有能耐也不给（嫁）了，家庭条件重要性变低。

个案编号：A-4

LCK，男，属猪，68 岁（1947 年出生），初中肄业，从未结婚。目前，自己独住。

弟兄三个，自己行大，老三去世，老二结婚了且育有两个女儿。老三刚订婚就去世，时年 21 岁。死亡原因是冬天室内烧煤取暖时煤气中毒。

LCK 自己认为没能结婚是"条件赶的"。1960 年之前，全家居住在张家口市区，老家是这里（向阳村）。当时，他的父亲在张家口晋剧团工作，母亲在当地派出所工作，他自己则是在当地戏校学习。1960 年初，大饥荒导致全家被下放（回村）。1961 年，父亲去世，时年 50 岁，当年三兄弟的年龄分别为 14 岁、7 岁和 1 岁，家庭条件变差，LCK 当年开始放羊。老三在对越自卫反击战时负伤、二等伤残（后脑勺被炮弹皮打坏了、装上假的头盖骨）的同时荣立二等功，复原后被分配到张家口化肥厂。到老大（LCK）30 岁时，两个弟弟分别为 23 岁、17 岁，老二、老三在 29 天之内都定媳妇了。本来就不宽裕的家里为了老二、老三结婚更是掏空了，并且借了很多外债。这样，老大就没有结婚了，LCK 自嘲"我被晾在这儿"，从那时起，"我就和母亲一起过，我管我母亲。"

LCK 年轻时身高 1.75 米以上。他说："治理三河，我带队，管人一块儿做工程。后来几年之后，母亲病了，家庭条件就撂那儿

223

了……我那个年代，超过30岁就不好找了，母亲常年卧床，肺气肿心脏病。母亲已经去世20年了。前几年有人给介绍对象，要求我去倒插门，没同意。她是赤城县的，小四岁，纯家庭妇女，离婚，一个人，有五保，一个月200来元。我自己的五保也200多元，在城市里两人（一个月）400多元怎么过？老了，互相有个伴儿，城市生活和农村生活不一样，城市费用多，承受不起。"

他还说："自己脑梗塞。每月收入约600元，每年得吃药1000多元。目前国家政策是'要么拿低保要么拿五保'。去年之前，每年都出去打工，2~3月给人家做保安、看摊儿、看门儿，去北京、廊坊、宣化。今年，身体前些段（时间）不太好。每年收入6000~7000元，加上五保，够生活了。"

他认为村里光棍多了的影响：

光棍多了，姑娘更不愿意嫁过来。对村里风气有影响，个别的，"是个动物都知道雌雄的事，只管自己谁管别人啊"。

年轻的外出了，为了成家，攒点积蓄。老的，没再结婚的想法，所以也不存钱。"国家政策确实不错，村里搞不好关键是干部，带领群众发家致富还是只顾自己。养老还是靠自己，哪天不行只能去敬老院，老二家两个女儿也都有病，顾不上（我）了。"

个案编号：A-5

LCY，男，属猪，43岁，小学四年级，从未结婚。户口本上有三人：本人、父亲和哥哥。嫂子是本村人，她户口没迁过来，妈妈去世5年多了。

哥哥48岁，他和嫂子同居超过10年，"（嫂子）前房男人是'蓝不沟'的、离这里10来里……前房男人没有死，过不好了，感情不好，散了。"

自己从来没谈过对象，"高也不是特高，也没什么特长。"

1990 年，20 岁时，家里有 4 口人——爸爸、妈妈、哥哥和自己。家庭条件也是"中流，一般化"。目前，在家里种地，从没有外出打工。"同年龄的村里男人中间有条件够、自己说（媳妇）的，有的去云、贵、川买的，也有娶附近的。"

"自己有毛病，长期腿疼，脚踝疼了超过 5 年了。做活儿手慢，赶不上趟，所以没有外出打工。"

"现在和父亲一起住，父亲 75 岁，他也腿疼、脑血栓。做饭谁有时间谁做，衣服个人洗个人的。……光棍爷俩个，谁也顾不了谁，老妈在还能照顾点儿。"

"没有想过老了的事情，过一天算一天了，过到哪儿就到哪儿了。这会儿没考虑敬老院，也不是牛年马年驴年的事情了。"

"爸爸有低保，我什么都没有。爸爸低保一个月不到 100 元，现在只有 80 元了，不够生活了。地种五谷杂粮，家里院子里种点菜，油盐酱醋要买。"

"医疗保险，自己买的药都几乎没有报（报销）过。"

"村里有 40~50 个光棍，对村里风气有影响，虽然都是别人自己的事情，也对村里面有影响。好地方不给（嫁），人给（嫁给）你赖地方？"

"农村的人，你打了光棍就笑话你，你过得可以了，他嫉妒你。"

"现在没有从云、贵、川领媳妇，这几年贵州那边也搞好了，人家也不过来了。前几年还有。没有再想娶媳妇了。现在只种点儿地。一年能收入 2000 多元。今年看来一千都拿不到，今年不下雨，地里庄稼都旱死了。"

个案编号：A-6

WGX，女，属猪，67 岁，有三个孩子。大女儿今年 50 岁，19 岁时由亲戚介绍嫁到同镇的李家堡，没有收彩礼。老二是儿子，属羊，今年 47 岁，从未结婚。小女儿 45 岁，20 岁时自由恋爱嫁在本村。

WGX 和她老伴儿对老二婚事十分上心。早在老二 18 ~ 19 岁时，夫妇俩就催着老二找对象，当时老二已经在附近的新保安（镇）做生意（"贩木头"），老二自己说"不着急（结婚）"，据她说"当时村里有几个（姑娘）要找他"。到 24 岁时，老二还没有找到媳妇，才着急了，从村外面领回来带着一个儿子的四川女人，老两口心里都不愿意（儿子和领回的四川女人共同生活）。

老二虽然从没有领过结婚证、正式办过婚礼，但曾经和两个女人同居过。第一个女人是四川德阳人，因前夫坐牢而带着儿子和老二同居，两人同居四年后，她前夫出狱找到她，她又和前夫回四川了。那时，前夫只想要回儿子，对她说："人家（老二）好歹养活你好几年，孩子我带回去了，你和人家（老二）过吧。"但四川女人还是决意跟着前夫和儿子回了四川。当时，老二非常想去四川把她领回来，WGX 劝他说"去了（四川）别要了你的命"，最终老二没有成行。WGX 说："老二养活她娘俩四年也花了好几万"。28 岁的老二又变回了单身汉。

没有过两年，30 岁的老二又从石头堡（附近村子、离向阳村 10多里地）领回了一个贵州女人。这个贵州女人是老二同居过的第二个女人。WGX 对这个贵州女人的评价很低："（这个）贵州（女）人不是人，是牲口。老二和贵州女人说，给他生个孩子，女的不给生，还拿开水烫伤了老二的腿。贵州女人和老二过了 2 年零 8 个月，把存款（六七千元）和零花钱（几百元）都卷走了，老二出去打工的路费都没有了。这个贵州女人跑了之后，老二就死心了、伤心了、再也不说（媳妇）了，谁说都不愿意听。"

现在，除了回来过年和种地（过年在家待到正月、二月就走了，种地回来在家种两三天地就走了）。打工是哪里都去，通县、北京和康宝（口外：坝上、沽源）。老二在外面打工时，也有人给他介绍

（媳妇），但是他伤心了、不要了，他说"自己过得挺好，这个时代好，国家给经营养老院"。

WGX 本人的娘家是本镇的东兴堡。她很小的时候父母就去世了，一直跟着哥哥嫂子过，她当时也知道向阳村条件差，但嫂子不愿意带她过，在她 17 岁时兄嫂就把她嫁给了向阳村。WGX 的老伴儿兄弟俩，他有个大哥，头脑不太好，1981 年，大嫂就离开了大哥、跑到邢台去了。

WGX 说："村里面没结过婚但同居的都不算结婚，都是骗人的，过得挺好的，说走就走。全村有十几个这样的男人。有来过几天的，骗几万的。周围村外省媳妇骗婚的情况也比较多，有的过个几天，有的过个 1 年、2 年的。来自云、贵、川媳妇中也有 10 来个没跑的，相比较跑掉的（外省女人）留下来的稍微多一点。"

WGX 嫁来向阳村 50 年了，她认为"村里娶媳妇越来越容易。开始变得容易时是来村里十几年后，生产队分开（家庭联产承包责任制）之后，人们（的生活）才好过点儿，娶媳妇才容易点儿。"她认为："现在，光棍对村里的风气影响也好点儿了，人也活便儿点儿。现在偷偷摸摸的也比以前好多了。"

个案编号：A-7

AGL，女，属龙，50 岁，五年级没上完，21 岁结婚，爱人当时 30 岁。公公在她爱人 6 岁时去世，婆婆没过几年就改嫁了，家庭条件差。她说："我们娘家当时条件也贫寒，家里啥东西也没有。娘家是艾家沟，离向阳村 2 里地。我的老姑（爸爸的妹妹）介绍我嫁来向阳村。"

她说："当时，婆婆一开始说给 500 元彩礼，后来才给 200 元。我妈妈给这里（嫁来的新家）拿俩钱，1000 元，让这边娶。当时，我都不想给（嫁过来），（我和丈夫年龄）差的岁数太大。后来，禁不住婆婆天天去娘家要。结婚的房子是三间破房，拿洋灰砌的衣柜。也没有办婚礼，自己一个人拿着包裹（棉袄、棉裤、秋衣）。婆婆没有钱，没人给办（婚礼）。1985年结婚，当时向阳村办婚礼的较多，没钱的（人家）不办（婚礼）。老人没有（钱），没人管，就不办。"

她说："爱人现在北京八达岭砌墙，从3月干到（阴历）八月十五，一年才拿两三万元，砌墙一天给200元，一般就1~2个月能挣10000多元。一年到头都在外打工，砌墙一般才给120元，这次干到第三个月才给200元。"

她有两个儿子，大儿子（XYS）25岁，初中毕业，去年冬天十月十日（阴历）结婚，大儿媳老家是东北黑龙江的（23岁）。大儿子大儿媳是打工时由大儿媳的亲戚介绍认识。大儿媳家没要彩礼，我们主动给大儿媳彩礼1万元。新房才花了3万元，（结婚之前）盖了5年了，连在一起五间房。大儿子现在开货车，跑运输（给村口的砖厂拉砖）。

现在，她和丈夫挣钱给小儿子娶媳妇。小儿子今年21岁，属鸡，初中肄业。他在村旁的砖厂打工，一月给2500元。4年前，小儿子17岁时谈第一个对象，女方是河南的。她说："（我认为这个河南女人）留不住，我不同意。给小儿子介绍的第二个对象是（本县）三道川的，今年年初刚谈的，她要（我们给买）在县城或（附近的）沙城的楼，这个楼需要55万元左右。"

她说："村里结婚的，彩礼一般3万~4万元，婚礼酒席至少1.5万元（人少），人多的2万元都不够，也要车（3万~4万元），赖的车不要。村里这么多光棍的影响：影响不好，风气不好。"

个案编号：A-8

ZWK，男，61岁，从未结婚，念过几个月高中。父母都去世10

年，我自己一个人住老人留下的土坯老房，老房才一间半。现在住别人的房子，人家让我看门。我从来没打过工，就靠种这点地，四亩半地，天好（气候好）的时候一年能挣 400 元、不好的（时候）挣 200 元。我是五保户，一个月 200 元，不够生活。我不抽烟，喝酒一个月也得闹个（花掉）三四十元钱。

我有两个哥哥，大哥今年 68 岁、二哥今年 66 岁，还有三个妹妹，分别是 58 岁、55 岁和 40 岁，他们都结婚了。我没结成婚原因主要是家庭条件赖，自己能力差点儿，不念书以后就有关节炎了。大哥、二哥也是农民，种地，他们结婚时都是码砖头盖房，房子也都是泥坯子。结婚之后，才把老房子翻盖了，旧房拆了之后盖新房。

从来没有人给我介绍过对象，"提都没提过"就是"从来没有人给张罗过"的意思。当时，老大（和）老二结婚了，家里就没有给我结婚用的房子了，家里条件差了。后来，我一直和父母过到"他们下世"，我和爸妈三人单独过了 10 年，妈妈去世已经 10 年了，爸爸"走"的时候 73 岁，妈妈"走"的时候 80 岁，妈妈比爸爸大三岁，爸爸去世四年后妈妈去世。

我没有去过养老院，也没想过去养老院。一个人拿不了这主意（是否去养老院）。村里有两个光棍去养老院，他们两个小的有 70 岁、大的 80 岁，两个人现在都已经去世了。

村民对光棍的态度，可以的吧，没有说不好听的。村里光棍少了才好，说明村里条件好了。

村里面 60 多个光棍，光棍之间不太一起玩儿（喝酒、抽烟、聊天），光棍都和"相好的"玩儿，主要是五六十岁的，"都在村头、街头说几句话，不好在家里谈，从不串门"。

至于结婚么，没那么好条件，过得去就完事。

个案编号：A-9

DMC，男，59 岁，从未结婚，9 岁开始念书，小学二年级没上。不上学之后，11 岁就去种地了。第一次被介绍对象时的年龄超过 25 岁。

我有两个姐姐一个哥哥，哥哥也没有结过婚，哥哥 64 岁。哥哥现在在砖厂做活儿，我和哥哥两个人住一起。做饭、洗衣服都个人顾个人。（油盐等）我买点儿，用完了，他再买。我买的多，哥哥听不着，他耳朵沉。

年轻时我们家庭成分是中农。父亲已经去世 35 年了，母亲比父亲晚死 2 年，当时我 26 岁，没人给提了。父亲眼睛不好、看不着，母亲长期上不来气"齁"（哮喘）。哥哥耳朵不好，很近的距离，一点儿都听不见。

哥哥上了五保，我上低保。低保，一个季度给领 240 元钱，三个月领一回。我和哥哥各人管各人的，五保他领是他的，低保我领是我的。我低保也领了三回，前年办的、去年领的。村里面，50 多岁的光棍都不给五保，只给低保。

低保不够生活的，自己种点儿地，自己盼着种地够，不能靠这个（低保和五保），那个（低保和五保）给几个算几个。

我租别人的地种 6~7 亩，自己还有 2.2 亩的地，一年收入一两千元。去年卖得多，有 2000 多元。

光棍多对村里影响不好：也不知道哪儿不好，哪儿都不对劲。

没想过去养老院，哪天动不了再说吧。能动弹就别进去（养老院）。能劳动的，能搭理（自理）生活了、就不去，不能搭理生活了、你就进去。从个人脑筋里想的，你自己能动弹就动弹，不要老是想靠人家。

国家对光棍的帮助"不赖"，自己挣不上来赖不了别人，人家给你、多加这两个钱、让你宽超（宽裕）点儿，有这点儿就算不赖。

个案编号：A-10

YMH，女，50 岁，属龙。老伴儿 55 岁，在家种地，去北京四周打工（建筑队）。娘家是艾家沟的。和同村的艾桂兰认识，她先嫁过来的，艾家沟的邻居介绍我嫁来向阳村。20 岁结婚，彩礼 100 元、200 元钱，让父母买点儿吃的。没盖新房，也没办婚礼、酒席。村里过去人，领过来的，二里地，走山路，走快点儿的话半小时。挎着包袱，里面就几件衣服。到向阳村，公公婆婆给两个零花钱 100 元，够花一年的，再给点儿粮食。和公公婆婆过了一年就分家了，当时共 10 间土房，我们分了三间房、三个木头柜，吃饭放瓦块、小瓦罐、铁锅……丈夫是四兄弟中的老二，有一个哥哥、两个弟弟。分家的时候，老大老二都三间，老三老四都没结婚和父母住三间，后来公婆给老三老四都盖了（结婚）。

村里面 25 岁以上、30 多岁现在没有结婚的，有 20~30 个。他们都出去打工去了。

大儿子，28 岁，属虎，小学五年级文化程度，买 2 万元钱的农用车拉砖，一年也纯挣 2 万元。四五年前大儿子结婚，当时 23 岁，生了一个女儿，孙女今年 4 岁半。儿媳现在 27 岁，小学毕业，娘家是（本县）东三庙（乡）拉么沟的，离向阳村 7~8 里。她娘家条件还没有我们家好。今年 7 月 15 日离婚了，就因为"经济不成熟"，儿媳不满意，人家不愿意跟着过。她（前儿媳）现在"点海"（乱跑），和有钱人"点海"。她（前儿媳）没离婚之前，"点海"点了一年多。她（前儿媳）就心高，想跑，想开车住大楼。

一般情况，村里面娶个媳妇需要 4 万~5 万元，要房子的话就得多花 10 多万元。去县城买房需要 40 万~50 万元。彩礼一般 1 万~2 万元，办婚礼一般也得 1 万~2 万元。一般人家一年到头落个万儿八千，要是天气旱的话，更糟糕。

光棍影响：村里条件差，影响不好，离公路也远，说媳妇也不好说。老光棍都是好人，不乱弄。

光棍都在家，不去养老院，一般都 60 ~ 70 岁去世，在家去世，一般都是病死的，老死的（没有病）很少。乡里照顾五保户，村里不管，邻居亲戚看看。光棍死了之后，亲戚来负责安葬，大队（村里面）都不管。亲戚远的话，不火化，离公路远的都不火化，买个棺材就埋了，（埋葬的地点）不是田地的地方，没有墓碑。光棍死的时候手里头也有点儿钱，不够了亲戚添点儿。

个案编号：A-11

DCH，男，55 岁，属猪，没结过婚，9 岁上小学一年级，只上过一年。

10 岁时去生产队放羊、挣工分，当小羊倌一天 8 分，大羊倌儿一天 10 分。放了 5 年羊，后来在生产队上班，一天 9 分。工分报酬，好的一天能分 2 ~ 3 角，赖的就更少了。

父亲去世 1 年多，去世时他 86 岁。母亲今年 84 岁，患有脑血栓。我还有一个姐姐两个妹妹和两个兄弟，我在兄弟中行大。大弟 50 岁才结婚，媳妇是本村的。小弟 44 岁，也没有结过婚，现在石家庄打工，过年能回来。

第一次被介绍对象时是 18 ~ 19 岁的时候，那时家里困难。28 ~ 29 岁也还有人给提（亲）。相亲看了好几次，女方来家里，看家里破小房，也没有什么东西，就谁也不给（嫁过来）。当时被介绍的对象都是附近的。

也有人叫一起去云、贵、川（等）南方领媳妇，我没去，老人（父母）说别去，费钱，也没钱。老妈是老党员，老爸当过兵打过仗，奖章一堆，都拿去卖了，才卖了几十元钱。当时去云、贵、川，便宜至少两三千元。开始去的时候都两三千元，后来都涨到一万元多。五六年前头里还有人从那边领（媳妇），这二年村里没有再去

（云、贵、川领媳妇了）的了。

我五保低保都没有，老母亲有低保。我在家里种地，老妈在家，也出不了门，打不了工。今年大旱，种地不挣钱了。妈妈病了四五年了，输液买药都自己掏钱，也没给报（销），一年至少需要两千元。

我还想再娶媳妇，想要个老伴给做点儿饭啊、看点儿门啊。现在正在攒钱娶媳妇，至少攒个四五万元才能说个媳妇，现在十几年才攒个一万多元，打发老人、买个吃的啥的，花的老多了，攒不住钱。

村里光棍中找老伴儿的有五六个。找的老伴儿，都从南方过来，这些老伴儿都 40 来岁、50 岁。（这些老伴儿）要个不多（钱）一万元、二万元的，（她们）过两个月，说回去领小孩去，就不（回）来了。这种（骗婚的）情况也有三四个。

不想去养老院。老了自己在家慢慢待着。

村里光棍多对村里有影响。村民对光棍的态度好的还算多，大部分不赖。光棍都忙，也不常常聚聚玩儿、喝酒。

个案编号：A-12

ZX，男，64 岁。他的儿子 ZJL，未婚，37 岁，小学文化程度，目前在本村砖厂打工。

ZJL 曾经在 2011 年与一位"行字堡"（本镇）的女人同居生活，女方为离异女士，与 ZJL 同居时带一个小孩。两人同居两年，然后因性格不合与家庭等原因分开。同居时，家中给了 2 万元的彩礼钱。ZJL 在十七八岁时就与此女在谈恋爱，至今也仅谈过这一个女朋友。

ZJL 有两个哥哥与一位姐姐，大哥二哥分别娶到"行字堡"、YZ 乡（本县）的老婆，姐姐嫁到张家口市怀来县。

ZJL 二哥的初婚妻子是云南人，这个云南妻子是二婚，生活两年，因云南妻子无法生育而分开，后云南妻子回到石家庄原来的初婚家庭。

ZJL 也想再找一位妻子生活，但是适龄的女士较少，故无法再成立新的家庭。当初同居时，父母帮其修建房子，时间为 2009 年，花费大概 2 万元。

个案编号：A-13

ZC，男，59 岁（属羊），文盲。他的儿子 ZJM，未婚，35 岁（属羊），初中文化程度。

ZJM 未结婚主要归结为家庭条件过于贫穷，在 ZJM 20 岁左右时，也有许多人为他介绍过很多对象，有十几位左右，但因家庭各方面原因后都没有成功。ZJM 也不善于表达，为人不爱说话，听他父亲讲，这也是其没有结婚的一部分原因。ZJM 现在张家口市沽源县砖厂打工，偶尔去北京季节性打工。

ZC 有一个女儿，嫁到小雕鹗（本乡镇）。

现在也想为孩子（ZJM）找一个合适的妻子，但是适龄的较少，不好介绍。有南方人贩子介绍媳妇，但大多数不敢信任，或者自己的条件达不到。

听 ZC 讲，南方云、贵、川嫁过来的媳妇大多不辞而别了，留下来的实在是少数。但现在人贩子的现象并不多见。

个案编号：A-14

GF，男，37 岁（属蛇），小学文化程度。

因为家庭困难至今未婚，母亲已经失明四年，GF 和父母生活在一起。因去年出了一次车祸，身体不太方便，所以家中的劳动力只有GF 的父亲一人。GF 有两位姐姐，一位嫁到雕鹗（本乡镇），另一位就留在本村。大姐在 17 岁时便出嫁了。

GF 在 20 岁时，曾有人给介绍过对象，但只有两次。与现在未婚的原因一样，都是因为家庭困难。现在适龄的单身女士也少，所以一直没有碰到合适的。1994~1998年，GF在北京的淀粉厂打工，在淀粉厂认识一位四川的女友，但同样因家庭条件的原因只能作罢。在1998年时谈过一位女友，也同样的原因未能成功。

在问到他以后养老的问题时，他没说什么，只回答："活一天算一天吧，没想过这养老问题。"原来常受村民的欺负，因为打架治病也花掉好多钱。

他觉得村里未婚的男性对村里的风气也无太大的影响。

个案编号：A-15

DYX，女，66岁（属鼠），小学文化程度。她的儿子ZR，50岁（属蛇），初中文化程度。

ZR曾经与一位四川的女友同居过9年的时间，但在2002年时，女友不辞而别，并留下一个8岁的男孩。曾经同居过的女友，是一位离婚的女士，同居时带了一个2岁的女儿，不辞而别时带走了这个女孩。他们是1990~1994年一同在北京打工时认识的。

DYX有一个女儿嫁到本村，另一个儿子娶的是本乡镇的媳妇。

ZR现在北京打工，有意愿找一个老伴，但ZR的儿子现在已经20岁，想着先为孩子娶媳妇，把自己搁置了，近两年也有许多人为其介绍对象，但毕竟家庭条件不允许。

刚同居时（1992年），父母为ZR盖了一间房子，花费了2万多元。

个案编号：A-16

WSL，男，66岁（属鼠），小学三年级文化程度。他的儿子WY，45岁（属狗），小学三年级文化程度。

因为家庭困难，家庭只有WSL一个劳动力，WY也没有完成学业，至今也未婚。但 WY 的长相等其他方面都不错，1990~1994 年在沈阳当兵，因为不放心老人，一直在家中劳作，在北京建筑队中季节性打工。看上 WY 的女士有许多，但都因 WY 家庭困难而不了了之。

WY 的弟弟娶了一个贵州的妻子，通过他人介绍认识，现有两个小孩。WY 还有一个妹妹，嫁到了本村。

2013 年 WY 经介绍认识了一位女友，女友为丧偶，但这个女友要求死后要和之前去世的丈夫葬在一起，WY 因为这一点也就没有同意。现在遇到合适的也较少，所以 WY 一直和父母生活在一起。现在延庆绿化队工作，每天收入 100 元。当兵时部队为其上养老保险，到 55 岁时就可以取养老钱了。

个案编号：A-17

ZZZ，72 岁，文盲。他的儿子 ZCX，38 岁，小学文化程度。

ZZZ 常年身体不适，家里的钱基本都用来看病了，没有多余的钱，所以 ZCX 也一直没有结婚，也一直无人给他介绍过对象。ZCX 在北京打工时认识了一位东北的女友，但当把女友带回家时，女友看到家庭的条件（困难），也就分开了。ZCX 现在仍在北京打工，每个月有两千多元的收入，也都用来生活了。

ZZZ 的女儿嫁到本镇了，常年在外边打工。

因 ZCX 的年纪偏大，一直未婚，也成了 ZZZ 的一块心病。现在结婚，女方都要楼房，他们却连想都不敢想，除了过节来客人时，都很少吃肉，都是吃自己种的蔬菜，生活的贫富差距还是挺大的，也从来没有怪过社会、没有抱怨社会。

个案编号：A-18

XZL，61 岁，文盲。他的儿子 ZXZ，29 岁，初中文化程度。XZL 小时候，父亲早早去世，他是本村的上门女婿，他也是本村的人。

ZXZ 现在正在谈女朋友，女友是一位离婚的女士，这个女朋友为本县龙门所乡的。也谈过一位本村女友，但因为家庭条件的原因，最后也就分手了。去年，他又谈过一位邯郸的女友，两人是在网上认识的，因为这个女人是一位结婚女士，家人也反对，最后也没有了联系。

因为前些年 ZXZ 一直在外边漂泊，家人对他的婚恋也不太了解。近两年他才回来。现在 XZL 为 ZXZ 花 3 万元买了一辆汽车，在本村砖厂上拉砖。

2009 年，XZL 为 ZXZ 在本村建了一所房子，花了 2 万元。房子一直搁置着，去年才装修好，装修花费了大概 3 万元。

XZL 的两个女儿也都嫁到本镇了。

个案编号：A-19

LFZ，女，66 岁，小学三年级文化程度。她的儿子 ZJ，33 岁，小学文化程度，未婚。

ZJ 现在张家口季节性打工，在他 22 岁时，媒人为他介绍过一个女友，当时女友家要两辆摩托车与 1 万元的彩礼钱，但是条件不允许，最后也就没有成功。现在家中也没有一个手机，电视也是早些年的黑白电视。目前 ZJ 正在谈一个女友，这个女友为张家口桥西区南天门的人，丧偶、没有工作，结婚的事情两家也没有商谈，彩礼钱也没有提得太多。2007 年，父母在张家口南天门周边给 ZJ 买了一处二手房子，花费了 2.4 万元，至今也没有装修，等到 ZJ 结婚时再进行装修。

现在村里面的贵州媳妇不多，因为怕骗子较多，一直没有找那边的媳妇。

LFZ 的两个女儿都嫁到本村了。

她认为光棍对村中的风气也有一定影响，但是问题也不大。

个案编号：A-20

ZZ，69 岁，属鸡，小学二年级文化程度，未婚。

父亲在 32 岁时去世，母亲在父亲去世几年后也改嫁，自己和奶奶生活在一起，之后奶奶也去世，又和伯伯生活在一起，在一起二十多年。当时 ZZ 为生产队放羊，因为伯伯先为自己的孩子成家，也就把 ZZ 搁置下来了，没过多久伯伯也和 ZZ 分家了，ZZ 自己生活，当时 ZZ 28 岁，条件也不是很好。

在 20 岁时，有人招上门女婿，要伯伯拿 300 元钱，伯伯没有为其拿，伯伯也一直想要 ZZ 在生产队挣工分，就和 ZZ 生活在一起。后来 ZZ 伯伯的两个儿子都成立家庭，他的伯伯便和 ZZ 分家过了。

现在因为年纪的原因、经济的原因也没有找一个老伴的想法了，想着社会养老至终。ZZ 讲，他有五保和养老保险，在过节的时候政府也给其民政保障。他一直讲：我就靠社会养老了，这社会好，我感谢社会。

个案编号：A-21

ZQ，58 岁，文盲，未婚。

ZQ 的父母早早去世了，和哥哥生活在一起，兄弟两人以乞讨为生。ZQ 的哥哥已经去世有 10 年了，ZQ 靠他的外甥养活，但近几年外甥的身体也不舒服，连自己也无法照顾，所以 ZQ 又只能以乞讨为生。

ZQ 的身体不好，耳朵也已经失聪。

DSK 乡 NMW 村

个案编号：B-1

XAM，男，50 岁，属蛇，小学二年级文化程度，未婚。家里有三口人，爸爸 76 岁，妈妈 73 岁，兄弟四个，自己行大，三个弟弟都结婚了。二弟今年 47 岁，二弟媳妇是本县的马营乡人。三弟在保定，今年 44 岁，上过小学五年级，三弟媳妇是保定市人，三弟属于上门女婿。老四 44 岁，老四媳妇是内蒙古赤峰人，结婚十来年了，一个孩子（儿子）10 岁，老四和他媳妇两人是在北京打工认识的。

从来没有人给我介绍对象。在我 20 多岁时，父母想给张罗找对象，（他们）有这个心但没那个（力）量。当时结婚花不了几百元钱。当时在生产队挣工分，年底分红，可以的（挣得多的情况下）一天 2 角钱，当时我们家就我一个劳动力，养活 5 口人（包括自己 6 口人）。后来，一直没人给（介绍对象）。

现在，爸爸妈妈都有低保，我低保五保都没有。村里 65 岁以上的老人都有低保，低保分三档（120 元/月、90 元/月、80 元/月），父母两个人一个月有 300 元钱。现在，我一天打工挣 100 元钱，一年能落个 1 万元钱算富的。想娶媳妇，但没攒钱。

我们村有光棍 14 个，40 岁以下的光棍没有，50 岁的有 3 个，60 岁有 1 个，剩下的 70~80 岁的。

（我）老了，没想过再结婚，以后再说。（养老）侄子指望不上，三个兄弟也都指望不上。"我挣钱贴补他们，他们也不照顾我。"

村民对光棍的态度只算一般。

个案编号：B-2

FH，男，52 岁，属兔。23 岁结婚，媳妇于 2004 年去世，育有一儿一女，现在儿子 27 岁、女儿 20 岁。媳妇娘家是本县 YZ 乡（DSK 乡的南面）的，离这里 40 里。

儿子还没结婚，27 岁了，属虎，初中毕业，18 岁开始打工，一开始去北京打扫卫生，现在深圳打工。没有人给他介绍过对象，他自己搞了一个对象，当时他 24~25 岁，没成，在深圳打工的时候谈过一个广州女孩。没成的原因是家里条件差，他妈妈（我爱人）有乳腺癌。

（FH）1986年结婚，当时一共花了1500多元，那时候钱是钱（值钱）。彩礼给了400元钱，那时（女方）没有要新房子，剩下的钱都是买衣裳、买缝纫机和家具、办酒席，酒席办了4~5桌。

如果儿子现在结婚，楼房就得花30万~40万元，还得在县城买。现在（结婚）时兴楼，（女方）要楼要车。车（价格为）5万~6万元一般的，也有7万~8万元的。彩礼现在需要2万~3万元，也有的要4万~5万元。

村里面25岁及以上男性没结婚的少。现在结婚的媳妇，有来自沽源（DSK乡北面）和沙城（C县的南面），当地的姑娘都外嫁外面了（北京延庆、本县县城）。

女儿今年20岁，刚刚考上三本（河北农业大学）。

儿子过春节回来，现在在深圳一个月工资3000多元。

村里光棍多，光棍一般不是正经人，风气不太好。村里和乡里都不怎么照顾光棍。光棍可怜，没有照顾，做一天活儿回去没人做饭。

光棍去世有亲戚（的话）亲戚管，没亲戚（的话）村里管，村里把（去世的）光棍房子卖了，给光棍办理后事。

个案编号：B-3

SZY，女，75岁，属龙。20岁结婚，老伴大她13岁，老伴患有脑萎缩和心脏病，已经去世，娘家是本乡"水墨儿"的，离这里10里地。当时结婚没有彩礼，马车（把我）拉过来，也没嫁妆，买两件新衣服，结婚时是冬天。

两个儿子都没有媳妇儿。

大儿子，GZF，50岁，属龙，念过初中毕业。现在北京常年烧锅炉，夏天工人喝水，也要烧锅炉，一个月1800元，患有心脏病。

二儿子，GZY，46 岁，念过小学二年级。现有心脏病，从来没有出去打过工。没来这里接受访谈，是因为（今天外出）上坟。一年种地（的收入）只够生活。

两个儿子成不了家，我着急。两个儿子都不会手艺，招不到人（娶不到媳妇）。

我有低保，最多时 100 元一个月、少时 80 元一个月。他俩（两个儿子）既没有低保也没有五保。

现在和小儿子过，我做饭，各人洗各人的衣服，我偶尔帮他洗衣服。

村民对光棍态度一般，免不了有人说说。两个儿子都老实。

个案编号：B-4

LYH，女，小学四年级，59 岁，属猴。25 岁结婚，娘家就是本村的，给（嫁给）的本村。有一弟弟两妹妹，弟弟 57 岁，高中文化程度，弟媳是 YZ 乡（DSK 乡的南边）人，现在两个人在张家口宣化定居，弟弟退休前的单位是那边的化肥厂。两妹妹一个外嫁沽源（在本村北面、距本村 40~50 里地，高中学历），一个外嫁涿州（本县南面、北京的西南，据此 800 多里，高中学历）。

我 1980 年结婚，彩礼 350 元，爱人娶我到家一共花了 800 元。当时挣工分一天挣 4 毛钱，还得天天去干才能每天挣 4 毛钱。当时娘家和婆婆家都一个劳动力，一年公分挣的钱 100 多元，娶个媳妇也得攒个 4~5 年，我公公还算是有钱的。公公在公社"修造站"上班，挣得多点儿。爱人结婚之前当兵，当兵三年我们俩订婚，他一共当了 5 年兵。

弟弟当时在化肥厂，一个月 30 元，没办（婚礼）事，办不起，直接领去一起过。

大妹，23 岁结婚，没要彩礼，大妹夫也是种地的，但是有能耐，会盘算。娶的那天吃顿席，花 100~200 元，那边也没有来车带，大妹自己去的（婆婆家）。

二妹，24 岁结婚，也没要彩礼，小妹夫修车（三轮车拖拉机），自己坐班车去了。主要我爸爸老想着给人省钱，不给人浪费钱，过去还要和人过（生活）么。

小姑今年 56 岁，本来嫁给本村的，后来 30 岁离了婚，之后在北京饭店打工，认识并嫁给了新小姑夫（北京本地人），新小姑夫条件差点儿、在北京那儿没人（嫁）给他，现在两人都是北京户口。

侄子名叫 LHW，30 岁，初中没念完，一身毛病（聋，耳朵听不清，老是腿疼，有点儿结巴，成天浑身上起点儿红疙瘩，相当于半个劳动力），没人（嫁）给他，怕他养活不过。给他介绍的都是有缺陷的女的，瘸的、神经病，侄子都没有要，看不上。神经病没人要，不能生孩子。

侄子他爸爸（50 岁）身体也不好，成天疼。侄子他妈妈今年 50 岁，刚信教（天主教），他们俩都是初中学历。他妈妈也是从（本乡的北面）沽源嫁过来。沽源和独石口条件一样。

LHW 妹妹，念完初中后念技校后分配至厂，现在 25 岁，嫁给张家口市万全县，自己搞的（对象），两人都在张家口雁北机械厂上班。

NMW 村（6 个自然村）光棍有个 10 来个，我们村（东瓦窑自然村）就有 3 个，现在年轻的男子基本没打光棍。

光棍汉都老实，没能耐，踹货儿（没能耐之意），定不上媳妇儿。有能耐的能白领（媳妇），什么都不花，家里不花钱，女的相中了，直接跟着过，这些女的都是南边的，四川的多。整个南门外村就 2 个四川媳妇、1 个青海媳妇、1 个湖北媳妇，都是他们自己打工认识的。

有一个买来的媳妇，过了 2 年，骗了 1 万多元，跑了，把男的弄成神经病了。叫人笑话，媳妇没了，钱也没了，一下神经不正常了。当时男的也有二十七八岁了，这个事情也有7~8年了。

个案编号：B-5

DZX，女，74岁，属蛇。她19岁结婚，丈夫当时25岁。育有6个孩子，3女3男。大儿子，属鼠，53岁，离婚多年。目前她和大儿子、大孙子一起过。

娘家是独石口乡西北村，离这儿（西瓦窑）12里地。那时家庭很穷，没有彩礼，只要嫁过来有吃有喝就行。做新衣服的布3毛钱一尺，结婚就花了几块钱。公公在娘家干过活儿，我和老伴儿就这么认识的。

大闺女现在57岁了，二闺女55岁，她们俩都嫁在本县县城，三闺女嫁在西瓦窑（本村）。

大儿子大儿媳离婚时大孙子才4个月。两人感情不好就离了，大儿媳是沽源人，亲戚介绍的，当时彩礼花了300~400元，那会儿钱值钱，种地、养活牲口一年闹得好的（能挣）300~400元，闹不好的只够生活。

大孙子今年31岁了，属鼠，初中毕业，还没有结过婚。他谈过两次对象。第一次谈的对象是YZ乡火龙沟的（70里地），两人自己从网上搞的，6年前的事情了。第二次谈的对象是前年的，女孩是本乡的独石口乡东栅子村，来过家里一两次，看家里不成，嫌条件不好，也没成。

大孙子现在待在家里，正在找活儿干，他会开车，打算去找点儿活。前几年在北京开水泥罐车，前年在独石口乡冰山梁（风景区）开罐车。冰山梁的活儿完了之后，一直在家待着，有半年时间了。他开罐车一个月能挣4000元。

人家看不上他（大孙子），又嫌这地方不好，又要楼。本村年轻男的找到媳妇都走了，不在本村住了。村（自然村）里有25～26年没有盖过新房了。

大孙子娶媳妇最贱（便宜）也需要10多万元，还要车、要楼，都去本县城买楼，需要40万～50万元。

如果家庭条件好，父母也挣钱，攒钱可以先付首付（买楼），然后分期还。二儿子给他儿子（二孙子）买楼了，贷款买，还25～26年，一个月还2000多块钱，由二儿子、二儿媳妇两个人还，两人北京打工（二儿子在厂里，二儿媳妇给打工单位打扫卫生），过年在家过5～6天。二孙子生活费都不够，冬天取暖费还得二儿子二儿媳管、给交（取暖费得2000～3000元）。二孙子是汽车修理工，给人家干活儿挣工资，二孙媳妇在家带孩子（重孙子满2岁）。

三儿子（47岁）三儿媳在本县租房住。三儿媳离过婚，是南面YZ乡的，带过来3个孩子。三儿三儿媳结婚2年了。三儿子45岁之前打光棍。两个人自己搞对象。三儿子开客车，一个月挣3000元钱。租小房子一年3000元钱房租，三儿子三儿媳已经领了结婚证。

现在村里面18～19岁的小女孩儿没几个，有的嫁到北京、有的嫁到张家口。西瓦窑村一共才20～30户人家，年轻的全部外出打工，老得动弹不了才在家。

这里脑梗、心梗发病率挺高，大儿子去张家口251医院做过手术。

个案编号：B-6

NJL，男，76岁，属兔，上过初中三年级，纯种地，老伴去世30年了。他三十五六岁结婚。媳妇是沽源县二道营的，姑舅哥介绍认识的，一起生活8年去世了（乳腺癌）。当时就身体不好，两个人没要孩子。45岁左右丧偶，后来有人给提（亲）。50来岁有人给提亲，他不愿意，女方48岁，离婚的，也是二道营的，带着一个儿子（7

岁）。"我不愿意了，女的不机密，当时给我和她怀的孩子打掉了，小孩六个月了。她怕我不待见她带来的孩子，所以把怀我的孩子打掉了。"

他18岁当兵，当4年兵，回村当农民。过了10多年结婚。父母都是农民，身体都不好，父亲上不来气（肺病）、母亲小脚劳动不了。他有两个哥哥一个姐姐。大哥去世了，大嫂娘家是C县里的，大哥娶大嫂在村里，后来就跟去城里了，去了自己住。大哥20多岁结婚，旧社会人不识字。二哥在宣化，二嫂是宣化人。二哥上过师范学校，在宣化师范附小教书。

现在他只有五保，没有低保。五保一个月200元钱。他自己一个人住，10间房子，自己做饭，自己洗衣服。发烧感冒自己去独石口中心卫生院（距家300米）治疗。

个案编号：B-7

GWM，男，58岁，属鸡，没上过学。现在和小弟两个人一起住，小弟50岁，上过初中二年级，小弟也没有结婚。

他以种地和打工为生，第一次打工是去本县云州水库修水坝，第二次去县里的窑厂（铁矿场），第三次去北京大兴做绿化，之后还去北京顺义县农场种地。那时候一天挣4~5块钱，挣得算不少。在矿山的时候，下洞、挣工分，一天5毛钱。

年轻时，家里有父母、兄弟三个和姐姐两个。两个姐姐分别嫁给本村和沽源。二弟（52岁）媳妇娘家是沽源的，1991年结婚，结婚花几百元钱，当时只有妈妈在世。

18岁左右有人给（我）提（介绍对象）过，（我）25~26岁时还有人（给）提，后来就没有（给提的）了。一共有三四个给提，都是本村和本乡的，人家看我家庭条件不好。（没结成婚还有）别的原因，"我自己没本事，只有别人找我干活，我才能干，自己找不了活儿干。"

大弟弟当年去北京当了 2~3 年保安，大弟媳就愿意给（嫁给他）。

我刚有低保，特殊照顾，一般得 60 岁以上才给。二弟什么都没有，只有靠自己劳动挣几个（钱）。我和二弟两个人做饭轮流做，各人衣服各人洗。（南门外村）50 多岁没有媳妇的 4 个人。

村里人对光棍的态度一般。

（我）还想结婚，娶一个寡妇都得好几万元，最少 5 万元。能碰上过好的，寡妇和你过，过不好的，就跑了。村里有一个四川媳妇，这会儿 50 多岁，来 5~6 年了，孩子留在四川了。

个案编号：B-8

CZX，男，58 岁，属鸡，29 岁结婚。媳妇 55 岁，本县 YZ 乡人，离这儿 50 里地，是当时村里面从 YZ 搬迁上来的人家介绍的。

当时彩礼 330 元钱（最高 660 元，一方家庭好或女方条件差会多要两个）。媳妇来的第二年村里包产到户。生产队拉车一年 4000 分，一分一角钱，一年能挣 400 多元钱。刨掉吃的，口粮款，一个人只剩70~80 元。

吃个订婚饭，双方亲戚都请，200 元左右。结婚时办事 7~8 桌，一桌就得 110 多元钱。全部结婚费用需要 1200~1300 元（娶妻最多需要 3000 元，最少 700~800 元）。

现在结婚困难不大，没有以前大。

儿子属猪，上学上到三年级，32 岁，27 岁结婚，孙子 5 岁了。儿媳妇是北京怀柔的（脑袋瓜有点儿问题），儿子在那里打工认识的。儿子儿媳一年回来 1~2 周，孙子自出生起就在这里养。儿媳的母亲脑袋瓜也有点儿问题。

儿子结婚，订婚酒要 4 万元、见面礼要 4000 元，结婚一共花费约 68500 元。

南门外村一共 700 来口人，7 个生产队，这个队一百零几口人，42 户。一个队光棍 8 个（从没有媳妇儿的 4 个，都是 50 多岁）。光棍主要是村里穷，和个人自身条件关系不大。

光棍对村的影响，"光棍都挺老实的，多数光棍不敢说话，不像别人那样花言巧语能说会道"。

刚刚乡里还在派发县里民政部门给光棍的一袋面（50 斤）。

个案编号：B-9

ZCM，女，50 岁，属蛇，小学二年级，娘家就是本村，亲戚介绍的，23 岁结婚，爱人 53 岁、初中毕业。爱人 19 岁时父母因病去世，都是上不来气（哮喘）死的。

我相中他这个人，主要因为看到姐姐受婆婆气。拖拉机把我给（从山上面我娘家）拉下来的，穿新衣服了。结婚时对象 26 岁，当时他以打工为生。娶亲一共花了 200～300 元钱。现在，村里娶媳妇，要楼要车。这两三年有两三个新媳妇，有一个沽源、有一个南方的。

个案编号：B-10

WWH，女，39 岁，属龙，初中肄业，娘家内蒙古赤峰市。目前，她在娘家放牧，老公在北京大兴打工，孩子在村里面上学，全家 2 年团聚一次。她和她爱人在北京打工认识，嫁来南门外村有 13 年了。26 岁结婚，爱人大一岁。爱人也是搞绿化，她在商场卖食品，两人自由谈的，也是张家口的同事小姑娘介绍的。从娘家到这边需要 1 天半，2000 里地。妈妈来过两次，来带孩子，一个男孩 10 岁。结婚一共花 1000 来块钱，买了一身红棉袄。妈妈说："嫁这么远，白送了。"

个案编号：B-11

CZH，50 岁，属蛇，小学四年级文化程度，未婚。

读完小学四年级以后就在家劳作，1988~1990 年在北京当装卸工。现在自己和母亲生活在一起，父亲在 1998 年时已经去世了。家中有三个哥哥、一个弟弟、两个姐姐，生活的负担比较重，所以一直没有结婚。别人第一次给他介绍对象时，他 22 岁，因为对方看到他家庭比较困难，连彩礼钱的事情也没有提，就直接不同意了，没有成功。也就一直没有张罗，至今也就介绍过一个对象。

三个哥哥的媳妇都是本村的，弟弟的媳妇也是本村的，两个姐姐同样也都嫁在村里。哥哥结婚时（我）年龄还小，当到了年纪时，父母先给弟弟结婚，也就把我搁置了，弟弟比我小 10 岁。

在本村大概有三四个四川过来的媳妇，外地的媳妇并不多。

现在也并没有想过找一个老伴，"等以后再说吧，找一个老伴做个饭得了，因为家里有一个老母亲，已经 90 多岁了，所以一直也不能出去打工，只能在本地找点零活干。"

（养老问题）："等以后再说吧，也没有想过这个问题，现在就做点活，攒一点养老钱。"

个案编号：B-12

LZQ，70 岁，属猴，小学文化。他的儿子 LCY，今年 47 岁，初中文化程度，至今也没有结婚。现在 LCY 因为有腰椎间盘突出，所以也不能外出打工，只能在家中种点地，和父母生活在一起。

在正值年龄的时候，家庭比较困难，在 20 多岁的时候，媒人也给 LCY 介绍过对象，当时对方要 1 万多元的彩礼钱，拿不出来，就没有成功。LCY 还有一个弟弟，LZQ 先为弟弟订了媳妇，以后更是拿不出多少钱，也就一直没给 LCY 介绍。LZQ 的女儿嫁到 C 县的 HC 了，他的女儿在家中排行老二，是 LCY 的妹妹。

现在 LCY 也想再说一个媳妇，LZQ 说：但是基本没有合适的，有合适的要的钱更多，更订不起，再加上身体的原因。

谈到养老问题的时候，他说："就看国家的吧，儿子种点地一年能闹几个？积攒不了多少钱，没个钱。光棍以后国家给五保，一年也有点钱，再不行就去养老院。"

他觉得光棍对村里的风气无太多的影响，因为现在不结婚的男的很少了。

个案编号：B-13

ZMY，68 岁，属猪，文盲，至今也没有结婚。他们兄弟姐妹三人，大姐已经去世，现在剩下一个姐姐，大姐嫁到张家口市沽源县丰源店乡了，已经去世 30 多年了，比 ZMY 大十几二十岁，二姐嫁到独石口乡了。在接触的过程中，ZMY 的耳朵并不好，讲话需要很大声才能听到，交谈的时候，也很没有精神。

问他没成家的原因，ZMY 回答道：是长相不太好，没本事，没能耐，没钱。因为母亲在他 21 岁的时候就去世了，父亲在他 23 岁的时候去世。当时两个姐姐都已经出嫁，他自己已经独自生活了 40 多年。现在自己种了一两亩地，靠国家的五保养活。

在 30 多岁的时候，也有人为他介绍过对象，因为要彩礼，大概 1000 多元，因为拿不出来这么多的钱，也就没有成功。

姐姐的儿子时常也给 ZMY 买点吃的，但拿不了多少钱，因为外甥有两个孩子，也要结婚买房。在平常的时候，常来看看，他已经十分高兴了。

个案编号：B-14

SGR，52 岁，属兔，家庭三口人，有一个女儿。

他说："村里有七个生产队，没有成过家的人也不少。老年人没成过家是早那会，生产队没钱，供应不起。年轻的呢，是这会儿要不就是要楼了，要这个要那个，给不起；要不就是脑子有点不好使，所以定不上媳妇。"

SGR 现在以种地为生，给乡政府打扫卫生，妻子是家庭妇女，身体不太好，主要在家中种地。女儿 23 岁，刚大学毕业，在廊坊的饮料厂上班。也没想过女儿结婚的问题，让她自己搞去吧。问女儿的彩礼问题，他说："就一个闺女，就和儿子一样，要啥彩礼了，不要彩礼，房子和男方一起准备就行。"两个人也上的养老保险，生活也将就。

他说，村里的光棍对村里的风气没什么大的影响，订不上媳妇的都是老实头子，乱胡闹的都有媳妇了，村里的治安也不赖。

个案编号：B-15

HYL，43 岁，小学文化程度，至今也没有结过婚。

现在母亲已经去世 4 年了，父亲瘫痪在床，家中就 HYL 一个劳动力，因为父亲的原因，要照顾父亲，所以哪也不能去，在 DSK 打工挣点钱。HYL 有两个姐姐、一个弟弟，都已经成家了。大姐二姐都嫁到本村了，弟弟娶的 YZ 那边的媳妇，都在本村生活。

HYL 从小就有癫痫病，七八岁得的病，因为家庭中姊妹较多，也没有多余的钱给他看病，一直到近三四年病才好转，突然间就好了，全家都信耶稣了。但年轻时一直都有这样的病，也就一直没有人给他介绍媳妇。原来生病的时候，一直靠父母照顾。

近几年，虽然 HYL 的病好了，但是要照顾父亲，挣来的钱也不多，要给父亲买药治病，没有多余的钱娶媳妇了。因为有一个瘫痪在床的父亲，也没人愿意嫁给他。

HYL 的养老问题也就指望国家了。

这边村里的光棍比较老实，对村里的风气也没有什么影响。

个案编号：B-16

ZGZ，女，72 岁，属羊，文盲。她的儿子叫 ZLS，今年 52 岁，文盲。

ZGZ 现在身体不好，大脑想事不清楚，胳膊也不舒服。儿子 ZLS 患有癫痫病，经常抽风，她的老伴去世 9 年了，现在和儿子两个人相依为命，儿子至今没有成过家。ZGZ 还有五个女儿，小女儿今年 40 岁，嫁到 GY 县 FYD 乡了。三女儿也患有癫痫病，三女儿也嫁到丰源店乡了。大女儿嫁到沽源县小厂乡了，四女儿嫁到本村了。

ZLS 5 岁的时候就患有癫痫病了，等到 15 岁的时候就好了，好了两三年，他去山上放马，山上有人放石头，把他吓坏了，又犯了，一直到 40 多岁。其间没人给他介绍过媳妇，现在连 10 以内的数字都不知道，连颜色都分不清楚。ZGZ 说：他连自己都顾不过来，谁又给他说媳妇呢？

谈到养老的问题，ZGZ 讲："现在就靠国家的养老钱，自己也种点地，儿子也不能劳动。等以后就只能靠国家了，该怎么办呢？平时连鸡蛋也买不起，就吃点自己种的菜。"几个女儿也不经常过来，ZGZ 还得经常照顾女儿的孩子。三女儿也已经好几年没有见过了。

个案编号：B-17

CZM，女，52 岁，属兔，没有文化。她的小叔子 CG，今年 50 岁，没有文化，至今也没有结婚。

CG 有一个姐姐、一个哥哥。姐姐今年 59 岁，哥哥今年 55 岁。CG 在 3 岁的时候，母亲就去世了，母亲是一个哑巴，无法劳动，过了三年父亲也去世了。他们和奶奶一起生活，奶奶种了一点地，哥哥给生产队劳作，那时吃的都是荞粉，也没有多余的粮食，几口人紧紧巴巴地生活。原来他的哥哥也是什么钱也没有，CZM 看上他的老实，可怜也就和他生活在一起了，一分彩礼钱也没有。哥哥和嫂子照顾着一大家子。

因为家庭条件的原因，也没有人给弟弟介绍过对象。CZM 说："小叔子个子也不高，长得也不算好，也没有钱，谁愿意跟他呢？现在也没有合适的，现在不是图你钱就是图你人呢，你啥也没有，人家谁跟你了？"

现在 CG 在北京昌平打工。她说："等动弹不了的时候，就和侄儿外甥生活在一起吧，目前有我们，等以后再说吧。"

"没结婚的不少，条件不好的，谁给（嫁）了？"

个案编号：B-18

SSF，54 岁，属牛，初中文化程度。在 1996 年的时候，妻子生病去世，之后一直自己一个人生活。

他的儿子 SXB，今年 25 岁，初中文化程度，未婚。现在在北京打工，从事影视屏幕安装的工作，19 岁就去北京了。因为现在儿子一个人在北京打工，不经常回家，SSF 对儿子的恋爱情况也不太清楚。当初因为家里没有钱，只有父亲一个人负担他的学费，母亲也刚去世不久，即使 SXB 的学习成绩不差，父亲也负担不起他的学费，只能退学。儿子成家的事情也想过，房子车子的问题等以后再说吧。

现在也没有再找一个老伴的想法了，他讲："找啥了，不带找了，一个人过得就挺好了。一个人做饭也挺好。以后养老的问题靠儿子给两个，自己挣点，攒两个就够了。"SSF 现在自己种点地，没有出去打工，够吃够喝，也能攒两个。

他说村里没结婚的不多，但是也不少。生活得都还可以，不赖，对村里的风气也没有太大的影响。

个案编号：B-19

WSY，女，70 岁，属鸡，初中文化程度。WSY 是内蒙古多伦县的人，父母原来在多伦县上班，原籍是 DSK 的，有手艺，就去多伦县谋生了。后来退休了，落叶归根，WSY 就随着父母回来了，当时 WSY 17 岁，回来也 50 多年了。现在基本靠儿女养老，儿女时常给点钱。

WSY 有五个孩子，两个儿子，三个女儿，大儿子在去年出车祸不幸身亡，小儿子今年 41 岁，CST，初中文化程度，初中毕业以后就去北京打工了，给别人开车。去年 9 月刚结婚，他的妻子是北京市的人，是通过他人认识的。20 岁的时候，家中也给他介绍了一个对象，是 DSK 乡的人，但是 CST 相不上，后来一直单身。

大女儿二女儿都嫁到怀安县了，三女儿嫁到张家口市了，大女儿二女儿都在家务农，三女儿做销售，向别人推销饮料。CST 在北京定居，不常回来，只有春节回家几天。CST 现在居住在媳妇父母家的房子。

WSY 说：村里现在没多少光棍了，对村里也没有什么影响，大家生活得都挺不错的。

个案编号：B-20

PXH，女，37 岁，属马，初中文化程度。她是沽源县（本县以北的临县）莲花滩乡的人，20 岁时嫁到 DSK 乡。

她和老公之间是朋友介绍认识的，给了她 5000 元钱，房子住的是婆婆公公的旧房子，所以也没有多少的花费，她老公现在沙城给别人开车。她也没有兄弟姐妹。她老公兄弟姐妹有三人，有两个姐姐，两个姐姐现在都在张家口生活。她们一家现在在沙城定居，租房子住，家庭的生活也挺紧张的，常回 DSK 看看。她讲："现在打工不容易，挣得多，花得也多。"

问到村里的光棍对村里的风气有什么影响时，她讲："这村里的光棍都不赖的，不会乱七八糟地瞎弄。现在村里的打光棍的原因主要是老实，能折腾一点的，都找到老婆了。"

DWK 乡 BTY 村

个案编号：C-1

MF，男，58 岁，属鸡，母亲 80 岁，上过小学四年级。18~19 岁去张家口的厂里干小工，拉车、拉煤。

有两个弟弟，都已经结婚，大弟结婚年龄 21 岁，大弟媳是茨营乡人；小弟结婚年龄 22 岁，小弟媳也是茨营乡人。当时彩礼得花 500~600 元。

第一次被介绍对象时的年龄是 18 岁，对象是东卯乡人，离本村 20 里地。成了又退了。后来还有两三次给提（介绍对象）。20 岁之后就没人提了。

这会儿村里面娶媳妇得几万元，至少 10 来万元，彩礼女方不要的话得给 1 万~2 万元，如果女方要的话、多的得给 5 万~6 万元。去买楼的地方包括本县县城、北京、张家口。这个楼一般需要 50 万~60 万元。

这几年村里面没有人结婚。有钱人才出去买楼。家里平平常常的，一般人家，还是在村里面住。如果不去买楼的话，家里盖房子就得 10 来万元，娶个媳妇至少 20 来万元。

30 岁以上从来没有结婚的有 8~9 个，残疾 2 个、哑巴 1 个、不大机密（头脑不清楚）的 1 个。

（我）没娶上媳妇的原因，就是家里穷。当时家里种地，一年 6000~7000 元。

（我）达到结婚年龄时，家里 9 口人，父母、2 兄弟、5 妹妹。最小妹妹在 HC 乡（本乡之南），（她）18 岁出嫁，孩子已经 18~19 岁了。

（我）低保五保都没有。（村里）超过 60 岁的光棍有五保。

个案编号：C-2

LYX，男，76 岁，属兔，18 岁结婚，62 岁老婆去世。老婆是本县东卯乡的、离这里 25 里地，两人同岁。

当时结婚不花钱，给媳妇一身新衣裳，要 30 元钱彩礼都没给。她们家条件也一般。

村里没娶过老婆的光棍也就 6~7 个。

（我）三个女儿一个小子。儿子今年 57 岁，他 26~27 岁结婚，那时提倡晚婚。儿媳是茨营子乡的，离这里 20 里地。当时给儿媳的彩礼是 300 元，买自行车花掉 100 多元钱，婚礼花 300 元，儿子娶媳妇将近 500 元。当年一天挣工分 3 角。当时借钱，借了 500 元钱，自己还了 15 年。好几个儿子的话，就订不起（媳妇）了。

大女儿今年 56 岁，她结婚时的年龄超过 25 岁，二女儿今年 47 岁、22 岁结婚，三女儿今年 44 岁、23 岁结婚。

大女儿（嫁）给延庆了，二女儿三女儿都给本村了。延庆县的不掏彩礼（没给彩礼），愿意就跟着去。大女婿家是延庆农村。二女儿嫁给村里面，当时收了 200 元钱彩礼。三女儿也嫁给村里面，收了 400 元钱彩礼。给女儿买点儿东西（盆、衣裳），收到嫁二女儿的彩礼 200 元钱后给她花 100 元，三女儿 400 元钱彩礼钱给她 200 元、自己花了 200 元买了点吃喝。

（我）有低保了，拿低保，一个月先给 70 元、后来涨到现在的一个月 100 元。

光棍都有五保了，（我）有个姑舅哥是大队书记，帮 60 多岁的光棍（小儿麻痹）办了五保。

个案编号：C-3

JML，男，58 岁，属鸡。小儿麻痹症。有兄弟姐妹各一个。

大嫂是东毛乡人，弟媳是白草乡人，姐夫是本乡的，妹夫是本村的。

本村光棍 10 来个，都是从来没有结婚的。40 多岁的光棍有 2~3 个，50 多岁有 2~3 个，60 多岁还没有，70 来岁有 1 个，80 来岁有 1 个。

我有五保，大前年办的五保。一开始是低保，低保一个月 120~130 元，一季度 300 元。五保现在一季度 650 元。拿了 2 年低保之后，改拿五保。有了五保就没有低保了。身体好的光棍没有五保也没有低保。村里 60 来岁的人就有低保了。

我和妈妈一起过，老妈 85 岁了，她拿低保。两人都做饭，妈妈也给洗，妹妹、嫂子给妈妈洗衣服，我的衣服都自己洗。

个案编号：C-4

ZH，82 岁，属鸡，老伴儿小我 4 岁，跟自己生活了 55 年，现在去世 5 年了。

我 22 岁结婚，23~24 岁生过两个孩子，都没有活到一个月，夭折了。老伴有病了，后来，一直就没有生。

我有低保，低保一个月 105 元，养老保险一个月 55 元，80 岁以上的还有政府给的钱（前年村里给报上去的，现在还没有批下来）。

现在，我一个月领 160 元，买点儿大米、油盐酱醋。共产党给钱，知足。不能说我不够花，共产党给多给少算是恩惠。

个案编号：C-5

XYM，女，44 岁，小学四年级，23 岁结婚，女儿今年 19 岁。娘家黑大营乡三道河村，离这 5 里地。平时在北京朝阳区酒仙桥打工。这次回来带儿子上学，儿子今年 8 岁了。

丈夫的二哥和三哥都从来没有结过婚。

二哥，61 岁。去怀来打工，做小活儿，一天开（给）100 元，上班就开不上班就不开。收玉米时回家待上一个月，春节回家过，有活儿干的话就出去。老二也办上低保，光棍拿低保也得卡年龄，60岁才给办。二哥和三哥住一起，各人洗各人衣服，做饭轮着做。各人挣钱各人花。

三哥，56岁。在家种点儿玉米地，去年冬天去北京打工，也做小活儿。三哥低保和五保都没有。

有地方光棍没到60岁也有五保。

家里困难，错过了结婚年龄。

村里有10多个光棍儿。

个案编号：C-6

MJH，80岁，属鼠，未婚。现在一个人独住，有五保没低保。五保一年给1000多元钱。自己做饭，大米饭。早上就吃山药皮。买盐弄咸菜。

有一个弟弟和一个妹妹。弟弟60岁，侄子将近40岁。弟弟和侄子都在本县县城。

妹妹嫁到延庆去了，现在50多岁了。2年前，弟弟和妹妹都来看我，给我带点儿吃的，待一天。

感冒自己买药吃，在村子医生那里买，买感冒药花10来元钱。

村里80多岁的光棍（结过婚）还有2个。

个案编号：C-7

YL，男，27岁，没上过学，不太机密（头脑不清楚），现在自己一个人住。家里三间房，有电灯电视。语言能力有障碍。妈妈改嫁去六棵树，离本村有30多里地。

在村里给人干活儿。一天给10元钱。最多一天给50元。

没有五保，也没有低保，啥保都没有。

一天花 20 来元钱。一天抽两盒烟，10 元。吃饭，买火腿，乱七八糟的得 10 元。自己做饭自己炒菜，衣服自己洗。

从来没有人给介绍对象。

村里没结婚的男的有 10 个。村里没有外省的媳妇。

有个伯伯，45 岁了，从来也没结婚，手残疾，干活儿不行。

个案编号：C-8

YRP，女，41 岁，属牛。当时彩礼要了 800~1000 元，嫁到茨营子乡。孩子放假了，回来看看老妈，爸爸因病（肺癌）去世 24 年，老妈和新找的后老伴儿一起生活 20 多年了。弟弟 16 岁因病去世，精神失常，先天性的。

哥哥叫 YSQ，今年 43 岁了，身体还行。没结过婚。介绍过对象，家里穷得叮当的，没人愿意。

哥哥现在做活儿，去过北京打工，什么都干。

妈妈和继父住老房，哥哥住在新的小房子里面，打工回来妈妈给做饭。在外打工时间少，在家时间多。妈妈心脏不好，高血压。

妈妈今年有 64~65 岁，有低保了。

哥哥低保五保都没有，身体好的光棍都没有低保和五保，60 岁以后才能有。身体特别赖的才给低保。

没有给哥哥介绍过（对象），现在骗子特别多。

现在也不想，想也没办法，不知道哥哥未来如何养老。哥哥靠不了我和孩子（妹妹和外甥）。好的外甥才会照顾，不好的都不管了，自己的儿女有时候都不管你。

现在光棍多的是。我嫁过去的村，一共 30 来户，70~80 个人，光棍 5~6 个。

个案编号：C-9

LXM，女，46岁，属鸡，初中学历，23岁结婚，娘家就是本村。结婚时，公公婆婆没给彩礼，结婚一共花了700~800元。爱人大（我）两岁，也是初中学历，目前在家种地，以前打过工，现在在家，以前在北京干临时的活儿。

儿子今年25周岁，初中毕业；女儿今年17岁，正在上高中。儿子在县城打工，给人开车，一个月挣4000~5000元，开"勾机"（挖掘机），从3月干到11月。天冷的3个月就在家休息。

儿子儿媳还没领结婚证，儿子户口册显示年龄今年才22周岁。儿媳23周岁，初中毕业，是东卯乡的、离本村20里地。两人办事（办婚礼）有3~4年了。儿媳家彩礼要了1.5万元，嫁妆就买个冰箱，2000元钱。婚礼就是在饭馆吃了一顿，共花费3000~4000元钱。儿子结婚一共花掉7万~8万元。这个结婚花费是10年前的价，当时还在村盖4间平房，加上装修一共花费5万~6万元。

现在在村里盖四间房都得12万~13万元。现在定媳妇的彩礼需要2万~3万元。现在没有7万~8万元（媳妇）娶不到家。

前年，村里有娶进来的媳妇。这两年没有。现在村里面没有老婆的有20多个。

对光棍挺同情的，他们娶不上媳妇的原因中，家庭原因占80%，个人原因占20%。

（我是）脑膜瘤，脑袋开颅，今年开始有低保，是大病就给低保。现在（我）不是全劳动力，老伴儿就在家里陪着。家里种地一年收1万多元，女儿一年上学花钱需要1万多元，她目前住校。

现在，打工认识的媳妇很少，基本是本乡村和本县的，山南海北的很少。外地媳妇有河南的、湖北的。

个案编号：C-10

ZXF，女，51岁，属龙，小学四年级，现在家种地。爱人大3岁，上过初中，现在在家，颈椎病，躺在床上，扶着东西能站立。

家里还有闺女，已经有对象，给山西长治，和女婿在北京打工认识，结婚9年了，闺女29岁。20岁结婚，1万元彩礼。女婿跟着过来了，6年前，老丈人车祸。

儿子没对象，才21岁，初中。18岁去北京打工，在大兴的物流公司，一个月将近3000元。

村里18~19岁，20多岁，除了念书的、打工的，都没在家里面了。

爱人拿低保，一个季度200~300元。

感觉有3~4个光棍。老光棍更可怜。

个案编号：C-11

YL，48岁，属羊，小学文化程度。小学上完以后就在家劳动，1980~1985年在北京打工，当装卸工。现在和老母亲生活在一起，家中就YL一个劳动力。

22岁有人给YL介绍过一次对象，女方是本县东卯乡的，那时女方要3000多元的彩礼钱，可家中实在拿不出这么多的钱，也就不了了之了，从那之后再也没有别人给他介绍过对象了。在30~40岁的时候，不幸得了糖尿病，他现在连自己的自理都成了问题，更没有想过成家的问题，别人也不嫁给他。YL说："打胰岛素现在每个月都要四五百元，也挣不来那么多钱，全凭自己种点地，也不能出去打工，所以也没法打。"

YL有一个哥哥、一个弟弟，还有一个妹妹，嫂子是本县东卯乡人，弟弟现在在北京打工，弟媳是本乡人，妹妹嫁在本村了。因为妹妹离得不远，也时常照顾母亲。

谈养老的问题时，他说："走一步算一步吧，看以后国家管我不，等过几天去开一个得病的证明，要不以后连自己都自理不了了。"

个案编号：C-12

DFY，女，60岁，属羊，小学文化程度。她的儿子YL，今年39岁，没有文化，未婚。

YL从小就有小儿麻痹症，因为交通不发达，也从来没有给他看过病，现在只是能走路，说话也不清楚，起这个名字也是希望他坚强。现在DFY他们一家三口生活在一起，YL也无法劳动，DFY的爱人出过车祸，脾也全部摘除了，只有DFY一个劳动力，现在就只有在家种点地。

DFY讲到儿子的婚姻时："谁给（嫁给他）了？就他这样连自己都自理不了，找一个差不多的，我们还得照顾媳妇，以后也就这样了。"DFY有两个女儿，大女儿嫁到本县的黑得营乡，二女儿嫁到本县龙门所乡，两个女儿都有小孩，也不经常回来。

DFY也十分担心儿子的养老问题，她说："那该咋闹了，过一天算一天吧，以后也就只能这样吧，要不行以后就去养老院吧。根本不考虑自己的养老，以后自己的儿子养老该咋闹了？"讲的时候，DFY已经哭了。

她讲村里的人都比较老实，光棍对村里的风气也没有什么影响，村里的人都比较好。

个案编号：C-13

HFQ，女，63岁，属龙，小学文化程度。她的儿子叫LGF，今年32岁，小学三年级的文化程度。

LGF在小学二三年级的时候，学习特别好，是班里的一二名。在三年级的时候，一次放学的途中，被车撞伤，当时已经不省人事，整整昏迷了两个月之久，两月之后醒来就已经瘫痪，半身不遂，脑神经损伤，什么也不懂，一直到现在。已经 20 多年过来了，LGF 一直是母亲一个人照顾的。两个人相依为命，把屎把尿，喂饭。她讲：亲戚的旧被子都给他，经常屎尿，就得经常打扫。

HFQ 的两个女儿都嫁到本乡了，另一个儿子娶的是本村的媳妇。

结婚的问题就不用说了，出了这个事情以后，HFQ 所有的希望都破灭了。HFQ 讲："他也自理不了，以后去养老院也不行，我活一天他就活一天吧，等到我死那天，他也得死了。"

谈到村里的风气，她也讲："这的人都不赖，都挺好，光棍对村里也没什么影响。"

个案编号：C-14

LSL，女，61 岁，属马，小学四年级文化程度。她的儿子叫 TXD，今年 31 岁，初中文化程度，未婚。

TXD 初中毕业以后没有在家种地，直接就去北京、张家口打工了。在打工的时候，认识了一个河南的女友，在 21 岁的时候回来同居了。同居的时候，也没有给女方彩礼钱，也没有多余的钱盖房子，住的原来的旧房子。他们同居了有 10 年，去年时候，女方因为家庭贫穷，和男方的感情不和，招呼也没有打就不辞而别了。在这 10 年间，给 TXD 生了一个女儿、一个儿子。现在 TXD 在北京打工，当司机，一个月能有四五千元的收入。

现在 TXD 也有再找一个媳妇过日子的意愿，LSL 说："没人愿意给你，现在都两个孩子，念书都等着花钱呢，儿子挣两个钱过得紧紧巴巴的，两个孩子后妈也不可能管呀，人家管人家自己的孩子，哪有这么多闲钱的，就是对孩子不公平。"

LSL 还有两个女儿，都嫁到东卯乡了。

现在国家给两个低保钱，可是供这两个孩子哪能供过来了。

谈到光棍对村里的风气影响时，LSL说："村里不成家的都是窝囊人，又懒，对村里没啥影响。"

个案编号：C-15

YY，男，81岁，属狗，没有文化。妻子去世6年了，YY自己一个人生活，现在没有种地，国家给点低保，儿女经常给点钱但不经常过来，都是自己吃饭做饭。

YY在19岁的时候就已经结婚了，去世的老伴也是东万口乡的，一个大队。当时是别人介绍认识的，彩礼钱一分也没有给，那时的人们也不会要彩礼钱，当时盖房子花了差不多1万元。YY一生也没有出去打过工，他说：赶打工开始的时候，我岁数大了，也不能出去了。

YY有两个儿子，岁数也不小了，五六十岁，也都结婚了。大儿子娶的是东万口乡本村的媳妇，二儿子娶的是黑得营媳妇，大儿子二儿子都在家务农。

村里30多岁没结婚的比较少了，对风气也没有什么影响。

个案编号：C-16

LFM，女，66岁，属牛，没有文化。

LFM的老伴去世7年了，老伴是得癌症去世的，在调查的过程中，这样的单身女士并不多见。LFM就是本村的人，也嫁给本村了。LFM是20岁的时候结婚的，她的老伴比她大1岁。

在谈到再找一个老伴的问题时，她言简意赅地说："我不再找了，也没有考虑过这个问题，家庭生活的条件也过得去，一个人生活自由自在的也挺好，不再找了。现在也有点半身不遂，脑筋也不够用，给说老伴的人也不太多。"

LFM 有两个儿子两个女儿，大儿子在福建给他人开车，媳妇也是福建的，就在那边定居了。二儿子在北京，娶的是本乡的媳妇，二儿子在北京跑车，媳妇在家中哄孩子，待着，不种地。大女儿嫁到沽源了，在家哄孩子，女婿在街上等活儿。二女儿嫁到本村了。

谈到养老的问题，LFM 说："就他们四个人管吧，那咋办了，要他们不管谁管了，把他们养活这么大，他们有时回来给我点钱。"

个案编号：C-17

HXH，女，58 岁，属鸡，没有文化。她的儿子 SHL，今年 39 岁，小学五年级文化程度，离异。

SHL 五年级毕业时，已经十六七岁，当时就去北京打工了，给自己挣点零花钱，今年去北京和师傅学钩机。SHL 已经和媳妇离婚 7 年了，有一个小女儿，和 HXH 生活在一起。SHL 在 25 岁的时候，通过他人介绍认识了东万口的媳妇，两人结婚，女方要了 1 万多元的彩礼钱，盖房子连装修花了有 10 多万元钱。婚后几年，媳妇因为家庭困难，即使两个人的感情挺好，媳妇也听自己家里的话离婚改嫁了。

SHL 也想再找一个，HXH 说："咋不想再找一个，但是说话不会说，家庭也没钱，性格也比较直，也找不上，以后养老也再说吧，能行再找一个，不行就去养老院。"

村里的光棍对村里的风气也没有太大的影响。

个案编号：C-18

ZWF，男，56 岁，属猪，小学四年级文化程度，丧偶。现在自己生活，打点零工，种点地挣钱。

在 20 岁时，ZWF 结婚，媳妇是黑得营乡的。妻子因生病已经去世 26 年了，留下一个女儿。女儿嫁到本村了，现在在北京打工。当时结婚时，ZWF 给了媳妇 200 多元的彩礼钱，头一年结婚第二年盖的房子，花了有八九百元。当初妻子去世后，ZWF 也想再找一个妻子，但当时家里老人还在世，还留下一个女儿，也只有这一个女儿，要抚养老人，也要为女儿挣钱。有想招女婿的，但是放心不下女儿、老人，也就一直没说。现在也想再找一个，即使他身体健康，但是年龄合适的比较少，所以一直没有找。

一直没成家，ZWF 想着都是为女儿了，现在攒点钱，给女儿挣点钱，以后就等着女儿女婿养老吧。

个案编号：C-19

JYT，女，66 岁，属牛，没有读过书。她的二儿子叫 YGY，今年 31 岁，初中文化程度，至今也没有结婚。初中毕业以后，就去北京打工了，在北京印刷厂工作，断断续续地给人家开车。现在 JYT 的丈夫得了胃癌，在家瘫痪着，家中只有 JYT 一个劳动力，种点地挣钱，JYT 的身体也特别差。

YGY 现在谈了一个女朋友，是同学之间介绍认识的，女朋友是东万口乡的。女朋友看到家庭的条件，彩礼的钱也没有提，没有订婚，两个人一同在北京打工，自己养活自己，但是一直也没有结婚，就这样过着，要啥没啥。JYT 也动不了，挣不了钱，连个定亲饭也吃不起。

JYT 还有一个大儿子，现在在北京打工，给他人开车，娶的是本乡的媳妇。女儿嫁到北京了。

关于以后的养老，JYT 说："没路，二儿子把自己照顾好就行了，大儿子也不回来，一家四口把自己照顾好就行了，女儿他们也是在北京，把自己照顾好就行，也是不经常回来。"

村里没结婚的光棍也不多了，光棍对村里的风气也没什么影响。

个案编号：C-20

LSY，女，63 岁，属龙。

LSY 得过脑出血，身体有点半身不遂，是茨营乡的人，21 岁的时候嫁到本村。她的丈夫现在在田间劳动，两个人生活在一起，照顾着两个孙子。LSY 有两个儿子，大儿子会修手机，二儿子在北京打工，给他人开车。大儿子娶的是东万口青阳沟的媳妇，二儿子订的媳妇是山东沂水县的，二儿子在北京打工认识的儿媳。大儿子结婚时，给了儿媳 2000 元的彩礼钱，二儿子的媳妇并没有要彩礼钱。二儿子和二儿媳也常回家看看，时常给父母点钱。

LSY 说："现在公家给的低保，以后就靠儿子了吧。"

她认为村里的光棍都挺和气的，不闹嘴，也都比较老实，对村里的风气没什么大的影响。

图书在版编目（CIP）数据

破解村落婚姻困境之路：农村通婚圈变动与男性婚
配困难问题研究 / 王磊著. --北京：社会科学文献出
版社，2023.10
　　ISBN 978-7-5228-2214-3

　　Ⅰ.①破…　Ⅱ.①王…　Ⅲ.①农村-婚姻问题-研究
-中国　Ⅳ.①D669.1

中国国家版本馆 CIP 数据核字（2023）第 141153 号

破解村落婚姻困境之路
——农村通婚圈变动与男性婚配困难问题研究

著　　者 / 王　磊

出 版 人 / 冀祥德
责任编辑 / 陈　颖
责任印制 / 王京美

出　　版 / 社会科学文献出版社·皮书出版分社（010）59367127
　　　　　　地址：北京市北三环中路甲 29 号院华龙大厦　邮编：100029
　　　　　　网址：www.ssap.com.cn
发　　行 / 社会科学文献出版社（010）59367028
印　　装 / 三河市东方印刷有限公司

规　　格 / 开　本：787mm×1092mm　1/16
　　　　　　印　张：17　字　数：229 千字
版　　次 / 2023 年 10 月第 1 版　2023 年 10 月第 1 次印刷
书　　号 / ISBN 978-7-5228-2214-3
定　　价 / 98.00 元

读者服务电话：4008918866